土地管理
与房地产前沿丛书

U0596460

中国农村土地制度变迁

行为经济制度分析

丰雷◎著

中国人民大学出版社

·北京·

前　言

　　中国农村正在历经一场伟大的土地制度变迁。这一制度变迁，从新中国成立至今已历时 70 多年，特别是改革开放 40 年多来的农村土地制度改革，不仅为中国农村改革拉开了成功的序幕，成为农村改革的核心和基石，而且为城市改革乃至整体经济改革奠定了制度基础；不仅极大地提高了农业生产率，促进了农业经济增长和农民收入提高，而且加速了工业化和城市化的进程，为"中国经济增长奇迹"作出了重大贡献；不仅是中国划时代的里程碑事件，对于中国未来的改革具有重要的指导意义，而且是人类历史上重大的社会变革，其经验教训对于其他发展中国家也具有重要的借鉴价值。

　　中国的成功在于，不存在所谓的"中国之谜"或"中国悖论"，如果说有什么"秘诀"，那就是不断进行改革。以中国农村土地制度变迁为主线，从动态演化的视角认真观察中国的经济增长和改革历程，可以发现初始看似偶然发生的改革，却呈现出一个清晰的市场化变迁路径，即改革始终沿着市场取向、明晰产权、稳定地权的方向演进。随着渐进式改革的推进和深化，产权界定逐步清晰，法治建设逐步完善，从而为市场发育和规模扩大提供了支持机制。在市场发育完善的同时，政府绝非单纯"退出"，而是转变治理方式、提高治理能力，二者相辅相成，互相促进。总之，弹性的中央政策制定、渐进式的地方政策实施以及具有学习效应的农户认知三者的有机互动、共生演化，体现出成功的制度变迁所蕴含的显著的"制度互补"和"适应性效率"特征。

　　中国的未来在于继续改革、深化改革、创新改革。改革才有希望，改革才有出路，改革才聚民心。制度变迁是一个连续的动态过程，时代在变，形势在变，人也在变，制度自然也要因应而变，这就是"改革"。国内外形势风云变幻，机遇与挑战并存，改革要啃硬骨头。唯有深化改革，这个全球最大的发展中国家才能真正实现高质量的创新型、包容性、可持续发展，实质性缩小城乡收入分配差距，平稳跨越中等收入陷阱，实现民富国强、安居乐业、天下归心的美好愿景。

改革是主观与客观的融合统一，是理论指导实践发展，同时实践诱发理论创新的过程。好的研究是简洁、清晰、有力的抽象理论与认真观察、辨识的复杂现实的结合。理论创新是经过从实践到理论的抽象以及从理论到实践的检验这样多次循环往复的结果。对于中国农村土地制度变迁的研究，从新古典的成本收益分析和边际分析，到新制度经济学的产权理论和案例分析，再到行为经济学有限理性假设下的前景理论；对于现实的观察、辨识，从传统的问卷调查方法到调查-实验方法的应用，理论在不断创新，方法在不断探索。

理论创新需要大胆假设。解放思想，保持开放的心态、包容的精神、谦虚的作风至关重要，自由思考、天马行空、允许争论，会孕育创新的丰土沃壤。理论创新需要小心求证。代表性样本、精准的数据、严谨的检验是保障，竭尽全力、不遗余力、尽心尽力地反复试验是基准。科学的座右铭不是简单求对，而是求错却不得。在科学的领域，从来就没有放之四海皆准的绝对真理，也不存在什么最优的制度安排，只有在比较中生存发展，在竞争中涅槃重生。理论创新需要谦逊地交流与合作。真心诚意讲好中国故事，一定是双向而非单向的，只有积极融入世界，全方位扩大国际交往，才能呈现出真正优秀的"中国特色"。

改革永远在路上，唯愿理论之树常青。

丰　雷

目　录

第一章
导 论

第一节 现实与理论

新中国成立 70 多年以来，中国逐步从落后的农业国转变为强大的工业国，创造了"增长奇迹"。中国的经济增长和经济改革与农村土地制度变迁息息相关、步步协调。中央政府的战略决策、地方政府的实施特征以及农户个体的制度需求三者有机互动、共生演化，形塑了制度变迁的路径。

中国农村土地制度变迁可大致划分为三个阶段：（1）艰难探索中的农地所有权改革（以新中国成立后的土地改革以及农业合作化和人民公社化运动为标志）；（2）成功的使用权改革（以改革开放初期的家庭联产承包责任制改革以及后续的"不得调地"、确权登记颁证改革为标志）；（3）仍待突破的转让权改革（以土地征收、集体经营性建设用地入市、宅基地制度改革，即"三项试点"改革为标志）。

将 70 多年的制度变迁作为一个整体，认真观察各项改革的动态演进过程并把握其内在联系，可以看出前 30 年的艰难探索中，中央政策可行集设定存在偏差，缺少强制性与诱致性（央与地）互动，制度缺乏适应性；后 40 多年改革（特别是使用权改革）成功的主要原因是，中央政策可行集得到调整，实施渐进且广泛的改革，中央-地方-个体频繁互动、反复试错，充分利用制度的互补性，制度变迁具有适应性效率。

改革开放以来的中国经济转型并非一帆风顺，中国经济改革远未大功告成。我国目前已稳居全球第二大经济体，经济增长开始转向高质量发展阶段，正在向创新型国家行列迈进。需要警醒的是，我们在取得巨大成就的同时也伴随着城乡区域发展和收入分配差距过大的问题，特别是形成了城乡二元土地制度及其相伴随的"土地财政"问题。

如果说，这一计划时代"赶超战略"的制度安排，还适用于市场经济建设早期，采用"城市偏向"策略，人为扭曲要素价格，压低城市开发建设成本，以地生财和以土融资，"集中力量办大事"，以实现快速工业化和城市化，并在实践中不断"微调"，具有一定的制度优势和历史适应性，那么，由于当前国内外形势以及中国经济社会主要特征的巨大变化，城乡二元土地制度已不适应于新形势下的经济社会发展，亟待改革创新和突破。例如目前农业的经济重要性下降，农民分化加深，对农地的经济依赖性下降；农二代和农三代不返乡，2亿多农民需要落户城市，实现真正的人口城市化；城乡关系已从单向城市化转向城乡互动融合。

具体到农村土地制度改革领域，主要面临以下几个关键问题和挑战：（1）城市建设过度依赖土地财政，风险大且不可持续：在集体经营性建设用地入市法律障碍已清除的冲击下，地方政府面临寻找土地财政有效替代措施的难题。（2）土地利用效率低、用地结构扭曲：一方面土地稀缺、房价高涨；另一方面又浪费严重、闲置和粗放利用普遍。（3）农业经营规模偏小、效率低下：家庭联产承包责任制改革后家庭分散经营导致或加剧了农业经营规模小、农地细碎化、机械化难度大等现实问题。（4）农民权利意识和被剥夺感加强：城乡收入差距扩大以及城乡权利不平等，农民自主意识和维权意识增强，因征地等带来的"相对剥夺"和"不公平"感受强烈。（5）农地转让权改革滞后，"存量改革"难度加大：相较于已取得阶段性成功的农地使用权改革，以征地制度为代表的转让权改革大大滞后；大量"法外经济"（城中村、三旧改造、小产权房等）亟须纳入有效治理范畴。（6）制度创新后劲不足，法治建设延后：需进一步理顺国家、乡村、农户三者关系，使其平衡，进行正式规则（顶层设计）、地方试验（中间扩散）、自发演化（基层创新）的多元制度创新；目前主要以中央决议和政策文件等形式存在的改革成果，亟须探索如何固化和升华为更稳定的法律，已有的成文法也需及时修订以适应实践发展，并与社会规范等非正式约束形成良好互补关系。

因此，总结新中国成立70多年来农村土地制度改革的经验教训，研究探寻农村土地制度变迁的路径特征、决定条件和影响因素，不仅有利于我们更加深入地理解中国农村土地制度变迁的历史特征，更加全面地解释中国经济增长和经济改革的成功，而且对于积极应对上述挑战，深化落实中央各项政策和具体改革，解决转让权改革和存量改革难题，缩小城乡发展和收入分配差距，促进城乡融合和优化城乡区域格局，从而实现长期、包容、可持续的经济增长，跨越中等收入陷阱，迈向共同富裕具有重要的现实意义。

同时，对中国农村土地制度变迁中的中央政府战略决策、地方政府实施特征、农户个体制度需求以及三者的互动演化进行系统研究具有重要的理论价值。中国农村土地制度变迁过程中的众多有趣现象和重要问题需要进行理论的提炼和解释。

制度变迁是动态连续的过程，是从一种均衡状态向另一均衡状态的过渡。在这个过程中，各关键变量间相互影响、彼此制约，在不同时期表现出不同的变动速率和路径特征。不少新制度经济学学者指出，由于有限理性的行为人面对高度不确定的复杂环境，存在信息和交易费用，采用不完全的主观模型，存在认知偏差（North，1990；Ostrom，1990），因此，新古典经济学提出的成本-收益分析是不够的，即并非制度变迁的预期收益大于预期成本，制度变迁就必然发生。新古典的静态分析将制度变迁归因于降低交易成本、回应相对价格的变化等，而忽略了制度的内生变化，难以刻画本质上动态的制度变迁路径。动态分析的优势在于：一方面，动态分析中的系统是开放的，强调环境的内生性，将制度变迁内置于制度矩阵中，可以探讨制度变迁中重要变量之间的互动关系（Weibull，1997；霍奇逊，2004）；另一方面，动态分析有利于描绘微观个体的适应性学习和模仿机制，回答中国农村土地制度变迁的起落和创新难题（霍奇逊，2004；贾根良，2004）。

行为经济学的前景理论（prospect theory，PT）给出了一个有限理性且偏好及行为情景依存的行为主体（Akerlof & Kranton，2005；Bowles，1998，2004），面对信息不完全的客观环境，在不确定性条件下进行主观决策的正式模型（Kahneman & Tversky，1979；Tversky & Kahneman，1991）。因此，可以尝试以新制度经济学和行为经济学为基础，构建一个动态制度变迁的统一分析框架，捕捉制度变迁过程的细节，系统深入研究动态变迁的过程，描绘中央-地方-个体的有机互动和共生演化。此外，对中国农村土地制度动态变迁的理论建模也有助于更好地提炼和解释现实中众多的有趣现象和重要问题。

例如以家庭联产承包责任制及后续的"不得调地"制度为代表的农地使用权改革是怎样发生的，又是怎样取得阶段性成功的，学者们普遍将之视为"自发演进"或"诱致性变迁"而忽略了政府的作用。少数注意到政府特别是中央决策主导作用的学者也大都采用了"强制性-诱致性"二分法。如科斯和王宁（2008）的中国改革"二元结构说"；为什么以征地制度为代表的农地转让权改革大为滞后？怎样解释农地使用权改革与转让权改革的不同步？许多学者指出了征地制度改革滞后带来的大量问题和弊端，却鲜有对"既然存在这么多问题，为何依然不改革"的分析解释。那么，将农地使用权改革与转让权改革纳入统一分析框架，是否可以更好地解释二者改革方向和路径的差异，进而更好地解释一般化的制度变迁的条件和方式？

因此，基于新制度经济学（new institutional economics，NIE）并引入行为经济学等新成果构建一个动态制度变迁的统一分析框架，在考察制度变迁发生的条件和方式时，不再局限于对预期收益和成本绝对值的比较，而进一步深入制度变迁以及制度结构（制度矩阵）的内部，考察有限理性的主体在不确定条件下的决策行为，将诱致性变迁与强制性变迁相融合，综合考察正式规则、非正式约束及其实施特征的互动，并应用中国农村土地制度变迁的丰富案例和大样本数据进行实证检验，对于深入研究探索制度的内生动态演进这一前沿难题，丰富和完善新制度经济学的一般化制度变迁理论具有重要的理论价值。

第二节　研究内容与框架

本书综合运用理论建模、计量检验、问卷调查及案例分析等方法，基于新制度经济学并引入行为经济学等新成果构建一个动态制度变迁的统一分析框架，系统总结新中国成立 70 多年来农村土地制度改革的经验教训，研究探寻农村土地制度变迁的路径特征、决定条件和影响因素。首先，对新制度经济学的经典和前沿理论特别是制度变迁理论进行简要的梳理综述，提出将行为经济学引入制度变迁分析，即行为经济制度分析的发轫；其次，基于新制度经济学的制度变迁理论以及行为经济学的前景理论构建动态制度变迁模型，将强制性变迁与诱致性变迁纳入统一分析框架，阐明中国农地制度变迁中的正式规则、非正式约束及实施特征的互动关系；再次，应用大样本量的全国农地入户问卷调查数据以及丰富的农地制度改革典型案例（如家庭联产承包责任制改革、确权登记颁证改革、"三项试点"改革等），对上述理论模型进行检验，特别是对农地使用权改革的阶段性成功以及农地转让权改革的相对滞后作出解释；最后，是总结和展望。

本书共六章。第一章"导论"。介绍本研究的现实背景和理论发展，以及全书的章节架构安排。第二章"制度变迁理论与行为经济学"。对新制度经济学特别是制度变迁的经典和前沿文献进行一个简要综述，指出新制度经济学（制度变迁理论）的辉煌与困境；提出将行为经济学引入制度变迁分析是突破新制度经济学理论发展困境的一个可行途径，即行为经济制度分析。第三章"中国农地制度变迁理论模型构建"。首先，介绍中国改革和农地制度变迁的现实背景以及新制度经济学的应用，特别是动态制度变迁建模难题；其次，基于新制度经济学的制度变迁理论特别是传统的"诱致性-强制性变迁"二分法进行农地制度变迁模型构建；最后，应用行为经济学的前景理论构建动态制度变迁模型，将强制性变迁与诱致性变迁纳入统一分析框架，阐明中国农地制度变迁中的正式规则、非正式约束及其实施特征的互动关系。第四章"农地使用权改革的阶段性成功"。第四章和第五章是实证分析，对第三章提出的理论模型和假说进行检验，第四章侧重农地使用权改革。首先，介绍全书实证分析所使用数据的主要来源，包括17省农地调查、"千人百村"调查以及"三项试点"改革的33个试点调查等数据库；其次，通过对新中国成立70多年来农地制度变迁的概述以及家庭联产承包责任制改革的案例分析，对第三章"中央、地方、农户"三者互动的分析框架进行初步检验；再次，重点分析制度变迁中的政府行为，以"不得调地"制度改革为例，对第三章提出的假说1和假说2进行计量检验；最后，重点分析制度变迁中的农户行为，分析农户对中央政策的态度及学习效应，检验第三章提出的假说3，并对农户土地流转中的决策偏差进行分析和检验。第五章"农地转让权改革的探索与突破"。首先，构建一个"效率-公平"不可分的农地转让权改革分析框架，指出效率-公平的权衡是导致转让权改革难度大的重要原因；其次，应用农村土地制度"三项试点"改革案例，分析中央主导的地方试点实验的特征以及中央行为逻辑；最后，对"三项试点"改革的关键问题进行实证分析。第六章"结论与展望"。对全书进行简要总结，探讨和展望未来研究方向。

第二章
制度变迁理论与行为经济学

第一节 新制度经济学的辉煌与困境

一、新制度经济学的诞生：科斯的卓越贡献

1937 年罗纳德·H. 科斯的经典论文《企业的性质》（Coase，1937）发表，它标志着新制度经济学的诞生，尽管这篇论文直到 20 世纪 70 年代和 80 年代才开始真正产生重要影响。[1] 该文的发表是新制度经济学乃至整个经济学发展的里程碑，这是经济学界第一次"将交易成本明确引入经济分析"，分析比较"协调企业内部生产要素的活动的成本与通过市场交易或在其他企业内部进行经营带来同样结果的成本"，明确提出"企业规模的边界应设定在其运行范围扩展企业内部组织交易的成本超过通过市场或其他企业进行同样交易的成本的那一点上"这一命题，"改变了人们思考经济组织（即制度）的方式"[2]，不仅全面改写了经济学的企业理论，而且将经济学的分析领域极大地向外延伸拓展。

科斯"从未因自己的研究超前于时代而退缩"，他沿着这一"交易成本范式"

---

[1] 科斯自己评价说：《企业的性质》在发表后的三四十年内影响甚微或者说毫无影响，属于典型的"引用得多，运用得少"。20 世纪 70 年代和 80 年代以后，人们才开始真正关注《企业的性质》，这在很大程度上是由于科斯的另一篇经典论文《社会成本问题》（1960）以及其他相关论文（如威廉姆森的《公司控制与企业行为》（1970）、《市场与科层》（1975）等）的发表，使关注交易成本重要性以及研究产业组织理论的学者重新燃起对《企业的性质》的兴趣。此外，"引用得多，运用得少"也可能是由于在当时"尚不具有可操作性"。参见：奥利弗·E. 威廉姆森，西德尼·G. 温特. 企业的性质：起源、演变和发展. 北京：商务印书馆，2009.

[2] 奥利弗·E. 威廉姆森，西德尼·G. 温特. 企业的性质：起源、演变和发展. 北京：商务印书馆，2009.

继续前进，1960 年他发表了另一篇经典论文《社会成本问题》（Coase，1960），"用交易成本概念来证明法律体系能够影响经济体系运行的方式"①，提出了著名的"科斯定理"，第一次明确提出产权和制度影响经济绩效的条件，即只有当交易成本为零时，产权和制度才不会对经济绩效产生影响，这正是主流经济学（新古典学派）所隐含的一个关键假设；在交易成本为正的现实世界里，则必须考虑产权和制度对经济绩效的影响，比较不同产权和制度安排的交易成本，分析产权和制度影响经济运行的内在机制。

科斯的论文激发了阿尔奇安、德姆塞茨、张五常、威廉姆森、诺斯等人的进一步研究。其中，威廉姆森和诺斯两人的贡献更为系统、丰富，也代表了新制度经济学发展的两个主要方向：交易费用经济学（transaction cost economics，TCE）和制度变迁理论（institutional change theory，ICT）。

威廉姆森在其《资本主义的经济制度》中提出资产专用性概念，将交易费用进一步具体化，使其成为一个可证伪的概念，使新制度经济学更具操作性；并进一步阐明了科斯定理的内在机制（微观基础）：根据不同的资产专用性程度以及交易属性，选择（匹配）不同的合同及治理结构，以节约交易成本，这是企业等经济组织的主要目的（Williamson，1985）。如果说威廉姆森主要贡献了新制度经济学的交易费用视角或比较制度分析视角，那么诺斯则从经济史的视角或制度变迁的视角进行了系统分析，前者强调微观（如企业层面），后者则侧重宏观（如制度环境或国家层面）。

诺斯的制度变迁理论的核心要点是：制度是约束人类互动关系的规则，形成人类在政治、社会和经济领域进行交换的激励，以减少交换中的不确定性和交易成本；正式规则、非正式约束及其实施特征三者构成了制度，制度变迁过程表现为这三者的边际调整（North，1990）。可以看出，早期诺斯的制度变迁理论可以称为"制度变迁的节约交易成本假说"，本质上与威廉姆森交易费用经济学的核心观点一致。

此外，阿尔奇安和德姆塞茨通过对企业内部结构的考察，将科斯的企业理论又向前推进一步，指出团队生产（team production）通常面临着难以测度（measuring）和监督（monitoring）团队成员边际产出（各自贡献）的困难，但由于团队生产的"技术不可分性"（technological nonseparabilities）（Williamson，1985）导致了测度和监督等交易费用，而将剩余索取权赋予了专门的监督者（一般为资本所有者），则可以减少偷懒等机会主义行为，解决这一困难

---

① 奥利弗·E. 威廉姆森，西德尼·G. 温特. 企业的性质：起源、演变和发展. 北京：商务印书馆，2009.

(Alchian & Demsetz，1972)。张五常是新制度经济学和现代产权经济学的创始人之一，在科斯定理和科斯思想的阐释、应用和传播，特别是新制度经济学研究的量化测度和经验实证方面作出了突出贡献（Cheung，1969，1975）。

二、新制度经济学的辉煌：对制度变迁的初步解释

新制度经济学的主要贡献和成就，大致可以归纳为以下三个方面：一是形成了较系统的理论体系，并衍生和发展出多个分支，被称为新制度经济学派；二是重视对真实世界经济现象的观察和解释，大大提高了经济学的解释力；三是实践中有很好的政策应用和具体可操作的政策工具。

首先，新制度经济学以科斯定理（Coase，1937，1960）为基础，逐步形成了较系统的理论体系，包括交易费用理论（Williamson，1985）和制度变迁理论（North，1990）两大核心理论，并衍生和发展出多个分支。

自科斯的开创性研究之后，经过阿尔奇安、德姆塞茨、张五常、诺斯、威廉姆森等人的努力，新制度经济学在 20 世纪 70 年代和 80 年代迅猛发展，不仅形成了独具特色的产权学派、交易费用经济学和制度变迁理论等分支，而且进一步引入信息经济学的研究方法，逐步与主流经济学融合，成为主流微观经济学中契约经济学和组织经济学的主体部分（唐寿宁等，2004）。一些知名的主流经济学家也开始将制度变量引入其模型构建，典型的如阿西莫格鲁和罗宾逊（Acemoglu & Robinson，2012）、詹科夫等（Djankov et al.，2003），尽管他们并不把自己视为新制度经济学家（Ménard & Shirley，2014）。目前，将制度作为理解经济活动的关键变量纳入经济分析的这种观点和做法已不被视为是一种理论突破，而是成为包括主流经济学在内的经济理论背景的一部分（Shastitko & Ménard，2017）。

新制度经济学的影响并不局限于经济学，其对政治学、管理学、法学、社会学、人类学和历史学都产生了广泛影响（Ménard & Shirley，2005，2014，2022）。自 20 世纪 80 年代开始，新制度经济学进一步向相关经济学分支和相关学科扩展，并赋予了这些学科分支新的活力和视野。例如新制度经济学与发展经济学相结合，形成了转型经济学中的制度分析学派；新制度经济学与波斯纳等人的法和经济学相结合，形成了法和经济学中的新制度学派；新制度经济学与政治学相结合，发展出了交易成本政治学（transaction cost politics，TCP）和政治学中的历史制度主义，并结合布坎南等人的宪政思想，发展出了宪政经济学；新制度经济学与社会学相结合，形成了社会学中的制度主义。新制度经济学除了向相关学科扩展外，自身也在不断发展。在引入信息经济学的基础上，进一步吸收了新奥地利学派、演化经济学和新比较经济学等思想，在萨登、肖

特等人早期关于非正式制度演化的研究基础上，通过演化博弈论、协调博弈论和行为经济学相关模型的构建，逐步发展出比较丰富的新制度经济学模型，克服了新制度经济学难以定量研究制度动态的弱点，不仅能够有效解释不同制度的选择、制度的起源及演化的复杂过程，而且也初步探索了制度的认知基础（唐寿宁等，2004）。

科斯预测：新制度经济学自20世纪70年代初以来的几十年里，已经开始实质性地改变经济学，并且"最终，所有的经济学都将成为我们目前所说的'新制度经济学'"（Coase，1998；Ménard & Shirley，2022）。

其次，新制度经济学重视对于真实世界经济现象的观察和解释，大大提高了经济学的解释力。以企业理论为例进行说明，新古典企业理论是一个"黑箱"，实质上是将企业视为一个"生产函数"。新制度经济学则将企业视为一种经济组织方式或制度安排，打开了这个"黑箱"，并且与其他制度安排进行比较分析，从而对企业的起源、企业的性质以及企业与市场的边界等问题给出了很好的解释。按照比较制度分析的基本观点，企业、市场、企业的并购（一体化）等都是组织经济的方式或制度安排，目的是节约交易成本，具体采用哪一种方式主要是看交易成本的高低（Williamson，1985）。在农村土地市场与劳动力市场替代的例子中，假定交易成本为零的新古典理论无法解释多种市场形式的存在，而引入交易成本的新制度经济学则可以给出更好的解释（即采用土地市场还是劳动力市场主要是看交易成本的高低），并为大量的现实所验证（德布拉吉·瑞，2002）。再以产权理论为例进行说明，对于现实中大量的资源枯竭（如过度放牧、过度捕捞）等"公地悲剧"或"租金耗散"现象，新制度经济学的产权理论都可以给出较好的解释，新制度经济学认为这类现象正是由于产权界定不清晰所导致的，清晰界定的产权可以降低交易成本，将外部性内部化，从而提高资源利用效率和资源价值。

如果说威廉姆森的交易费用经济学是一个公认的实证成功的典范，那么诺斯的制度变迁理论就是理论创新与实证检验互动发展的样板。受阿尔奇安（1950）"进化假说"（无处不在的竞争将剔除低劣的制度，而使那些能更好地解决人类问题的制度得以留存下来）的影响，诺斯和托马斯（North & Thomas，1973）提出制度变迁的"效率假说"（"诱致性制度变迁假说"），即制度决定经济绩效，而资源相对价格或相对稀缺程度的变化是制度变迁的源泉。尽管诱致性制度变迁假说受到大量批评，并被贴上"天真"的标签，但是该理论对"圈地运动"、土地私有制的产生等重大历史变迁给出了有力解释，它也是制度变迁理论的重要起点。为进一步解释人类历史上制度变迁路径的巨大差异以及无效率制度的长期存在，诺斯提出了"国家理论"或"统治者决定假说"，即统治者从自身利益出发设计产权，政治市场和经济市场中的交易费用使典型的无效率产权普遍存在（North，1981）；为了给出更一般化的解释，诺斯提出"组织的主观模型假说"（North，1990），决定制度变迁方向的主角——组织，是在不完全信息的现实中行动，其主观模型受制于先存的心智建构（mental constructs），包含观念、理论和意识形态等，再加上政治和经济运行中的交易费用，从而决定了制度变迁方向的不确定性，其不可能总是朝着有效率的方向发展，组织、非正式约束与正式规则之间的互动是理解制度变迁的关键。诺斯后期的工作仍然深具启发性。诺斯尝试构建一个整合经济学与政治学理论的分析框架，认为世界上大多数国家之所以未实现从"有限进入的社会秩序"向"开放进入的社会秩序"的转型，是由于在有限进入的社会秩序及与之对应的"自然国"中，国家设定有限进入而创造经济租，这些经济租被社会精英阶层用来支撑现存政治制度和维系社会秩序（North，2009）；实现从"有限进入的社会秩序"向"开放进入的社会秩序"转型的关键是理解制度变迁的动力源——人们的信念和意向性（North，2005）。

谈到新制度经济学的现实解释力，也许最具有戏剧性的例子是张五常对中国 20 世纪 80 年代初走向市场经济体制改革的"预测"。经济学家所谓的"预测"，十之八九会以失败告终，成功者不仅寥寥无几，而且很大程度上会被归为"运气"。尽管如此，张五常用了一个极简化的理论框架——新古典的制度变迁理论，即成本-收益分析和边际分析在制度变迁中的应用，作出大胆预测，一举成功，实为理论力量和功效的体现。其中的逻辑简单清晰：制度变迁（市场化改革）收益大大超过成本（原计划经济体制成本太高），因此交易费用（制度费用、信息费用）降低，中国走出计划经济；进而大量合同工出现，中国改革没有回头路，因为走回头路成本太高（张五常，1985，2008，2015）。这一案例是理论与实证结合的典范，使学者既熟悉新理论（本身是其中一员），又亲历实践（参与中国改革实践），二者有机结合并取得成功。

再次，新制度经济学在实践中形成了很好的政策应用和具体可操作的政策工具。可转让的排污权（tradable emission rights）是大家最熟悉的例子，这几乎就是科斯定理在现实中的直接应用。污染是经济学里中负外部性的典型案例。在科斯之前，管制和税收（庇古税）是治理污染（纠正负外部性）的两种主要政策工具。科斯明确指出这些工具的理论缺陷：由于我们在现实中只能观察到均衡产量和均衡价格（均衡解），而不可能确定最优产量和最优价格（最优解），因此也就无法确定最优的税收水平（与污染的外部成本相对应）。科斯明确提出"损害的相互性"这一重要概念，即污染工厂的生产对周围居民的生活产生了影响（污染了清洁的空气和水），相应地，周围居民的生活也对污染工厂的生产产生了影响，例如如果法院判决工厂减产甚至停产，治理整顿（管制）或者支付污染费（庇古税），那么实质上工业产品的需求者就会面临成本上涨的损失。因此，从全社会的效率（资源配置）来看，关键是"避免更大的损害"（Coase，1960）。以科斯定理为理论基础，设计可转让的排污权，发放或拍卖污染权牌照，并允许排污权交易，这样污染工厂可以根据各自的资源禀赋（治理污染的技术约束等）进行决策，决定是转让排污权还是购买排污权，以及决定是赔偿居民还是治理污染等。这里的关键是长期以来会形成一个污染权交易的市场，单个污染权的价格就是污染所导致的外部成本（污染成本）的显现，也是我们为治理污染愿意付出的代价（治污收益）的体现。这一工具已经广泛用于污染治理、环境保护、可持续发展等领域，并取得了显著成效。

在房地产、城市发展和治理领域，与可转让的排污权类似的一个政策工具是可转让的发展权（transferable development rights，TDRs）。假设某城市的开发建设，为了某种公共利益（诸如保护城市形态、提高城市建设经费使用效率等）将北部规划为开发区而将南部规划为保护区。可转让的发展权这一制度安排，减少了这种保护性分区管制所带来的效率损失和不公平。北部开发区的土地开发者可以购买南部开发区土地所有者出售的发展权，以突破一些规划管制（如建筑高度、密度限制），从而提高效率；而南部保护区的土地所有者则可以通过出售发展权减少由于不能开发土地所带来的损失。更为关键的是，久而久之形成发展权交易市场，其中单个发展权的价格就是诸如城市形态保护这类原本难以对其进行量化的成本和收益的显现。在当下中国众多的土地制度改革创新中，地票制度、增减挂制度也可以看作是可转让发展权这类政策工具的衍生品，大大地促进了改革进程，不仅提高了土地利用效率，而且有效地实现了耕地保护。

正是由于科斯定理以及新制度经济学的卓越贡献，在交易费用大于零的现实世界，政府干预经济的方式可以归纳为管制、税收（庇古税）、产权界定和制度安排这三大类。当然，现实中并不存在一种"最优"的政策工具，具体采用哪种工具要根据现实情况而定，其中考察的一个关键是交易成本（政策的制定实施成本）的高低。但是，产权界定和制度安排可以说是三类政策工具中最有弹性、最具创造性、最有发展潜力的政策工具。例如目前已经开始逐步在各领域活跃的行为经济学的助推（nudge）政策工具（即"微调"），可以说是在产权界定和制度安排这类政策工具基础上的进一步发展和创新。

最后，需要特别强调的是，新制度经济学之所以能够取得这些辉煌成就，原因众多，其中一个关键是其方法论上的优势和贡献。科斯既反对新古典经济学那种"黑板经济学"式的研究，也不赞成旧制度经济学和古典制度分析那种

"描述性"的研究方式。科斯的制度分析与之前的制度分析最大的不同在于，通过引入边际分析，使各种具体制度的起源、性质、演化和功能等的研究可以建立在以个人为基础的比较精确的实证分析上（周业安，2001）。

新制度经济学强调经济学是对现实现象的解释，高度重视对真实世界的观察和辨识。科斯在其经典论文《经济学中的灯塔》中，详尽考察了英国灯塔制度的演进，指出"灯塔只是凭空拿来作为一个（由于收费难所以必须由政府提供）例子"，"这些大人物在他们的经济学著作中怎么会得出与事实相矛盾的有关灯塔的论述？"这是由于"这些经济学家有关灯塔的论述都不是经过仔细研究或阅读其他经济学家的详细著述的结果"，"对我来说，这是一种错误的方法。……这种普遍原则不一定是有益的，除非它们是从研究这种活动在各种不同的制度内的实际工作情况中得出来的"。① 这种扎实考证的功夫在张五常的经济散文《养蚝的经验》中可见一斑："私人的海滩一看便知。除了蚝多以外，我们还可看到开了的蚝壳被有计划地放回滩上（让小蚝附壳而生）；取蚝的人多在蚝床开蚝（让蚝中液体的营养留在原地）；蚝与蚝之间有空隙（让蚝多食料而增肥），海星被人拿到岸上（海星是会吃蚝的）。这些小心翼翼的行为，没有私产保障，怎能办到。"②

新制度经济学在对真实世界认真观察的基础上，重视提炼构建系统的抽象理论，并主要采用新古典的成本-收益分析和边际分析方法，努力与主流经济学融合而非另辟蹊径。旧制度经济学和古典制度分析最大的不足在于其研究方法，即采用所谓的方法论整体主义，从整体上把握制度变量，比如研究资本主义制度的特征和后果，以及家庭、国家、法律、政治等制度安排作为一个整体的性质、演化及其对经济体系的影响等。这种研究方法只能对各种经济制度作出粗略的描述，仅仅留下一堆有待证明的猜想，实际上并未告诉我们关于制度运行内在逻辑的详细内容（周业安，2001）。科斯多次明确批评旧制度经济学是反理论的（anti-theoretical）或无理论的（without theory）（Coase，1984，1998）。在科斯看来，任何制度安排都是当事人根据具体环境自由选择的结果，新制度经济学所运用的仍然是新古典的理性选择模型。总之，新制度经济学既重视个案为基础的小样本研究，同时又不放弃演绎推理，从而避免了纯粹归纳的不足，有助于构建抽象理论（周业安，2001）。也就是说，新制度经济学是对新古典经济学的修正、丰富和发展而非替代，二者的方法论本质上是一致的。这种方法论的个体主义以及对构建抽象理论的高度重视，是其成功的关键。或许，科斯

---

① 科斯. 论生产的制度结构. 上海：三联书店上海分店，1994.
② 张五常. 新卖桔者言. 北京：中信出版社，2010.

批评旧制度经济学"除了一堆需要理论来整理不然就只能一把火烧掉的描述性资料外，没有任何东西流传下来"（Coase，1984），最好地诠释了抽象理论构建以及理论传承的重要性，因为只有这样，理论才可以向前发展，才可能走得更加长远。

如果说，新古典经济学是"强理论、弱事实"（Coase，1998），而旧制度经济学是"强事实、弱理论"的话，那么新制度经济学则是希望能够弥补二者不足，试图做到"强事实、强理论"，其中的一个关键是对严谨的实证检验的高度重视。可以说，"大胆假设，小心求证"这一科学方法论最基本、最朴素的表达，在新制度经济学这里得到了很好的展现。新制度经济学之所以表现出过去制度分析从未有过的活力，正是由于制度研究终于可以在经验实证层面进行了，因此，科斯的重要贡献并非使我们重新认识到产权和制度的重要性，而是他教会了大家如何更加科学地研究制度问题（周业安，2001）。张五常强调一定要"验证一个假说"（张五常，2008），对于所需要检验的抽象理论，要经过逻辑推理引申出"可被验证的含意"（张五常，2010b）。新制度经济学重视经验实证的一个成功典范是张五常的《佃农理论》（Cheung，1969），在该著作的第8章，他通过土地的平均产量（可观测）向边际产量（不可观测）转换的技术处理，对科斯定理进行了创新性应用和严谨检验，这是实证研究的杰出典范。另一个实证研究典范是阿西莫格鲁对制度与经济绩效关系的研究。由于制度变量定量化测度的困难，尽管已有大量研究给出了制度与长期经济增长之间的稳健的显著相关关系（Shirley，2008；Ménard & Shirley，2014），但是制度对经济增长的显著促进作用仍然受到不少学者的批评和质疑（Chang，2011）。阿西莫格鲁创造性地采用殖民地殖民者的死亡率作为当前制度的工具变量，很好地解决了制度的内生性问题，给出了更为令人信服的严谨的检验结论（Acemoglu et al.，2001）。此外，新制度经济学始终重视模型构建及检验的多样化方法技术，包括案例分析、质性分析、计量分析以及实验方法等（Ménard & Shirley，2014，2022），并努力探索数据和进行文本挖掘（data and text mining）、机器学习（machine learning）、文本和情感分析（text and sentiment analysis）等新数据技术的应用（Prüfer & Prüfer，2018；Ménard & Shirley，2018；Radzicki，2022）。

总之与新古典经济学的"黑板经济学"以及旧制度经济学的"描述分析"截然不同，新制度经济学强调和重视的牢牢根植于现实的高度理论化以及严谨的实证检验的研究方法，是其成功的关键（Posner，2010；Ménard & Shirley，2014，2022）。

三、新制度经济学的困境：动态制度变迁难题的处理

新制度经济学是改革开放以来国内经济学家在研究中国经济问题时运用得最早和最持久的理论依据和工具之一（周业安，2001）。作为一种理论，它获得了异乎寻常的欢迎，在中国经济理论界中引起的轰动，可以说远超其他任何一种西方经济理论（盛洪，2003）。但经过近 20 年的模仿和局部创新之后，从 20 世纪 90 年代后期开始，尤其是进入 21 世纪以来，中国的新制度经济学研究似乎陷入了低谷（周业安，2001；盛洪，2003；卢周来，2009）。一方面，这固然是由于国内的新制度经济学研究未能很好地跟上国际现代新制度经济学的最新发展，仍然需要借鉴新制度经济学的早期资源，将研究建立在对理性选择模型的简单理解的基础上（周业安，2001；卢周来，2009）。另一方面，更为重要的是，新制度经济学研究本身面临着巨大的困难和挑战（Eggertsson，2013；Ménard & Shirley，2014；Caballero & Soto-Oñate，2015；许成钢，2017），目前新制度经济学尚未进化成能与新古典经济学竞争的理论范式，而仅仅表现为对新古典理论现有范式的拓展（周业安，2022）。新制度经济学目前发展中面临的主要困难主要包括以下三个方面：一是制度一般化理论的缺乏；二是制度变量测度的困难；三是制度变迁动态分析和多重均衡的难题。

（一）制度一般化理论的缺乏

新制度经济学强调"强事实"，需要综合（处理）的内容太多，难以构建一般化理论。至今新制度经济学仍然缺乏统一的一般化理论，很大程度上来说仍然是一个分散的、多样化的研究领域（Williamson，2000；Eggertsson，2013；Ménard & Shirley，2014；周业安，2001）。例如不仅新制度经济学的两个主流分支——交易费用经济学和制度变迁理论是分离的（尽管二者的关系类似微观经济学和宏观经济学），而且同样是对新经济史的研究，诺斯和格雷夫的研究方向也是分离的（Williamson，2000；Ménard & Shirley，2014），甚至不同的新制度经济学学者对诸如制度的定义这样更为基础的问题都有不同的看法和观点（Ménard & Shirley，2014）。

新制度经济学构建一般化理论的困难，主要源于其自身特点和内在要求，即希望能够做到"强事实"，与现实贴近，那么理论模型需要考察、综合、处理的内容太多。制度问题的复杂性以及制度研究的多学科特点（至少涉及政治学、社会学、法学、人类学、认知科学、演化生物学等），是学者们的共识（Coase，1984，1998；North，1998；Williamson，2000；Ménard & Shirley，2005；Hodgson，2009；许成钢，2017）。从理论模型构建所涉及的内容来看，目前的新制度经济学还缺少一个成熟的国家理论，对政治制度和政治交易的研究不足；对

习俗、惯例、社会规范、意识形态、文化等非正式约束的演进知之甚少；对人的认知、意向性、学习过程、决策行为及其对制度演进的影响研究刚刚起步。

从理论的发展来看，这是正常现象。好的理论在一开始都是不足的，理论自身是累积性的，不断自行向前发展。理论的形式化、正规化是有代价的，但是这个代价不应是牺牲理论的核心内容和本质特征（Williamson，2000）。因此，新制度经济学理论建模和理论发展的关键是如何在"强事实"（贴近历史情境和社会约束的现实）与"强理论"（更严格的假设条件和抽象理论）之间做好权衡。我们需要谨记诺斯的忠告：现阶段新制度经济学还不可能提出一个"与一般均衡理论相媲美的"的一般化理论，我们应该更加务实一些，将重点放在"采用更受限制但更易处理的方法"来构建特殊（局部）模型上（North，2005）。这也是威廉姆森的建议：在现阶段，我们需要"接受理论的多样性，（耐心）等待统一理论的构建"（Williamson，2000）。

（二）制度变量测度的困难

制度及其相关变量的测度始终是新制度经济学的难题。对于理论构建和理论发展，潜在理论、可验证含义和现实数据是"三位一体"的，理论与实证是互动发展的（Williamson，2000）。目前新制度经济学对于制度及其相关变量尤其是对制度变迁的测度仍然存在困难（Chang，2011；Eggertsson，2013；Ménard & Shirley，2014；Teorell，2018；许成钢，2017）。例如什么是法治？怎样度量法治？经过社会科学家（包括经济学家、政治学家、法学家）长时间的集体努力，收集多种数据，发展多种度量方式，但是仍然存在基本缺陷。与此相关的例子还包括对产权、司法独立、宪政、民主等的度量。这些都是新制度经济学面对的非常基本的挑战。在经验研究方面，作为经验研究基础的度量和数据，新制度经济学需要当年库兹涅茨发明 GDP 度量市场经济活动那样的突破（许成钢，2017）。这种变量测度以及实证检验的困难主要是由新制度经济学的复杂性所导致的，目前新制度经济学文献中的大多数模型是在标准新古典模型基础上的修正，但整个新制度经济学范式更广泛的复杂性以及对真实感和细节的强调给建模工作带来了巨大的负担，现实主义的挑战也要求新制度经济学学者开发自己的数据集以满足建立更优雅简洁的标准模型的要求（Ménard & Shirley，2014，2022）。

这里主要以制度变量的测度为例进行说明。① 就其本质而言，与许多"政

---

① 对交易费用的测度难度并不亚于制度变量，这里不展开讨论，仅举一例："经纪佣金是交易费用，很容易用基数度量，但如果我因为考虑某项交易而辗转反侧，其代价（交易费用）就不容易以基数度量了"（张五常，2003）。这"辗转反侧"的交易成本，如何显化，怎样度量，直觉上想一想都会令人打怵。

策"变量（如关税率或通货膨胀率）相比，一个"制度"的质量很难量化。因此，制度的质量通常由一些基于定性判断的指数来衡量（Chang，2011）。也就是说，制度变量测度的根本难题在于：如何用主观测度来衡量客观结果（Teo-rell，2018）。具体来说：一是主观排序问题。这些"制度"变量通常是专家对政府腐败、官僚素质、法治、言论自由等的主观排序，或者是作者声称的类似概括，以之作为对制度质量的代理变量（Ménard & Shirley，2014；Chang，2011）。这些代理变量有很大的缺陷：它们反映了当代制度，却被用来解释几十年甚至几个世纪以来的增长；它们衡量的往往是许多不同制度的综合结果，而不是一套具体的规则或法律（Shirley，2008）；它们衡量的是可观察到的制度特征，却忽略了那些最终决定规则有效实施的未被观察到的信念和规范的重要作用（Greif，2006）。

二是加总问题。这些"制度"变量大多不是具体的规则或规范，而是宏大的概括，然而，是否可以将各种不同的制度组合成一个综合概念并衡量其质量，仍然存在质疑（Ménard & Shirley，2014；Chang，2011）。即使是对于"产权制度"这样一个不太宽泛的概念，也是由诸如土地法、城市规划法、分区法、税法、继承法、合同法、公司法、破产法、知识产权法，以及有关共同财产的习俗等一系列子制度所组成的。此外，这些指数通常混合了不相容的变量，包括反映制度形式的变量（如民主、独立司法、缺乏国家所有权）以及反映制度功能的变量（如法治、尊重私有财产、政府效力、合同的可执行性、维护价格稳定、遏制腐败），然而将形式变量与功能变量混为一谈是没有意义的（Chang，2011）。

三是其他测量偏差。例如这些指数通常由对自由市场政策和英美制度有偏向的组织（如世界银行、商业信息供应商、美国传统基金会、世界经济论坛等）编制，鉴于其政治倾向，它们不大会试图识别和衡量可能有助于增长但不符合自由化叙事的制度（如福利国家），这将导致测量偏差。这些指数许多都是基于对商人和专家（如学者或金融分析师）的调查，其中许多人倾向于自由市场政策和英美制度，他们可能会给一个经济表现好的国家的制度自由化测度更高的分数。即使不考虑这些政治偏差，调查结果也会受到总体商业状况的强烈影响（Rodrik，2009）。例如许多人在1997年亚洲金融危机爆发前认为东南亚国家的制度很好，但在危机爆发后，他们突然开始批评这些国家的制度缺陷，这将导致数据偏差——绩效好（差）的国家在制度评价上的得分可能会高于（低于）实际得分（Chang，2011）。

（三）制度变迁动态分析和多重均衡的难题

新古典理论常用的静态分析方法难以处理本质上动态的制度变迁及多重均

衡问题。动态制度变迁是新制度经济学乃至整个经济学的难题，至今我们对是什么决定了制度及其变迁仍然知之甚少（North，1994，2005；Williamson，2000；Chang，2011；Caballero & Soto-Oñate，2015）。这个难题或许是新制度经济学最根本也最迫切需要解决的问题。有关制度变迁的动态模型构建是新制度经济学未来发展的重要方向（Kingston & Caballero，2009；Ménard & Shirley，2014；Caballero & Soto-Oñate，2015；周业安，2001，2005a）。动态建模的困难至少包括两方面：一是难以处理制度变迁中的多重均衡和不确定性；二是对制度矩阵中各项制度之间互动的研究不足。

首先是多重均衡和不确定性难题。一旦引入时间维度，理论建模问题就变得复杂起来，当然，这样"理论"也会更加贴近"现实"，但代价就是制度变迁不再有确定解，需要重点处理多重均衡难题（North，1990，1994；Ostrom & Basurto，2011），需要解释现实中的制度变迁为什么会选择某种均衡而不是其他。目前新制度经济学的经典文献都没能很好地处理这个问题（Kingston & Caballero，2009）。

交易费用经济学认为存在确定性的最小化交易成本（最有效）的制度形式（治理结构），比其他制度形式能够更有效地治理该类交易。也就是说，交易成本经济学实质上设想了制度变迁是一个进化（演化）过程，在这个过程中竞争压力淘汰了效率低下的制度形式，制度的演化会实现与特定交易的最优"匹配"。在威廉姆森那篇著名的区分制度分析四层级的论文中（Williamson，2000），他认识到了从低层级到高层级长期反馈的可能性，但随后有意地忽略了它，并认为新制度经济学的主要研究领域是第二层（正式制度）和第三层（治理规则），而第一层（非正式约束/嵌入）实际上被视为外生而排除在分析范围之外（Kingston & Caballero，2009）。

如果说威廉姆森的研究（Williamson，2000）不足（"有意地忽略了它"），主要是由于交易费用经济学强调微观、侧重企业理论的研究方向所致，那么诺斯本人对制度变迁动态分析中有关"意向性"（intentionality）、"有意变迁"（deliberate change）研究（North，2005）的不彻底（Caballero & Soto-Oñate，2015），及其早期试图通过区分制度和组织，然后通过企业家行为来理解制度起源和变迁的研究不成功（周业安，2005a），就更加凸显了理论上处理多重均衡的困难。

类似地，强调制度变迁是有意的集体选择结果的经典理论，例如尽管 Ostrom（2005）区分了形式规则（死的文字）和使用规则（实际遵守的规则），但在其后的分析中基本无视这一区别，也是由于其理论框架无法解释到底哪些规则会被选择成为现实中的使用规则（Kingston & Caballero，2009），即无法解释制度变迁的多重均衡以及均衡选择问题。

构建动态变迁模型，处理多重均衡难题，需要完善经济学的效率概念，即从静态的配置效率（帕累托效率）转向动态的"适应性效率"，从强调"最优"转向研究"次优"。早期的诱致性变迁理论采用了"效率观点"（相对价格是制度变迁的根源），但是由于存在交易成本，人们并不总是成功地协调以寻求更高效率。制度和习惯不断演变，但"永远赶不上社会在任何特定时间的不断变化"（Veblen，1899）。因此，在一个不断变化的世界中，无法保证在任何时间点观察到的制度会接近"有效"配置（Kingston & Caballero，2009）。"假设任何演化过程都会带来更好结果，这是天真的"（Ostrom & Basurto，2011），没有什么能保证一定能提高效率（Brousseau et al.，2011）。在一个多重演化且稳定均衡的模型中，有效的制度不一定会因参数变化而出现，相反，制度变迁表现出"路径依赖性"，即初始条件和历史事件可能会对最终观察到的制度产生持久影响，并且可能会出现并持续存在低效均衡（Kingston & Caballero，2009）。

因此，在比较评价不同制度框架的结果时，诺斯建议采用"适应性效率"（North，1990，2005），因为这种动态适应性标准比传统静态的"帕累托效率"更相关、更适用（Caballero & Soto-Oñate，2015）。在真实的世界中，没有完美的组织，制度总是"次优"的，因为它们不仅胜过了它们的竞争对手，而且当它们未能实现其他更好的可行结果时，它们就不值得改变。当我们研究任何一套持续了很长时间的规则和惯例时，我们应该认同达尔文的结论，即这些规则和惯例具有一些生存性特征。如果还有一个可行的结果能够负担得起，那它就会出现，并替代我们目前所观察到的这个（Allen，2018）。适应性效率和次优的概念对于动态建模的重要性已是共识，但是显然，在这方面还有很长的路要走。

其次是制度矩阵和互动研究难题。新制度经济学的制度变迁研究，实际上面对的是作为整体的高度复杂、嵌套的社会系统（Ostrom & Basurto，2011；Eggertsson，2013）。制度本身是有结构的，即制度矩阵（North，1990，1994；Polanyi，1944），并且相互间还存在多种互动关系，即制度互补（Aoki，1994；Bowles，2009）。某一制度的变革既会发生正式规则结构的变迁，也会通过互补性关联引发其他制度的连锁反应。在制度的动态演进中，制度矩阵的范围经济、互补性和网络外部性使得制度变迁具有强烈的报酬递增和路径依赖特性（North，1990，1994；Caballero & Soto-Oñate，2015）。制度矩阵和互动研究难题集中体现为非正式约束/规则（informal constraints/rules）与正式规则（formal rules）的互动研究不足，又可以分别从非正式约束的功能和作用以及制度供给和国家理论两个方面来阐述。

对非正式约束的功能和作用的研究不足，主要体现在以下两个方面：一是内生性问题；二是概念界定问题。

（1）非正式约束的内生性问题。尽管几十年来非正式约束功能和作用（如促进经济增长、解决集体行动困境）的研究对社会作出了很大贡献，但至今我们仍然只能部分理解非正式约束在解决集体行动的困境以及促进经济增长方面所表现出的巨大差异，我们对这些非正式约束的决定因素还知之甚少。尤其需要重点回答的问题是：为什么不同的社会产生了不同的非正式约束？这些社会规范从何而来？在某种程度上，它们似乎与正式规则相关，它们可能是公民成功采取集体行动的结果，而不是原因（Keefer，2018；Voigt，2018）。当正式规则与非正式约束发生冲突时，对经济增长有何影响？还需要更系统地进行实证分析。目前我们对正式规则在法律上与事实上的差距的决定因素，特别是非正式约束在其中所起的作用，几乎一无所知（Voigt，2018）。

（2）非正式约束的概念界定问题。对非正式约束作用和功能研究中存在的一个困难是，有些非正式约束基本上是不变的，或者需要几个世纪才能改变，但有人指出，至少某些类型的非正式约束可以很快改变（Kingston & Caballero，2009）。"非正式规则"可以大致分为三种类型：一是"非正式"一词有时只是用来表示规则没有被写下来，或者未被国家强制执行。如果这些非正式规则可以通过达成协议来改变，那么它们就很容易融入集体选择框架。二是"非正式规则"一词有时被用来指代道德准则或道德规范，这些道德准则或规范被内化并直接反映在参与人的偏好中，可以通过影响正式规则的选择过程来影响制度变迁。第三类非正式规则很重要，它不是有意设计的，但仍然被遵循，因为如果其他人遵循规则，自己偏离规则就不是个人理性的。例如，"社会规范"利用多边声誉机制和可信惩罚威胁在社区成员之间建立信任。第三类非正式规则（社会规范和惯例）有时会随着时间的推移而改变，但通常以分散、"自发"的方式演变，不容易融入集体选择模型（Kingston & Caballero，2009）。非正式约束概念界定的模糊导致了研究的困难，因此需要区分并界定不同类型的非正式约束，哪些直接影响正式规则，哪些则为外生的（长期变化）。

与非正式约束功能和作用的研究不足相比，制度供给和国家理论的缺乏对于制度变迁动态建模的影响可能更为重要。目前有关制度供给和国家理论的研究不足主要体现在以下两个方面：一是制度的有意设计和强制性；二是制度企业家的作用。

（1）制度的有意设计和强制性。尽管将制度变迁视为进化（演化）过程的大量文献（如演化博弈论）并不排除"意向性"（参与人采取理性行动），因为在演化制度变迁中，制度变迁的最终动力正是来自人类的有意行为（包括学习、模仿和实验），但是演化文献更加强调的是这些新规则或行为（突变），不论是随机产生还是有意产生的，都经历了某种分散选择过程（decentralized selection process），结果是一些（成功的）制度在人群中传播，而其他（失败的）制度则会消亡。总之，新规则和相关行为模式产生于许多个体的非合作选择（uncoordinated choices），而不是一个集体选择或政治过程（collective-choice or political process）（Kingston & Caballero，2009）。也就是说，如果与演化相关的文献也探讨集体行动的话，那么与演化相关的文献的基本观点就是这些集体行动无非是众多个体的自发的、分散的、竞争性的结果。这样，与演化相关的文献就排除了以集中决策（central mechanism）、强制性（imposed）以及有意合作（deliberate cooperation）为特征的集体选择的过程。

但是，对于制度变迁而言，仅有自发秩序是不够的。成功和富有成效的制度创新不是简单地独立于历史和当代背景进行思考的结果，它们不完全由资源禀赋、文化禀赋或技术变迁所决定，如果没有社会科学知识进步（是经济增长和经济发展的源泉，有助于经济社会政策改革以及制度设计）的指导，则不可能产生文化、社会或经济发展变迁的有效（最优）结果（Hayek，1967，1978；North，1994；Ruttan，2006）。也就是说，与演化相关的文献强调进化压力将倾向于淘汰"低效"制度从而获得"有效"制度的做法是一种理论简化。如果考虑进化过程中多重均衡的可能性（如存在多套可能的自我执行规则——惯例），那么制度变迁的一个核心问题就是如何选择特定规则（多重均衡的选择）。在多种均衡的选择过程中，随机机会有重要作用并导致制度变迁可能出现"断点均衡"（Young，1996）。但是规则的选择并非完全随机的，参与人通常会采用与其熟悉的类似的规则，也就是说，产权规则可以自发产生，但自发产生的规则并不必然是有效的（Sugden，1989）。此外，多重均衡选择中还存在利益分配以及讨价还价的过程（即制度变迁中的冲突和协调问题）（Knight，1995），又进一步增加了这一问题的复杂性（Kingston & Caballero，2009）。

因此在存在多重进化稳定均衡可能性的理论中，制度变迁可能表现出"路径依赖"。例如一个之前有效的制度结构可能会随着环境变化而变得次优，但如果没有一个协调机制（如立法或政治企业家）来启动制度变迁，那么经济可能会陷入次优均衡的状态（Kingston & Caballero，2009）。总之，如果忽略了有意设计和强制性，就很难解释制度变迁中的多重均衡选择问题，难以解释"路径依赖"和低效制度的长期存在，以及制度中的冲突和协调问题。制度企业家（或政治企业家）①在制度变迁多重均衡的选择中特别是"有意设计"中所起的重要作用，需要重点研究。

---

① 在本书中，对"制度企业家"和"政治企业家"这两个概念不做进一步细致区分。

（2）制度企业家的作用。重大制度创新的供给必然涉及政治企业家和创新者调动大量政治资源，用于设计新制度，解决利益集团之间的冲突（或在必要时压制反对派）。一般来说，如果政治企业家从创新中获得的预期回报超过动员设计和引进创新所需资源的边际成本，将提供制度创新。但是引入制度企业家（政治企业家）的制度变迁结果不一定是"有效"的。一方面，由于政治企业家的私人回报不同于社会回报，制度创新将不会以社会最优水平提供；另一方面，如果制度创新预计会导致占支配地位政治集团的损失，那么即使会给全社会带来巨大净收益，创新也可能不会产生。此外，或者是出于制度创新的无意后果（例如可能是由于参与者的有限理性），或者是出于有意设计（仅考虑政治企业家或利益集团利益），都有可能产生从全社会角度看无效的制度创新（Tullock，1967；Krueger，1974；Tollison，1982；Libecap，1989；Ostrom，2005；Ruttan，2006；Kingston & Caballero，2009）。总之，加入制度企业家（政治企业家）的制度变迁模型大大提高了现实解释力：由于利益集团的阻碍以及参与者的有限理性，导致制度变迁并不总是朝着"有效"的方向进行，"无效"或"低效"制度有可能长期存在。

然而目前对于制度企业家作用的研究才刚刚开始，仍有大量问题有待解决。例如对于政治企业家性质的认识还存在很大分歧，尚未统一。一方面，政治企业家被视为仅仅代表特定群体的利益，其个人利益不重要，政治过程本质上是一个利益集团争相制定对其有利的正式规则的战场；另一方面，政治企业家或"统治者"被视为是对制度变迁具有中心作用的仁慈、自主的独裁者（标准的新古典模型隐含假定），或者是最大化税收而非最大化全社会经济产出的掠夺性统治者（North，1981）。处于中间的一些理论则认为选民团体会游说政治企业家改变正式规则，政治企业家既有动力响应选民要求，同时也有自己的利益目标，并面临政治和宪法的约束（Kantor，1998；Kingston & Caballero，2009）。又如目前对于政党这一解决集体行动问题最为突出的组织，各国之间存在巨大差异的原因及其影响，不同类型政党的生存条件，政党的建立发展与公民网络等社会资本的关系，政党与反对党的关系及其对集体行动的影响，政治企业家促进国家能力建设的条件和影响因素等，都缺乏系统的研究和了解，也亟须广泛的实证分析（Keefer，2018）。此外，已有研究中的制度企业家更多的是组织、协会、网络等集体而非个人，那么集体的利益是如何由个体的利益聚合仍未得到解释，作为集体的制度企业家如何选择激励机制以克服搭便车行为的问题也还悬而未解；制度企业家仍然没有真正站在舞台中央，制度企业家对于制度变迁的主导作用尚未完全得到解释（胡祖光等，2010）。

第二节 行为经济制度分析的起源

一、背景：为什么需要行为经济学

（一）制度变迁的过程和情境

为了解决新制度经济学研究的困难，构建更加一般化的理论，特别是处理制度变迁动态建模和多重均衡难题，需要加强对制度变迁的细节过程（process）和具体情境（context）的研究。许多新制度经济学学者在观察现实和理论研究的过程中，开始认识到"过程的重要性"（周业安，2000a；Sobel，2017）。制度的形成和发展有一个过程，当事人是在特定的交易环境中从事有利于自己的交易，这一过程本身可能内生出特定的制度安排，这种制度的内生性意味着政府主导的制度变迁实际上要从政府和社会成员的自愿交易的过程中去理解（周业安，2000a）。但是总的来说，目前我们对制度变迁的具体过程还知之甚少，尤其是对国家制度和政策的广泛而重大的变化，以及国家为什么和具体如何从"差"制度（poor institutions）过渡到"好"制度（good institutions）或者反之，都了解甚少（Sobel，2017）。已有文献对制度变迁过程和情境的研究进展可大致归纳为以下两个方面：一是对制度变迁方式的讨论；二是制度的有意设计与无意演化的融合。

（1）制度变迁方式。关于制度变迁的方式，比较容易达成的共识是：制度变迁的过程并非线性地、持续地朝向一个目标，而是在连续过程中蕴含着非连续或离散的变化，制度变迁的进程既包括制度改进也包括制度衰退（周业安，2000a；Sobel，2017）。一般来说，制度衰退比制度改进来得更快、更突然，制度质量的显著改善通常需要大约 25 年的时间才能实现，但制度的显著恶化大多在 10 年内就能结束。制度改进比制度衰退更难，它是一个在较长时期内不断进行较小改进而积累的过程，关键在于"持续的积极体制改革"。"柏林墙倒塌、苏联解体……等单一变革事件显而易见，但制度质量的真正显著提高是在更长的时间内实现的"（Sobel，2017）。

关于改革方式优劣的争论则远未达成共识。尽管已经过去了 20 多年，苏东国家转型文献中关于激进改革与渐进改革方式的相对优劣仍然存在争论，该文献中学者们对关于改革的速度或顺序是否对过渡的有效性至关重要产生了深刻分歧，一些学者主张快速"休克"过渡（Sachs，1996；Murphy et al.，1992），一些学者主张采取更渐进的方法（Fischer & Gelb，1991；Heybey & Murrel，

1999；Murrell，1992；Boettke，2001；Sobel，2017）。

（2）制度的有意设计与无意演化的融合。在真实世界的制度变迁过程中，有意的设计过程与无意的演化过程同时在起作用，通常很难将二者完全分开。一方面，有意设计的制度的动力可能反映的是参数、信念或知识的渐进潜在变化，这些变化往往是现存制度随时间自发演进的结果；当人们刻意尝试设计和实施新制度时，竞争或其他演化过程可能最终决定了哪些制度得以生存和传播。另一方面，推动制度变迁演化过程的变异主要是由于参与者制定新规则的有意设计；某种制度最终被选中的选择过程可能是由参与者对相互竞争的备选方案的有意选择所驱动，而这种"有意的选择"有可能在制度设计的集体过程中发挥了"无意的作用"（Kingston & Caballero，2009）。

整合制度演化论和制度设计论的一个关键是指出制度变迁的自发机制与有意机制适用的具体情境，以及二者在规则（rules）生成过程中的相对权重。例如对于竞争倾向于淘汰低效制度的情况下，交易费用经济学的观点可能更加适用；而对于正式规则的变化是发生在稳定的政治背景下，并对行为产生的影响相对可预测的情况下，将制度变迁视为集体行动和政治互动的集体选择方法，则相对比较适用（Kingston & Caballero，2009）。

又如当制度被认为是人类意图（human intentions）的结果时，就需要重点考察那些影响其设计的动机，其中对效率的追求是一个重要动机，是制度进化的基本动力，或者至少是改革的理由。帕累托最优经常被用于识别确定那些向更合意状态收敛的机制，即使自发均衡是次优的，帕累托准则也蕴含了外部实体（如仁慈且无成本的社会规划者）进行合理干预以实现帕累托改进的可能性（Brousseau et al.，2011）。影响有意变迁过程的因素还包括模仿驱动、外部干预、资源性质的快速变化以及竞争和冲突等（Ostrom & Basurto，2011）。考虑到人类社会建立集体偏好的复杂性，以及集体机制及其形塑的个体行为与偏好之间相互作用关系的复杂性和动态性，有意的制度变迁结果是否是合意的仍然是一个远未得到解答的重要问题（Brousseau et al.，2011）。

同样地，制度自发演化理论强调选择过程推动制度变迁，但对于这一过程是否会收敛到有效解，仍存在争论。一些"表型"（phenotypes）的存活不能简单地归因于其内在的更高的品质，种群的动态不仅仅依赖于个体之间的比较，并且这些过程也不能保证选择有效的"基因型"（genotypes）。此外，从一个相同的初始状态有可能发展出不同的路径，而这些路径不会收敛到一个特定的聚集态，即使不同的路径确实收敛到一个唯一状态，也不能保证这个状态是最优的。也就是说，人类社会制度的进化机制不同于生物进化机制，规则体系的演变并不是进步的同义词。生物进化依赖于适应性概念，并没有效率标准，而社会制度演化包含人类的有意设计以及集体行动，效率的概念是社会系统内的，不取决于自然的约束，而是取决于参与人的偏好，因此制度体系内生创造了自己的效率标准及其选择过程。当然，在一个非各态历经（non-ergodic）的世界中，有限理性的参与人不太可能预料到结果，有可能做出错误选择，个体的意图和策略无法保证一定会出现合意的结果，制度备选方案之间的竞争性选择也并不能系统地取代昂贵的治理结构（Ostrom & Basurto，2011；Brousseau et al.，2011；Caballero & Soto-Oñate，2015）。

（二）对人的基本假定

新制度经济学希望能够保持旧制度经济学"强事实"的优点，同时又弥补其"弱理论"的不足，基于新古典的方法努力拓展创新。为构建更加一般化的理论，特别是处理制度变迁动态建模和多重均衡难题，新制度经济学开始重视对制度变迁过程（process）和情境（context）的研究。新制度经济学的困境，根源在于对人的基本假定的认识，出路也在于对人的基本假定的修正。新制度经济学进入真实世界，理论构建既强调现实性，又要求简洁性，需要开发更好的工具。

如果"在设定研究议程和形成研究方法方面，没有什么比对人类行为本质的看法更重要"（Simon，1985）的话，那么社会科学家就应该重点刻画人类行为的关键属性，包括认知和自利两大方面（Williamson，2000）。科斯明确指出，"大多数经济学家都假设人是理性效用最大化者，我认为这一假定既不必要又易误导。现代制度经济学应该从真正的制度开始，对于人的行为研究也应该从真实的人开始"（Coase，1998）。新制度经济学学派内部对有限认知能力（即有限理性）的观点可以说基本一致，认为思维是一种稀缺资源，认知专业化可以节约成本。但是对有限理性的界定及应用仍是一大困难，如何最好地描述人类行为仍然是一个悬而未决的大问题（Williamson，2000）。

例如交易费用经济学在经验上取得了成功，但在理论建模方面的进展却停滞不前，陷入某种困境。交易费用经济学虽然将有限理性视为解释制度存在的一个关键，但它却在制度变迁中未发挥主要作用，参与人是否有目的地、明智地或者完全随机地引入新制度无关紧要，因为高效制度将通过进化竞争过程淘汰低效制度（周业安，2005a；Kingston & Caballero，2009）。关键是当新制度经济学进入真实世界，如何通过各种参数和函数的形式来描述参与人的选择及后果，就变得更为困难。诺斯在回顾其研究历程时指出，一旦新制度经济学开始关注制度演化问题，就必须怀疑理性假定，这也是诺斯本人从20世纪90年代开始转向人类认知、学习和意识形态研究的原因（周业安，2005a）。有限理性不仅会影响制度变迁的速度，也会影响制度变迁的方向，它还是制度惯性

(institutional inertia）的来源。例如在新制度被"发明"出来之前，人们可能根本没有意识到潜在的有益制度变迁。鲁坦（Ruttan，2006）认为，社会科学知识的进步构成了一种学习形式，可以增加政治企业家可用的新制度的"供给"（Kingston & Caballero，2009）。

不论是强调集中式的集体选择的（centralized/collective-choice）制度变迁理论，还是强调分散的演化的（decentralized and evolutionary）制度变迁理论，都认为制度最终是人类有目的地尝试解决问题的结果，在这个过程中，人们以有限理性的方式在复杂多变的环境中处理不完全信息（有关外部环境以及与其他参与者的策略）。因此人们处理信息和解决问题的方式对制度变迁的性质产生影响。例如人们有可能会系统地忽视新环境提供的机会，个体和集体学习的方式可能会导致某种均衡比其他均衡更重要。因此有限理性的性质以及心智模型（mental model）的构建成为制度变迁理论的一个前沿核心问题（Kingston & Caballero，2009）。也就是说，只要认识到人类意图在制度变迁中的重要作用（这种意向性对制度变迁的方向和速度是产生了实际影响还是最终形成了无意结果则另当别论），就需要考察那些影响制度有意设计的动机及其背后的对人的行为的基本假定。如果采用传统的经济效率（如帕累托效率）准则，实质上是假定参与人（完全）理性，那么制度变迁会朝着有效率的方向发展。但是如果我们更加贴近现实，同时考虑效率和公平，再加上人的认知能力限制、自利利他的复杂动机，以及外部环境的不确定性和交易成本，那么显然，理性人假定对于制度分析已经远远不够，需要以有限理性（bounded rationality or limited rationality）假定来替代。

一旦进入人的有限理性和心智模型的讨论，行为经济学就有可能为制度分析提供更好的分析工具。诺斯指出，历史证明，那些思想、意识形态、神话、教条还有偏见很重要，理解它们的演变方式是必要的（North，1994）。主观心智模型（subjective mental models）是理解个体在不确定环境中进行决策行为的关键因素，这种心智模型与制度紧密相连。心智模型是个体认知系统为解释环境而创设的内部表征，制度则是个体为系统组织管理（structure and order）环境而创设的外部机制（Denzau & North，1994）。制度变迁可以视为"主导信念体系变化的函数"，因为是"人们持有的信念（beliefs）决定了他们做出的选择"（North，2005；Zweynert，2009）。诺斯提出了一个应用心智模型解释制度变迁的粗略的理论分析框架（North，2005）。个体的心智模型反映了人们对世界的理解，并用于评估特定制度规则变化的合意性。随着时间推移以及对这个世界的进一步了解，人们会修正个体心智模型，并可能改变他们对那些替代规则甚至整套替代规则效力的看法。这些改变了的看法和感知可能会促使他们为个人利益而试图改变制度规则，而这一活动为制度变迁提供了驱动力。由于现存制度为创设特定类型的组织以及投资于特定类型的技能和知识提供了激励，并且这种学习和组织创设反过来又会影响人们对新的可能性的感知，因此过去的制度对制度变迁的方向产生了重大影响（North，2005）。总之，理解制度变迁的一个关键是理解人们如何学习和修正其"心智模型"，因此，认知心理学和行为经济学的研究有助于我们更深入地理解制度变迁（Kingston & Caballero，2009；Caballero & Soto-Oñate，2015）。

与诺斯的"制度即规则"的方法不同，青木昌彦、格雷夫等人提出了"制度即均衡"的方法，进一步分析信仰、规范和期望的变化（Aoki，2001，2007；Greif，2006；Greif & Laitin，2004）。例如青木昌彦提出了一个强调共同知识对制度变迁起到重要作用的主观博弈模型（Aoki，2001，2007）。制度可以视为是"自我维持的、显著的社会互动模式"，也就是"参与者之间关于特定的博弈均衡路径的共同知识（common knowledge）"，因此制度变迁可以理解为从原均衡向新均衡的变化路径。由于有限理性，每个个体对这种整体均衡的理解都不完整，并且只观察到适用于整体博弈的截取的、简化的版本，即心智模型。因此制度不应该被视为一套规则，而是一套共享的感知（shared perceptions），将所有个体的截取的、简化的心智模型连接在一起。外生或内生参数变化会破坏现有的整体均衡，导致部分参与人认为其策略不再是最优的。在随之而来的"制度危机"（institutional crisis）中，参与人在进行集体探索新的整体均衡的过程中，也会单独尝试实验新的策略。最终，或者是通过分散选择过程，或者是通过组织或政治企业家领导的集体选择过程，他们的个体策略和心智模型将在一个新的均衡中保持一致（Kingston & Caballero，2009）。

不论是"制度即规则"，还是"制度即均衡"，两类理论都强调个体的有限理性，面对纷繁复杂（不确定性）的外部环境，"共享心智模型"是决定制度变迁的关键。该模型是把行为经济学、新制度经济学和演化经济学的主要思想连接在一起（周业安，2005b），进而可以应用行为经济学的工具进一步探索制度变迁的深层次问题。例如，如果一些或全部试图改变制度规则的参与者对潜在变化的影响理解不正确，就可能影响集体选择中的政治谈判过程，而这个过程是新制度形成的关键（Ostrom，2005）。风险厌恶又进一步加剧了集体行动的复杂和困难，由于引入新制度所带来的不确定性，有限理性的个体可能会不愿意进行尝试，尤其是进行激进的制度变迁（Kingston & Caballero，2009）。又如，行为经济学文献为有限理性假定提供了实质性的实证支持。帕加诺（Pagano，2007）进而区分了几种不同形式的有限理性：有限沟通技能、有限信息处理技能、有限计算技能、有限"偏好形成"技能（知道自己想要什么）以及有限

"情感技能"（控制情绪和理性行事的能力）。然而个体层面上多种形式的有限理性与总体层面上制度变迁之间的联系仍不清楚，有待探索（Kingston & Caballero，2009）。

简而言之，新制度经济学研究的困境本质上是由于加入了"时间"变量（North，1994），要处理不断变化的"复杂（嵌套）系统"（Ostrom & Basurto，2011）。新古典经济学擅长的静态分析（比较静态分析）工具在此并不适用，因而采用"理性人"基本假定以尽可能地简化分析。因此新制度经济学的未来发展需要进一步开发更好的分析工具（better tools），响应科斯的号召，"从真实的人（man as he is）开始"进行制度变迁的动态分析（Ostrom & Basurto，2011；Caballero & Soto-Oñate，2015）。

二、行为经济学：特点和优势

（一）行为经济学与演化博弈论、机制设计理论

目前来看，新制度经济学制度变迁理论进一步发展所采用的工具，至少可以归纳为以下三个：一是演化博弈模型，二是机制设计理论，三是行为经济学。三者目前都有大量文献进行相关研究，这里仅从应用于制度变迁理论发展的角度简要比较三者的进展：

（1）演化博弈模型。青木昌彦在斯科特（Schotter，1981）、尼尔森和温特（Nelson & Winter，1982）等的基础上，将诺斯制度演化理论中的不确定性、锁定效应、路径依赖、无效率选择等统一在一个演化博弈模型中，不仅从内生的角度分析了制度的起源和实施，也揭示了制度还具有"人为设计"的一面（青木昌彦，2001；Aoki，2008）。鲍尔斯（Bowles，2004）构建了个体偏好和制度的共生演化模型，具有异质性偏好的个体与制度互动形成共生演化。二者都强调了制度的多重性，特别是各局部制度间的相互依存性（制度关联和制度互补）。演化博弈模型能够很好地解释习俗等非正式制度，但是很难解释正式制度，尤其是不能很好地处理制度的可设计部分（周业安，2001，2005b）。也就是说，演化博弈模型仍未将制度变迁的设计部分与演进部分有机融合，特别是缺乏对集体选择和政治决策过程以及正式规则多层次性的分析，仍然难以回答制度变迁多重均衡的选择问题。

（2）机制设计理论。由赫维茨（Hurwicz，1973）提出并由迈尔森（Myerson，1979，1982，1986）和马斯金（Maskin，1977）发展的机制设计理论（mechanism design theory，MDT），探讨在自由选择、自愿交换、信息不完全及决策分散化的条件下，能否设计一套规则或制度来达到既定目标，并且比较和判断不同机制的优劣；激励相容原理和显示原理是该理论的两个核心。此外，

"政策过程理论"（萨巴蒂尔，2004）、"制度设计理论"（韦默，2004）以及"数理制度设计理论"（Shubik，1980）等也属于此类（顾自安，2011）。机制设计理论侧重"理性建构"的建模思路或许可以为研究制度变迁中的正式规则的演进以及多重均衡的选择提供启发，但是机制设计理论的重点不在机制转换（动态制度变迁）问题上，所以难以直接给动态制度变迁模型的构建提供工具应用。

（3）行为经济学。上述制度变迁的演化观和设计观仍然是二分的，都未回答一些"演化"的非正式约束是怎样"设计"为正式规则的。认知理论的引入以及行为经济学建模，是一个融合上述研究并值得尝试的方向。诺斯较早认识到认知理论的意义，初步探索了制度的认知基础，认为具有主观模型的组织与非正式约束、正式规则之间复杂的互动是理解制度变迁的关键（North，1990）。人类演化变迁的关键是参与者的意向性，经济变迁在很大程度上是一个由参与者对自身行动结果的感知所塑造的深思熟虑的过程，制度变迁是"可感知的现实→信念→制度→政策→改变了的可感知的现实"这一循环往复的过程（North，2005）。此外，许多学者正确地指出，成功的改革和制度变迁需要国家正式规则、执行实施、非正式约束等的互动和配合，这类文献既包括经济学（North，1990，2005；Soto，2000）和管理学（Hamalainen & Heiskala，2007；Mintzberg，2015），也涉及政治经济学和公共政策（Ostrom，1990，2010；丁学良，2014）、社会学和人类学（Scott，1998）以及法学（苏力，2007）等，但仍缺乏严谨的理论建模和检验。

如果人的主观心理特征确实是理解制度变迁的关键（也决定了制度变迁的复杂性），那么目前正在蓬勃发展的行为经济学就是一个值得尝试的工具。由卡尼曼、特维斯基等为代表的行为经济学家所提出的前景理论（Kahneman & Tversky，1979）能够有效地处理有限理性、偏好和禀赋内生等问题，强调决策作为一个学习过程的动态变化（周业安，2004）。基于韦兰德（Weyland，1996，1998，2008）、维斯和科斯伯根（Vis & Kersbergen，2007）等少数学者的行为经济制度分析成果，也有学者应用前景理论构建了一个行为政治经济学模型（Zhang，2012a），对诱致性-强制性框架进行了新阐述，并重点对诱致性变迁进行分析和检验，但仍然采用"诱致性-强制性"二分法（Lin，1989）。有学者进一步构建了行为合作博弈模型分析地方政府与私人企业之间的互动关系，探讨了中央政府作为制度变迁理智设计者的行为，不过该研究还需进一步拓展为更加一般化的模型，将中央-地方-企业三者整合在一起（Zhang & Wang，2014）。总的来说，至今为止"行为经济制度分析"领域的研究还只是刚刚开始（DellaVigna，2009）。

（二）行为经济学的广阔前景

现代行为经济学（behavioral economics，BE）是在与新古典经济学的思想竞争中唯一获得相对竞争优势的经济学新兴学科，已成为新古典经济学"异端"中逻辑最自洽、方法最科学的一个分支（陈苗，2018；周业安，2022）。行为经济学应用于制度分析会有很好的发展前景，是未来研究的一个令人兴奋和富有成效的领域，例如有助于深入研究制度形成中的人类认知问题，更好地理解决策及其对治理的影响，解释政治企业家对于制度变迁的关键作用等（Richter，2005；Mayer，2018；周业安，2004b；卢周来，2009；胡祖光等，2010）。与其他经济学的新分支学科相比，行为经济学本身及其应用于新制度经济学的特点和优势可以归纳为以下三点：一是交叉更为彻底；二是理论更胜一筹；三是方法更进一步（Ménard & Shirley，2014；Verboven，2014；周业安，2022）。

（1）交叉更为彻底。不论是新制度经济学的未来，还是行为经济学的未来，乃至更广泛的社会科学的未来，跨学科的综合性发展都是一大趋势。正如科斯所言，经济学的转型需要寻求律师、人类学家、社会学家以及其他人的帮助（Coase，2002）。经济学已经对政治科学、公共选择、法律（法和经济学）、历史（计量史学）以及其他社会科学产生了深远影响，新制度经济学以其务实的、强调实证经验的方法，尤其适合与政治学、管理学、法律、社会学和人类学等社会科学的子学科，甚至社会科学之外的一些学科进行交叉融合。例如诺斯与认知科学家的合作，与神经经济学、行为经济学的发展联系都已证明了这一点（Ménard & Shirley，2014）。

与博弈论、信息经济学、新制度经济学、新政治经济学等经济学新分支学科相比，行为经济学对交叉学科研究贯彻得更为彻底，不仅传承了老行为经济学的经济学与心理学交叉研究的传统，而且越来越重视与认知科学、社会学、政治学、人类学、生物学、物理学等学科的交叉研究。现代行为经济学对经济学的影响力日益强大，在微观领域逐步形成了个体决策理论、行为消费者理论、行为企业理论、行为产业组织理论、行为劳动经济学、行为公共经济学等新分支；在宏观领域形成了行为宏观经济学、行为财政学；在其他领域形成了行为政治经济学、行为福利经济学、行为金融学、行为法经济学、行为制度经济学等（周业安，2022）。

以老行为经济学的杰出代表人物赫伯特·西蒙（Herbert Simon）为例，其有限理性以及满意原则等著名概念假说的提出，都是交叉学科研究的成果典范。西蒙早期对管理学特别是工业管理学倾注了大量心血，在研究个人与组织行为的过程中，逐步认识到，新古典经济学关于人的行为的看法存在很大缺陷，而管理学针对这个问题只停留在经验上，并未形成系统理论。于是，西蒙开始围绕个体和组织决策展开系统研究，并最终形成了有限理性学说，以解决理性思考者（rational deliberators）处理信息的时间有限以及心理能力有限等问题。并进一步提出有限理性个体进行决策的满意原则，即人们不是寻求最大化其效用（maximize their utility），而是优化其满意度（optimize their satisfaction）。人类决策的满意原则不能简化为效用最大化，即使在完全理性和无所不知的参与人假定条件下，经济学的实质理性（substantive rationality）也不会总是占上风，公平准则、对不公平的厌恶，甚至纯粹的利他主义都会在理性决策中发挥重要作用，也就是说，人们有意识、深思熟虑的决策并不是基于效用最大化，而是优化他们的满意度。西蒙关于有限理性和满意原则的研究为现代行为经济学的发展奠定了基础，有限理性学说成了现代行为经济学的理论内核。西蒙的交叉学科领域更为宽泛，在经济学与心理学之外，还混合了管理学、社会学、政治学、法学、计算机科学等领域，是一个大范围的交叉学科研究。西蒙本人也因此在多个学科领域都作出了开创性贡献，如组织行为学、工业管理学、人工智能、认知科学等。总之，现代行为经济学的成功就在于突破了所谓纯经济学范畴的约束，通过对经济学与心理学等交叉学科研究传统的继承和发扬，广泛汲取其他学科的营养成分，造就了其理论强大的解释力（Verboven，2014；周业安，2022）。

（2）理论更胜一筹。行为经济学的理论体系更完整，更一般化，也更容易与新制度经济学融合。西蒙的老行为经济学已经是一个严谨的逻辑体系，有限理性学说在哲学、方法、行为和应用层面都形成了逻辑一致的理论体系。围绕个体和组织决策这一核心问题，西蒙建构了一个足以与理性经济人假说竞争的新理论范式（周业安，2022）。现代行为经济学更是在识别和建模与理性选择理论相矛盾或互补的决策行为规律方面取得了突破性的进展，其中许多概念是非经济学的其他社会科学领域所熟知的，行为经济学的贡献在于通过建模来对行为决策产生影响，并探索社会生物学（普遍主义）和社会文化（相对主义）的基础（Verboven，2014）。按照行为经济学家穆莱纳桑和塞勒的总结（Mullain-athan & Thaler，2000），行为经济学已形成"三大基石"，即有限自利、有限意志力和有限理性，在多方面对新古典经济学进行了修正和完善，主要包括基本决策理论（自利偏好与社会偏好）、风险决策理论（期望效用模型与前景理论）、跨期决策理论（指数效用贴现模型与双曲线效用贴现模型）以及概率推断理论（贝叶斯学习与启发式学习）（陈苗，2018）。

新制度经济学尽管认识到了非正式制度的重要性，但仍然没有开发出一个强有力的理论来解释社会规范的演化和动态，一个重要原因是经济学家传统上并不擅长从心理学角度分析品位和偏好（tastes and preferences）的形成和变化。有限理性意味着我们对复杂社会系统和人类环境缺乏充分的认识，我们依靠不完整模型（incomplete models）或不确定性社会模型（uncertain social models）来节约我们的脑力。然而由于理论和实证两方面的原因，新制度经济学和政治经济学几乎总是假设关键决策者的行为是建立在正确的（完整的、确定性的）社会模型基础上。从理论上看，是由于几乎不可能预测未来社会模型（信念）的全部内容（包括新模型的出现以及旧模型的崩溃），并且很难观察人们的真实信念，因为人们会巧妙地隐藏自己的真实信念以避免制裁，或者在公共场合策略性地运用虚假模型（信念）合法化个人利益。从实证上来看，进行有关社会现象的可控实验并测度单个潜在影响因素的净影响非常困难，例如某些社会理论（如宗教）无法建模检验，估计信念（独立于政治权力和物质利益）对社会结果的净影响也很困难。此外，社会系统的内生变化又进一步加剧了复杂社会系统的不确定性，社会系统是人类决策的加总，系统的变化可能是由于外部的冲击造成，也可能反映的是新的道德信念和新的社会模型，或者是利用系统渐进实行的"干中学"（learning by doing），所有这些都很难衡量和预测（Eggertsson, 2013）。行为经济学则为解决这些问题提供了一个很好的分析框架和工具。

以现代行为经济学的前景理论为例，可以看出前景理论对新制度经济学的发展和完善的重要意义和价值。前景理论进一步发展了西蒙的"有限理性"假说，使"有限理性"这个启发式概念更具操作性；对新古典的期望效用理论（expected utility theory，EUT）进行根本修正，完善了对人的行为的基本假定，形成了一个完整理论。前景理论的建立和发展使科斯的号召"从真实的人（man as he is）开始对人的行为研究"真正成为可能，为新制度经济学研究的广泛综合性（多学科多领域）以及动态制度变迁模型的构建（如偏好与制度共生演进）提供了有力的工具。

前景理论构建了和认知双系统理论内在一致的偏好微观结构理论，由此形成了比较成熟和完备的理论范式。这套新的理论范式将西蒙的有限理性学说以及满意原则进一步体系化了。一方面，有限理性体现在认知的双系统结构上，其中理性系统（慢系统）与直觉系统（快系统）相互产生挤入或挤出的作用，当某种系统占优时，在行为层面上就会出现该系统主导的特征。认知双系统体现在偏好层面，就是自利偏好与社会偏好组成的偏好微观结构，其中两种偏好相互产生挤入或挤出的作用，哪种偏好占优，就会主导相应的行为。当自利偏好完全挤出社会偏好时，行为人就会转变为理性经济人。另一方面，根据前景理论，参与人决策和判断时，会依赖参照点（reference point）进行相对损益权衡，并在不确定性约束下，按照主观概率分布形成期望。期望效用理论要求参与人寻求确定条件下或不确定条件下的最优解，而前景理论要求参与人寻求一个相对合理的解，合理不代表正确，仅仅是在此情此景下做出的判断与决策，可能正确，也可能错误（周业安，2022）。

前景理论的建立和发展，使新制度经济学对于诸如公平、利他、互惠、文化以及合作等这些制度分析绕不过去的问题研究更加得心应手，有了一个"综合"的好工具。例如行为经济学的大量证据表明，作为新古典经济学基础的排他利己假设（exclusive self-interest assumption）在许多情况下是无效的。大多数理性参与人关心公平，并准备为他人利益付出代价，即使共同利益没有受到威胁。这种偏好基于过去的经验，过去经历过友善行为的人倾向于对他人表现出友善，过去经历过不友善行为的人倾向于对他人表现出不友善，即利他互惠（altruistic reciprocity）。因此在行为经济学的选择模型中，偏好不是外生的或稳定的，会根据之前的选择和未来的预期而变化。战略互惠（strategic reciprocity）促进了合作，但并不足以维持稳定合作，其他因素诸如社会邻近（social proximity）、共享身份（shared identity）、社会象征交换（social symbolic exchange）、社会认同（social approval）以及惩罚搭便车者的能力等为合作提供了更坚实的基础。其中，利他惩罚（altruistic punishment）起着至关重要的作用，利他惩罚的直接原因不是理性计算，而是情感。文化和社会差异也对合作的形成产生重大影响，文化（通过诸如语言等象征性互动的社会学习行为）不仅促成了更复杂的合作，还催生了社会制度（即程序化行为）。总之，人类的社会行为不可避免地被制度化，其中市场互动远不是唯一的甚至也不是主导的人类互动类型，市场交换本身无法实现所需的社会稳定，促进人类合作（包括在公司以及委托代理关系中）最重要的是真正的利他主义。制度引导和约束人类在经济和非经济事务中的决策，制度并不是从市场交易中自发产生的。市场效率收益或损失会反馈到制度变迁中，但它们并不决定制度变迁的进程。制度变迁是由效率特征、分配冲突、构成社会规范基础的文化信念，以及由自然事件、技术创新和人类性格引发的随机冲击等多重因素相互作用共同推动和决定的。将诺斯的制度变迁理论研究与行为经济学的新成果相结合，更有利于我们深入理解制度及其变迁这一复杂问题（Verboven，2014）。

前景理论为新制度经济学的动态制度变迁模型构建（如偏好与制度共生演进）提供了有力工具。行为经济学特别重视"过程"研究，认为有限理性的参与人进行的决策不仅体现在目的上，而且体现在过程上。在决策过程中，决策程序、决策情景与参与人的心理产生互动，从而影响决策结果。个体决策结果的变化导致总量结果的变化，对经济总量的理解来自对个体行为的理解；有限理性和学习过程会导致决策偏差以及结果演变路径的随机性，从而产生异常行为，这种异常行为又增加了经济现象的复杂性，加强了对有限理性的约束。总之，决策心理特征、行为模式和决策结果之间是互动的和关联的，存在许多决策反馈机制。在这些互动过程中，偏好在一定的条件下孕育出来，并在与环境变化的互动中演化，构成了当事人围绕偏好演化的学习过程。学习过程的存在，使行为经济学从一开始就是动态的分析，而不像新古典经济学那样重视静态和比较静态分析（周业安，2004）。也就是说，在行为经济学的选择模型中，偏好不是外生的或稳定的，会根据以前的选择和未来的预期而改变（Verboven，2014）。这样，行为经济学就为我们对人类行为的认识提供了进化支持（evolutionary support）和社会支持（social support）。研究制度动态变迁，有助于我们解决霍奇逊所指出的制度变迁的"无限后退"（infinite regress）问题（Hodgson，1995），即个人影响制度，同时制度发展并改变个人；作为制度的习惯性行为（habitual behavior）并非新古典主义意义上的最优，而是体现了长期生存价值意义上的最优；由于人类决策存在失误和偏差，国家可以改进经济绩效，这就为政府经济政策干预提供了一个正当理由（Pressman，2006）。

以前景理论应用于政治经济学的研究为例。前景理论作为一种有关决策的描述性模型，为期望效用理论提供了一种替代方案，更加充分完整地描述了人们在风险和不确定性条件下的实际选择。前景理论的损失厌恶（loss aversion）性质表明，当人们发现自己处于损失域（domain of losses）时，他们更倾向于进行风险决策，而在收益域（gains domain）则表现出风险厌恶（risk averse）。并且"损失大于收益"（losses loom larger than gains）（Kahneman & Tversky，1979），或者说，"等量损失的痛苦大于等量收益的快乐"（losses hurt more than equal gains please）（McDermott，2004）。前景理论的损失厌恶（loss aversion）可以为"尽管存在阻碍变迁的制度机制和政治阻力，但是政治行为人（political actors）为什么还会进行有风险的国家改革"这一国家理论的关键难题提供一个具有说服力的解释，即只有当政治行为人认为自己处于损失域时，当他们目前的状况不可接受时，他们才会进行有风险的改革（Weyland，2002；Vis & Kersbergen，2007）。此外，行为经济学的坚实心理基础以及认知和社会心理学所揭示的个人决策行为的深层元素，可以为新制度经济学更广阔领域的研究特别是一些重大问题研究提供支持，例如签约行为、企业治理选择、企业与其制度环境之间的互动等。特别是目前我们仍然缺少对超越有限理性概念的深层认知因素具体如何影响风险感知以及包括契约设计在内的治理选择等的理解；通过将框架效应（framing effects）融入调节定向理论（regulatory focus theory），我们有可能更深入地理解企业如何感知风险以及如何作出治理选择等（Mayer，2018）。

（3）方法更进一步。不论是将行为经济学看作新制度经济学的特例（Hodgson，2009），还是将新制度经济学看作行为经济学的特例，二者在方法论上的共性特征是非常突出的，二者都是对新古典方法的扬弃，既与新古典方法一脉相承，又拓展丰富了新古典理论。

首先，行为经济学是对新古典方法的传承而非颠覆。与旧制度经济学和老行为经济学不同，现代行为经济学对新古典经济学具有包容性，而不是简单的对抗或颠覆（Camerer & Loewenstein，2004）。行为经济学在新古典经济学的基础上，重构了这些模型的行为基础，进而改变了这些模型的逻辑本身。现代行为经济学是基于经济学的交叉学科研究，而不是老行为经济学基于心理学的经济学研究。这一研究路径的转变意义重大。一是现代行为经济学逐步脱离了心理学实验方法，转而引入史密斯（Smith）、普洛特（Plott）等人的经济学实验方法。这种实验方法遵循经济学的理论逻辑和方法论，而不是纯粹运用心理学实验。二是现代行为经济学不拘泥于实验室实验，而是采取多种研究方法并行的方式，如实地实验、基于微观数据的微观计量、计算机模拟、机器学习等，这是对实证主义经济学方法论的坚持。现代行为经济学在方法论层面并未脱离新古典经济学。三是现代行为经济学并不完全是经济学与心理学的交叉研究，前景理论所引发的个体决策新理论的核心是对个体社会性的有效处理，从而更接近古典政治经济学的核心思想（周业安，2004，2022）。按照行为经济学家凯莫勒和勒文施泰因的说法，行为经济学的基本研究方法是，在一般理性模型基础上只增加一两个参数，当这些参数取特定值时，行为模型就简化为一般模型（Camerer & Loewenstein，2004）。行为模型与一般模型的联系可以通过对这些参数的估计来实现。虽然它们往往只比一般模型要多一两个参数，但在动态和策略互动的分析中，行为模型有时比一般理性模型更准确（陈茁，2018）。

其次，行为经济学与新制度经济学在对新古典方法的扬弃方面高度一致。行为经济学与新制度经济学的相似之处在于，承认新古典模型的分析能力，但进一步弥补并改进其理性选择理论的不现实假设及其描述性（和预测性）不足的缺陷。与新制度经济学一样，行为经济学的宏伟目标也是充分利用并进而提高稀缺条件下正规新古典决策模型的功效，通过增进现实性拓展经济分析，使其更具描述的完整性。新制度经济学侧重关注作为行为规则的制度，行为经济学则侧重关注参与者。行为经济学认识到理性决策在人类行为中的重要性，并努力将人类认知中无处不在的非理性（信仰、道德信念、情绪、迷信等）也融入理性思考（rational deliberation）中。行为经济学的目标是识别人类行为中的规律，并将其与理性选择模型联系起来（而不是用理性选择模型解释），从而在保持其正式（数学）模型功效的同时又对模型进行了实质性改进。行为经济学使用了与新古典经济学相同的模型和数学工具，对当今主流经济学产生了巨大影响（Verboven，2014）。

最后，新制度经济学与行为经济学在理论内核上具有内在一致性。新制度经济学和行为经济学方法的源头都是"原制度主义"（original institutionalism），不论是凡勃仑的制度主义（Veblenian institutionalism），还是现代行为经济学，都特别关注启发式决策的重要性。两种方法都有心理学的基础。凡勃仑的制度主义的心理学基础是北美的实用主义哲学；现代行为经济学的心理学基础则是心理学家阿尔伯特·班杜拉（Albert Bandura）和莱昂·费斯廷格（Leon Festinger）的著作。对于凡勃仑的制度主义，威廉·詹姆斯（William James）、约翰·杜威（John Dewey）和查尔斯·皮尔斯（Charles Peirce）等人的贡献与凡勃仑提出的制度、习惯和本能等概念密切相关；对于现代行为经济学，班杜拉和费斯廷格的研究则为其提供了一个不同于行为心理学而更接近社会学习过程的心理学框架。新制度经济学与行为经济学在理论内核上的一致性表现在，可得性启发式（availability heuristic）概念与凡勃仑提出的习惯概念相似，而锚定启发式（anchoring heuristic）概念则与凡勃仑提出的本能概念相似。尽管这两种方法都强调社会化过程，但历史的作用及其重要性在新制度经济学中更为重要（Taioka et al.，2020）。

（三）对行为经济学的批评和讨论

对行为经济学的批评可以简要归纳为理论和方法两大方面：一是"理论太多"（too many theories）；二是方法论的"非确定性"（indeterminate）。

（1）"理论太多"。目前的行为经济学有太多理论，尚未形成一个统一的思想流派，甚至内部不同学者之间对于一些基本问题的看法都有很大分歧。对行为经济学的批评大多很分散，可能最集中的一个就是"理论太多"，却"用处不大"（Fudenberg，2006）。行为经济学家为解释散落于经济现实各个角落中的"异象"而构建了太多特殊化的模型，而每一个模型都只在某一特殊情境中有优于新古典模型的解释能力（更高的数据拟合优度），但这些模型中的每一个都不能单独地提供对人类行为统一的解释框架，它们之间往往存在着很大分歧甚至是近乎不可调和的紧张关系（Wilkinson & Klaes，2012；陈茁，2018）。行为经济学的几位主要代表人物并未在思想层面达成一致，对于一些基本问题的分歧仍然很大。例如卡尼曼、特沃斯基、史密斯以及吉仁泽（Gigerenzer）对以下几个问题都持有几乎完全不同的观点：假定应具有怎样的作用和特征、什么样的调查方法是恰当的、不同种类的经验证据有何价值，以及对理性、效率和最大化的基本看法等（Wilkinson & Klaes，2012）。目前的行为经济学还不是一整套理论体系，而是若干方法和思想的汇总。相比于新古典模型这样一个"万能式便携工具"，时下的行为经济学"工具箱"中有太多的工具，却提供了太少的关于何时使用何种工具的索引，而由于缺乏这种索引，一个更大的工具箱也不会有多大的用处（Fudenberg，2006；陈茁，2018）。

目前的行为经济学对经济现象的描述力仍然大于解释力。例如对于非理性的起源问题，行为经济学至今没有任何异于演化理论的答案，大部分行为经济学家的研究还是基于实验和脑成像技术，这些方法擅长发现现象，却不能解释现象。又如有限理性的社会结构问题，如果仍然只是笼统地假设行为主体是有限理性的，那么行为经济学又将沦为同义反复（套套逻辑），"理性程度在全体人类中是如何分布的"这一问题是行为经济学必须要回答的（陈茁，2018）。

以前景理论为例，在这一理论提出后的几十年里，一直没有解决参照点的决定问题。正如莱维所言，前景理论是一个"没有参照点理论的参照依赖理论"（a reference-dependent theory without a theory of the reference point）（Levy，1997）。这类似于理性选择理论，是一个"没有偏好理论的偏好依赖理论"（a preference-dependent theory without a theory of preferences）。由于前景理论缺乏一个决定参与人框架行为的理论支撑，就不得不从选择领域研究退回到框架领域研究，这个问题必须解决，而理解前景框架（prospect framing）影响的关键就是参照点的决定（Vis & Kersbergen，2007）。有多种方法可以确定参照点，包括现状（status quo）、愿望（aspiration）、启发式（heuristics）、类比（analogies）以及情感（emotion）（Mercer，2005）。以福利国家的风险改革为例，以现状作为参照点来确定政治行动者是处于损失域还是收益域是合理的，但是相关研究仍然是初步的。由于前景理论还缺乏框架形成理论（a theory of framing），因此无法回答如何确定政治行为者认为自己何时处于收益域或损失域的问题。这一点至关重要，因为它决定了参与者是规避风险还是寻求风险（Vis & Kersbergen，2007）。

其他相关的悬而未决的问题还有：前景理论能处理集体行为、集体决策以及战略互动吗？目前尚无确定答案。可以沿用理性选择理论常用的基于代表性个体的模型，在这种模型中特别偏好或偏见的行为会在不同的未来状态中被研究，所有行为人都是同质的，即赋予所有参与人等度的、不完美的理性。也可以采用基于噪声行动者的模型，在这种模型中存在两类行为人（比如聪明的和愚蠢的），他们在市场上相遇，愚蠢的行为人因为其认知错误，总是被聪明的行为人所统治，并产生了均衡价格和均衡交易量，即赋予不同决策者（两类）不同程度的理性。已有的探索性研究表明，前景理论可以应用于研究群体行为，将前景理论的应用扩展至集体决策的情况，例如 Weyland（2002）指出，前景理论可以用于处理领导人与公民之间的战略互动问题（Vis & Kersbergen，

2007；陈苗，2018）。

（2）方法论的"非确定性"。如果说对行为经济学最集中的批评是"理论太多"，那么对行为经济学最根本的批评就是方法论的"非确定性"。具体来说，这个批评就是：卡尼曼和特沃斯基是基于描述性/实证性（descriptive or positive）理论而非规范性/规定性（normative or prescriptive）理论提出了前景理论。[①] 与作为基准的规范模型——期望效用理论相比，前景理论除了具有作为描述性模型的有用性，并没有提出任何规范或者替代的规范。在描述的意义上，前景理论通过引入有限理性和直觉推断式决策，增加了模型的解释力，但同时使模型繁杂，特别是使它不明确、不确定了，难以得出更加一般性的结论，即出现了"非确定性"（indeterminate）。例如前面所说的参照点的决定不明确，又如编辑阶段执行某些操作的顺序、概率加权函数的形式等，在细节上都是不明确的。因此前景理论失去了期望效用理论的简单性和易处理性，并且也无法利用一些传统的可优化的单一变量模型（Wilkinson & Klaes，2012）。

正如某些批评者所言，行为经济学的研究计划如果不加以调整，一个可能的终点将是一个不可能性定理，即不存在一个人类计算能力限度内的足以解释全部人类经济行为的一般理论，以及一个同义反复（套套逻辑）的定理；对任意给定的数据集和一个数值，存在至少一个符合某些条件的模型，能够使模型对数据的拟合优度大于这个数值。如果这两个结果同时成立，那么抽象的经济逻辑推理与经验实证研究就不可能共存（Fudenberg，2006；陈苗，2018）。

特沃斯基和卡尼曼（Tversky & Kahneman，1986）曾指出，任何有关选择的理论都无法做到兼具规范上的适当性和描述上的准确性（Wilkinson & Klaes，2012）。也就是说，一个好的理论需要在这二者之间做权衡。前景理论的优势（至少是目前）更多的是描述上的准确性而不是规范上的适当性，前景理论为了

---

① 这里有必要指出描述性/实证性陈述、规范性陈述以及规定性陈述这三者的联系和区别。描述性/实证性陈述（descriptive or positive statements）是对实际信息的描述，对于这类描述，可以在一定的误差范围内依据经验上的观察来判断其是否正确，即可以进行实证检验（经验验证）。与之相对应的是规范性陈述（normative statement），这类陈述与价值判断有关，带有主观色彩，无法从经验上判断其是否正确。除了这两类常见的陈述（二分法）外，还有一类陈述由于常常带有"应该"的字样经常被当作是规范性的，或许称之为"规定性陈述"（prescriptive statement）更为恰当，以区别于规范性陈述，并与描述性陈述相对应。规定性陈述可以被看作是对个人、厂商或政府的对策建议，也就是在给定一个特殊目标或一组价值取向下对行为所作的指导。规定性陈述（实际应用中常常被称为"规范性陈述"）就会涉及某种形式的最优化，一个最常见的例子是期望效用理论。规定性陈述在逻辑上通常可以由描述性陈述转变而来，因此规定性陈述实际上也是可以进行实证检验的。这样，标准经济学模型本质上是一个规定性模型或规范性模型（在规定性陈述意义下），而行为经济学模型则在很大程度上是一个描述性模型。对这三者的定义、比较分析以及举例，可参见：威尔金森. 行为经济学. 北京：中国人民大学出版社，2012.

提高描述上的准确性（进而增加经济学的解释力）不得不损失一些规范上的适当性。

此外，正如一些经济学家所言，使用规范标准去评价一个描述性模型是不适当的。与期望效用理论及其拓展改进模型相比，前景理论可能不简洁，也不够精练，并且作出的预测也不精确，但是它无疑已经给出了更好的预测。随着时间推移，一个前景理论的规范形式可以建立起来。一旦经济学家对诸如学习过程和激励反应等现象有了更深入的认识，那么缺乏规范的情形可能就不再是决策理论的一个弱点了（Wilkinson & Klaes，2012）。

总之，行为经济学因其学科交叉更彻底、理论更为一般化、方法论更具优势等特点，以及与新制度经济学在理论内核和方法论上的高度一致性，从而与新制度经济学的融合具有广阔的发展前景。目前，行为经济制度分析已然发轫，将行为经济学特别是前景理论应用于中国农村土地制度变迁分析，是一个非常值得尝试的新领域。

第三章
中国农地制度变迁理论模型构建

第一节 现实背景与新制度经济学应用

一、中国改革与农地制度变迁

关于中国的改革，有两个重要问题需要解释：一是中国的改革是怎样发生的？二是中国的改革成功了吗？即对改革成效的评价。这两个问题都与"中国模式"之争密切相关，而对这两个问题的解答又都离不开对中国农村土地制度（简称"中国农地制度"）变迁的讨论。

中国改革之所以在 20 世纪 70 年代末的农村发生，原因大致分为以下几点：（1）内外经济需求以及亚洲"四小虎"的成功。（2）改革环境趋于宽松，上下改革共识形成。（3）农村改革的政治成本低，并且"边缘改革"更易提供不同的激励机制、新技术以及全新视角和关键要素（Naughton，2007；科斯等，2013；田国强等，2014；张红宇，2014）。因此这一改革在当时看来具有偶然性，但是"偶然的现象"有其"必然的原因"（林毅夫，2012）。

中国的改革（比如农村改革）既是"无意演进"的结果（Lin，1988；周其仁，1995；科斯等，2013；Ho，2014），又包含"人为设计"的成分，政府在转型和增长中具有积极的作用，改革是自上而下的（Yang，2004；肖冬连，2004；Shanbaugh，2008；Pei，2006；Naughton，2008；科斯等，2013）；具有"草根发起＋政府领导"的"二元结构"（科斯和王宁，2013）。例如家庭联产承包责任制改革虽然是农民自发创新的，"然而，这一制度变迁离不开决策者（政府）意愿的转变……离开政府的倡导和推动，哪怕仅仅是默许，制度创新在更大范围的推行都是不可想象的"（骆友生等，1995）；中央的默许甚至支持很重要（杜润生，2005）。不过，目前关于二者的分析却大多是分离、割裂的。例如有学者将家庭联产承包责任制改革视为"诱致性变迁"，而将"开发区改革"视为"强制性变迁"（Zhang，2012），这显示出当前学界的主流认识。又如即使是以强调政府积极作用著称的林毅夫，描述家庭联产承包责任制改革时还多次提到政府的作用，但在总结这一改革特征时仍然归为"自发演进"（Lin & Nugent，1995）。

国内外学者应用"诱致性-强制性变迁"这一分析框架对中国农村土地制度变迁进行了广泛研究。诱致性制度变迁假说得到了一定的支持和验证，该假说被用于解释中国农地制度"千差万别"的地区差异（姚洋，2000a，2000b）、家庭联产承包责任制的确立（杨德才，2002）、多种农地制度创新（陈志刚等，2003）等。但是已有文献大多基于案例分析或小样本的截面数据，缺乏时间跨度且不易体现地区差异，对诱致性制度变迁假说本身的检验并不充分。更为重要的是，中国虽已历经30多年具有市场取向的分权改革，但国家的控制作用依然强大，不能忽略中央正式规则及其实施特征对制度变迁的影响（丰雷等，2013a）。不少学者指出了国家在农地制度变迁中的作用，例如国家是土地制度变迁的主体，国家的制度选择是在综合考虑国内和国外约束条件下，衡量交易费用之后，作出最优选择的结果（李行等，2009）；与"包干到户"产生初期诱致性的制度供给方式不同，之后的制度供给很难自己形成，政府有必要成为"制度企业家"（周其仁，1994）。

如果认识到国家与社会、有形之手与无形之手、正式制度与非正式制度之间互动的重要性（Scott，1998；周业安，2001；田国强等，2014），那么超越这一"诱致性-强制性"二分法就是有必要的。正是由于这一理论分析的不足，导致了所谓的"中国之谜"或"中国悖论"，即"缺乏对私产保护以及健全的法制等市场支持机制却实现了高速的经济增长"（Yueh，2013）。如果放弃二分法，采用动态演化的视角认真观察中国现实，则会发现看似偶然发生的改革，却有一个较为清晰的市场化的改革路径。再深入中国制度变迁内部，改革伊始产权"不清晰"确是事实，但是随着渐进式改革的推进，产权逐步清晰，强制性变迁与诱致性变迁互动（中央与地方互动），共同决定了中国改革的成功，中央正式规则的演进（法治建设的完善）对于中国经济增长的重要性不容忽视，这是对科斯定理的证明。随着改革的深化，市场逐步完善，政府并非单纯地"退出"，而是转变治理方式并提高治理能力，二者相辅相成，缺一不可。

如前所述，国家理论的缺乏导致对这一互动问题的理论建模非常困难。早期张五常应用了一个简明的制度变迁模型对中国会走向市场化和私有产权改革进行了成功的推测，显现出即使是新古典的新制度经济学也有强大的解释力

（张五常，1985；周其仁，2004a）。动态模型的构建更为重要。有学者构建了行为政治经济学模型以及行为合作博弈模型对中国制度变迁进行了较好的解释（Zhang，2012，2014）。丰雷等基于前景理论尝试构建了一个整合诱致性变迁与强制性变迁的统一分析框架，初步解释了中央正式规则的制定及调整，以及中央与地方的互动共同决定了中国农地制度改革的成功（Feng et al.，2014）。

二、农地制度变迁中的正式规则

"国家的存在既是经济增长的关键，也是人为经济衰退的根源"（North，1981）。简言之，国家理论的困难在于：国家兼具统治者租金最大化以及交易费用最小化（社会福利最大化）的双重目标，既是交易费用的来源，也用来节约交易费用，两个目标之间既互补又冲突（Arrow，1969；Eggertsson，1990；McGuire & Olson，1996；Stiglitz，1998，2006；丁学良，2014）。因此关键是观察和总结国家哪里做错了，哪里又做对了，特别是国家、社会、个体三者如何形成良好的互动。

正式规则的制定及实施是国家行为的主要表现，而以法律为主体的正式规则是界定产权并实施产权正规化改革的关键（Barzel，1989；Eggertsson，1990；North，1990；Soto，2000）。有关中国农地制度变迁中的正式规则的研究可大致归为三类：一是关于正式规则的地位和作用条件；二是产权正规化的实施效果；三是正式规则本身的形成及演化。

关于正式规则的地位和作用条件，学者们基本达成共识，即正式规则只是制度结构中的一个"子系统"，"如果不是寄生于，那就是严重依赖于一个更大的系统。子系统需要依靠各种自己不能创造和维持的过程，这些过程经常是非正式的和有先例的"（Scott，1998）。重要的不是制度的形式而是制度的实际功能，也就是说，重要的是"制度在社会行动者意识里的可信度，而不是正规性、稳定性和私有化程度"。如果正式规则由于某种原因在现实中并未起到什么作用，那就不能算是真正的制度或者充其量只是"空制度"（皮特，2014；Ho，2014，2015）。重视国家作用及产权正规化积极作用的索拖也持同样的观点，认为"法律拥有生命力的前提条件，就是与人们在现实中形成的各种社会契约保持联系"（Soto，2000）。

政府主导的农地产权改革效果如何？是否符合广大农民的利益？学界在这一点上远未达成共识。索拖（Soto，2000）的观点得到了大量支持：土地确权登记能够促进投资、保护土地、增加土地投入、增强地权稳定性以及促进土地市场发展等（Reerink & Gelder，2010；Saint-Macary et al.，2010；Li，2012；Kassa，2014）。但该观点或许也遭到了更多的反对，因为其未能处理和正式规则与非正式约束之间的关系（Stanfield et al.，1990；Meinzen-Dick & Mwangi，2009；Bromley，2009），或者产权正规化政策的推行超出了国家的能力范围（Benjaminsen et al.，2009；Pritchard，2013），许多发展中国家的土地确权政策未达到预期效果。对中国的产权正规化改革以及确权登记颁证效果的定量分析较少。多数学者持支持观点，认为这项工作促进土地流转，增强地权稳定性，提高农民产权认知，保护农民土地权利，并且促进劳动力向非农产业转移（陈江龙等，2003；张娟，2006；于文文，2009；丁皓希，2012；Deininger et al.，2014；程令国等，2016）。也有学者认为，由于中国的制度变迁具有明显的"无意性"或"自发性"，而土地确权登记实质上是一个长期演化过程，是经济发展的结果而非原因，因此中国近年来的土地确权登记工作并未成功（Ho，2015）；缺乏"自下而上"的公众参与及监督导致"自上而下"的措施无效，再加上中国的城乡二元结构以及农民土地产权的缺乏，削弱了公众信任并加剧了社会不稳定（Li，2016）。

关于正式规则本身的形成及演化的理论研究较少。目前对中国农地制度中正式规则的研究多为政策描述分析或案例分析（陈锡文，1993；周其仁，1995；陈锡文等，2008，2009；丰雷等，2013a），缺少对政策变量的量化及建模工作。以征地制度改革为例，有不少学者注意到农地使用权改革是朝着市场化和产权清晰化的方向前进，但是征地制度改革却大大滞后了（周其仁，2004a；刘守英等，2012），但是这背后的原因却少有人解释，"形成当前中国地权格局的政策和法律制定过程相当复杂而又缺乏研究"（Ho，2005）。张清勇等采用文献法和访谈法等质性研究方法对新中国成立以来征地制度改革中的正式规则（法律法规）进行了分析，发现国家的经济发展思路和战略塑造了征地制度及其变迁，法律形成过程中不同部门的博弈也起到了重要作用（张清勇，2013；张清勇等，2015）。

正式规则的形成及演进是自发的还是建构的？非正式约束在其中又起了怎样的作用？仍是亟待研究的问题。索拖（Soto，2000）强调了演化的重要性，认为产生系统化所有权制度的历史可能是一种无意识的演化过程，而不是有意识的设计和规划；并指出，诞生于正规法律之外的社会契约，是法律的一个合法来源，也就是说，正式规则形成的一大来源是由社会规范、惯例、习俗等"上升""固化"而来。那么"上升"的条件又怎样？斯科特（Scott，1998）给出了正式规则与非正式约束的边界条件："当制度的工作环境是重复、稳定和可预测的，那么一套固定的程序就非常有效。"诺斯也提出"表达个人信念的成本越低，则信念作为选择的决定因素的重要性就越高"（North，1990）这一重要观点。上述观点与其说是"假说"，不如说只是"思想火花"，却为我们进行理论建模并提出可验证的假说指引了方向。

三、动态制度变迁建模难题

受科斯的开创性贡献（Coase，1937，1960）、阿尔奇安的"进化假说"（Alchian，1950）以及德姆塞茨"产权的出现总是根源于技术变迁和相对价格的变化"（Demsetz，1967）等观点的影响，诺斯提出了制度变迁的"效率假说"，即制度决定经济绩效，而资源相对价格（相对稀缺程度）的变化则是制度变迁的源泉，并进一步通过对组织（如统治者）、非正式约束与正式规则互动关系的分析，以及对观念、意识形态等主观模型的强调，将政治和经济运行中的交易成本结合起来，试图给出一个制度变迁的统一解释（North & Thomas，1973；North，1981，1990，2005；North et al.，2009）。然而由于新制度经济学本质上的静态性，将诱致性与强制性变迁割裂开来，无法形成一个真正动态的、完整的制度变迁理论。

制度变迁静态分析模型的局限性在于：一是难以将制度变迁的设计部分（"理性建构"）与演进部分（"自发秩序"）有机融合，特别是缺乏对政治决策过程以及正式规则结构的分析，也就难以回答制度变迁多重均衡的选择问题（董志强，2008；丰雷，2018）。二是由于有限理性的行为人面对高度不确定的复杂环境，存在信息和交易费用，采用不完全的主观模型，存在认知偏差（North，1990；Ostrom，1990），并且会根据在制度变迁过程中获得的信息不断修正自己的主观模型，静态分析则无法将这些动态的、变化的制度选择目标以及处于变化中的各相关主体的地位和力量等因素考虑在内（孙希芳，2001；Bowles，2004）。动态制度变迁模型的构建是制度变迁理论研究的前沿动态（Bowles，2004；董志强，2008；丰雷，2018；邓穗欣，2019）。构建动态制度变迁模型，在考察制度变迁发生的条件和方式时，就可以不再局限于对预期收益和成本绝对值的比较，而直接转向制度变迁的内部结构，更好地刻画制度变迁的动态路径，从而解释制度起源及演化、制度选择与稳定的复杂过程，并初步探索制度变迁的微观认知基础。

对制度变迁的动态性的强调源于巴纳德对正式组织协调和决策过程的研究，他认为，稳定状态中的组织问题微不足道，组织问题的中心和关键是考察组织对不断变化的外部环境的适应和组织内部的过程再调整的动态过程（Barnard，1938）。艾什比随后提出了适应系统的双重反馈（即经常和短期的反馈以及不经常但长期的反馈）概念。西蒙进一步提出组织决策的运作层次和策略层次分别对应于较高频率和较低频率的动态（Simon，1962）。对决策过程及其细节的强调也是交易费用经济学的核心（Williamson，1985，1996）。20世纪70和80年代，以艾尔斯（Ayres）和福斯特（Foster）为代表的学者初步探索应用演化理论对社会制度变迁进行动态分析（Elsner，2012）。之后，许多学者开始尝试构建制度演化的动态框架（Nelson & Winter，1982；Bush，1983；Nelson & Sampat，2001）。制度变迁的动态性也是诺斯关注的重点，提出并初步分析了制度变迁的"适应性效率"（North，1990，2005）。但是总的来说，对制度变迁连续动态过程的研究依然较少（萨巴蒂尔，2004）。

制度变迁动态模型的构建可以大致归纳为以下几种路径：一是以鲍尔斯为代表的行为与演化学派，侧重动态的制度演化和个体演化过程（Bowles，2004）。二是以格雷夫为代表的博弈论制度学派，研究规则、信念、规范和组织的结合，以及政治和市场之间的交互动态等（Greif，2006）。三是以奥斯特罗姆为代表的制度分析与发展框架（institutional analysis and development，IAD），特别关注规则与自然和社区因素如何动态影响人际交互（Ostrom，1990，2009），如何通过规则或其他协调机制帮助个体或群体间实现协作以解决集体行动问题（Olson，2000）。四是以阿西莫格鲁为代表的内生制度变迁模型，基于"政治制度→政治权力分配→经济制度→经济绩效→政治制度"的动态框架构建数理模型，设定行为人的生产函数，探讨制度变迁的微观机制（Acemoglu et al.，2001，2006，2014）。从中观层面构建基于行为人效用函数的动态制度变迁模型，实现了对制度内生变化过程的计算机仿真模拟（Posta et al.，2017；Calvert，2017）。总之，近年来学者们开始尝试考虑制度与社会机制之间更为复杂的动态关系和微观分析（邓穗欣，2019）。

但是这些初步构建的模型大都是"宏观"的，缺乏对制度变迁微观机制的探讨。具体表现为：第一，学习效应、认知科学等行为制度分析刚刚起步。学习活动可以产生新制度的构想，进而成为解释制度变迁的起点（North，1994），制度演化的最终路径是由人类对机会集合变化的认识与反应所作出的反馈过程（周业安，2004b）。通过构建、约束和授权个体行为，正式制度能够塑造行为主体的性格、认知、偏好和行为（March & Olsen，1989；Hodgson，2003，2004）。尽管个体认知和制度变迁的紧密联系已得到广泛认识，但仍然少有研究将学习集中地整合到制度理论中（Haunschild & Chandler，2008）。第二，正式制度与非正式制度互动关系的黑箱仍未打开。尽管迪克西特（Dixit，2004）对法律缺失状态中替代性经济治理方式的研究可以看作是主流分析范式对非正式制度研究的卓越成果，但仍缺乏动态分析框架。第三，内生制度变迁理论和模型远未完善。个体认知不仅会影响社会制度，社会制度也会反过来影响个体认知（Knight，1997），制度分析需要突破纯粹的"个体主义"或"集体主义"，转向"个体与制度的互动主义"（Hodgson，2007）。格雷夫基于历史比较制度分析（historical and comparative institution analysis，HCIA）构建的重复博弈模型，内生化局中人的策略集，但理论仍待完善（董志强，2008）。鲍尔斯的偏好与制度共生演化模型中，制度作为单期博弈均衡，偏好变化仅体现在组群整体偏好的变化上，个体偏好如何转变以及偏好对制度的多期影响等问题都尚未得到很好的解答。

制度经济学在创立之初就关注制度变迁的微观机制问题，早期制度经济学的代表人物对制度变迁微观机制都有论述。凡勃仑认为制度变迁是个体适应环境的过程（Veblen，1899），康芒斯则提出制度有集体控制个体行动的功能，制度变迁既存在自发演进又包含人为选择（Commons，1934）。以诺斯为代表的新制度经济学家进一步认识到学习等个体行为是制度变迁理论的微观基础，"学习是解释制度变迁的起点"这一观点成为共识（North，1994；青木昌彦，2001；Siebenhüner & Suplie，2005；Carayannis et al.，2012）。制度学习是基于认知科学中的心智模型而建立的（North，1994；Mantzavinos & North，2004），强调行动者如何通过制定规则来处理知识，从而形成驱动组织采用决策的"微观动机"。

学者们利用博弈论、行为经济学等工具进一步探讨微观个体的策略选择和心理偏好对制度变迁的影响。青木昌彦和鲍尔斯等认为制度是关于博弈如何进行的共有信念的一个自我维持系统（Aoki，2001；Bowles，2004），其在反复出现的情境中，成为社会成员的共同知识（Schotter，1981），赋予群体成员的社会交往以稳定结构的法律、非正式规则和习俗（Bowles，2004）。认知作为非正式约束的内生源头，是理解制度及制度变迁的关键（Elster，1989；North，1990，2005；韦森，2001）。在制度变迁中，个体偏好与制度共生演化（Bowles，2004），解释制度起源及其演进需要引入认知模型（North，1990，2005）。行为经济学的前景理论给出了一个有限理性且偏好及行为情景依存的行为主体（Akerlof & Kranton，2005；Bowles，1998，2004），面对信息不完全的客观环境，在不确定性条件下进行主观（直觉推断式）决策的正式模型（Kahneman & Tversky，1979；Tversky & Kahneman，1991），可以作为动态制度变迁模型构建的基础。

四、中国农地制度变迁动态建模

国内外学者应用制度变迁理论特别是"诱致性-强制性变迁"分析框架（North，1990；Lin，1989）对中国改革以及土地制度变迁进行了广泛研究。中国的改革（包括农地制度变迁）既是"无意演进"的结果，又包含"人为设计"的成分，政府在转型和增长中发挥积极的作用，具有"草根发起＋政府领导"

的二元结构，是诱致性变迁与强制性变迁的综合（科斯等，2013；丰雷等，2013a；Feng et al.，2014）。已有研究对中国 70 多年的农地制度变迁从不同角度进行分析。从产权视角来看，改革开放以来的农地制度变迁基本上是沿着不断提高土地市场化水平（钱忠好，2013）、明晰产权并稳定地权的方向演进（Zhang，2012；丰雷等，2013a）。从公平和效率视角来看，新中国成立 70 多年的农地制度是沿着"效率、不公平（土地改革）→缺乏效率、相对公平（人民公社）→兼顾效率和公平（家庭联产承包责任制改革）"的路径展开（朱有志等，1997；肖军等，2000）。从制度变迁方式来看，1978 年前的改革以强制性变迁为主，1978 年后的改革以诱致性变迁为主（林毅夫等，1994；周业安，2000b）。

对中国农地制度变迁进行动态分析的优势在于：一是能够分析制度变迁中重要变量间互为因果的复杂关系，强调系统的开放性以及环境的内生性（Weibull，1997；霍奇逊，2004）；二是动态分析关注历史的推动作用（贾根良，2004；黄凯南，2009），能够更好地分析新中国成立 70 多年变迁的路径；三是可以反映出不同时期和地区制度变迁和演化路径的多样性（吴艳玲，2008）；四是可以说明微观个体（包括决策者）的适应性学习和模仿机制，回答如何进行学习借鉴和制度创新等问题（霍奇逊，2004；贾根良，2004）；五是动态分析范式将农地改革置于制度矩阵中，可以更全面地评价改革的成效。然而目前学界对中国农地制度改革的分析多以某一时期改革的截面为主，从纵向的、历史视角的全面分析较少（杨德才，2002），或是割裂了新中国成立后的前 30 年和后 40 年，较少研究前 30 年的政治和经济积累（王敬尧，2016）；或是以历史的视角分析某一单一制度变量的变迁路径，而忽视了制度变量间的复杂互动关系。

对中国改革以及农地制度动态过程的分析表明：首先，中国的制度变迁遵循"变异—选择—遗传"的演化规律，是政府强制性规则与社会成员共同认知不断冲突和协调的过程，且改革越来越重视社会成员的反馈和需求（马得勇等，2015；周业安，2000b）。其次，制度变迁中的互动形成了系统的变异性（Mahoney & Thelen，2015），系统的各有机组成部分不断适应彼此和环境。计划经济向市场经济成功转型的关键是发挥地方政府在制度变迁中承上启下和探索创新的作用，即"中间扩散型"制度变迁（杨瑞龙，1998）。制度变迁是中央与地方结合禀赋条件和政策实施效果，反复探索、调试、修正、协调的结果（Feng et al.，2014）。中央政府设置议程，划定政策边界，地方政府因地制宜进行制度创新，形成"构想方案→选择方案→引导创变"的动态变迁过程（Ang，2016）。最后，政府主导的改革成功有两个关键：一是强制性与诱致性变迁相结合且方向一致，中央甄别引导→个体与地方探索创新→中央择优并固化为正式规则，这一互动过程使改革能够及时适应不断变化的系统和外部环境；二是制度矩阵中制度互补的改革更易成功，相关制度之间相互补充，从不同方面达成同一政策目标，增强了政策效果（丰雷等，2019a）。

上述有关中国改革以及土地制度动态变迁的研究仍然多为"宏观"的，缺乏对微观机制的探讨。对中国土地制度微观机制的前沿研究可以归纳为以下几个方面：一是认为诸如认知、偏好、互惠心理等微观因素对制度变迁（方向和速度）起到关键作用。农业经营制度变迁的背后动因是微观观念的转变以及理论认知的提高（韦森，2020）；个体和权威的偏好会影响制度变迁的速度和方向（丰雷等，2020a），学习效应、协同效应、适应期预期是制度自我强化机制形成的重要原因（丰雷等，2013b；郭哲等，2020）。尽管诸如公平偏好等微观因素会影响农民决策行为（严金海等，2016；周业安，2017；丰雷等，2021），但微观行为与宏观结果之间往往存在巨大差异，农户对农地确权的认知能够通过影响其确权意愿和参与度进而影响制度变迁（丰雷等，2019b），某些特殊个体（如政治企业家、领导人等）的认知和意向性可能对制度变迁方向产生决定性影响（North，2005），但也可能大量的个体认知由于种种原因无法形成群体共同认知，从而未能引起制度变迁（丰雷等，2019c）。二是强调了正式制度对微观个体的反馈作用。如农地确权强化了农民对土地的禀赋效应，加剧了农地流转的抑制程度（罗必良，2019）；随着农地所有权与承包经营权的分离，农户对耕地经济价值的认知会显著增强（郭珍，2020）。三是同时关注微观认知（非正式制度）与正式制度之间的双向互动。非正式制度和正式制度共同作用于中国农地制度的延续与变革（李飞龙，2019；孙丹等，2021）。平均主义思想与土地均分制的融合（李飞龙，2019）、家庭观念和家族意识与家庭承包经营的融合（段晓锋，1997）、包产到户转变为家庭联产承包责任制（孙丹等，2021）等都体现了非正式制度与正式制度的双向互动。上述三方面研究都认同微观机制在土地制度变迁中扮演的重要角色，且研究正朝着"非正式制度（包含认知、偏好等）与正式制度互动"的方向发展，但动态制度变迁模型构建才刚刚起步，从微观基础到正式制度形成或续存的中间机制（如"学习效应"等）的探索有待深入，一些微观假设条件（如不变偏好）需要重新考虑和修正。

微观机制讨论的不足导致了制度变迁宏观与微观层面的割裂，农地制度变迁的研究多停留于强制性与诱致性的二分法，难以明确问题的种类，无法提供相应的解决方案。目前，有学者尝试超越"正式-非正式""强制性-诱致性"二分法分析我国农地制度改革问题。李飞龙（2019）分阶段分析了我国农地制度70多年的变迁过程，发现不同阶段中正式制度与非正式制度存在对抗、互融以及转化的关系，两者共同作用于农地制度的延续与变革，当正式制度与非正式制度协调与互融时，农地制度延续或变迁的阻力相对较小。周振和孔祥智（2019）构建"统分结合"的制度变迁分析框架，总结了新中国成立 70 多年来农业经营体制的演化规律。沈红丽（2019）利用演化博弈分析正规和非正规农村金融体制的互动关系，指出我国农村二元金融制度变迁是强制性与诱致性相结合的过程。

新中国成立 70 多年来，我国城乡二元土地制度逐步形成并不断强化，土地制度改革和演进与国家治理改革和国家治理现代化相辅相成、互为促进（邓大才，2018；陈明，2019；丰雷等，2019a），形成了本质上"集权制"、形式上"既赋权又限权"的治理模式（丰雷等，2013a；吴毅等，2015；刘守英，2018a）。在这种政治体制下，中国社会经济发展取得巨大成就的一个重要原因就是重视地方合作与民众参与，制度具有"适应性效率"（韩博天，2018；洪源远，2018；邓穗欣，2019），缺乏民意基础的改革难以取得成功（Deininger & Jin，2003；丰雷等，2013b）。因此对制度变迁微观机制的研究有助于更好地解释改革成功和失败的原因以及解决城乡二元土地制度等一系列改革难题。例如存量改革的困难在于涉及多方利益群体的冲突，需要平衡农民、地方和中央的利益（张平，2014；Qiao，2014；徐培玮，2017；Sun & Ho，2018），对农户认知的探讨有利于解决这一难题；又如以征地制度为代表的农地转让权改革滞后（周其仁，2014；刘守英，2018b；丰雷，2018），征地问题涉及收益在农民、村集体和政府间的分配（钱忠好，2007），失地农民分享增值收益比例较低（何元斌等，2014；刘守英，2018b），导致农民心理失衡（郭冬艳等，2015），微观机制研究有利于解决征地的利益平衡问题。

第二节　新制度经济学理论模型构建

一、问题的提出：中国农村土地调整制度改革

改革开放几十年来，中国的农村土地政策一直沿着稳定地权、增强农民信心的方向发展。1984 年中央首次提出"土地承包期一般应在 15 年以上"（即"分田到户"或"一轮承包"）；1993 年又提出"土地承包经营权 30 年不变"（即"二轮承包"）；这种稳定的 30 年土地承包权作为强制性规定分别被写进 1998 年修订的《中华人民共和国土地管理法》和 2002 年的《中华人民共和国农村土地承包法》；2007 年颁布的《中华人民共和国物权法》将土地承包经营权确认

为"用益物权"；2008 年十七届三中全会又提出"赋予农民更加充分而有保障的土地承包经营权，现有土地承包关系要保持稳定并长久不变"（见表3-1）。

表3-1　1984—2010 年中央有关土地调整的政策法规汇总

年份	政策、法规	有关"土地调整"的主要规定
1984	《中共中央关于一九八四年农村工作的通知》（中发〔1984〕1 号）	（1）土地承包期一般应在 15 年以上；（2）可以本着"大稳定、小调整"的原则，经过充分商量，由集体统一调整
1993	《中共中央、国务院关于当前农业和农村经济发展的若干政策措施》（中发〔1993〕11 号）	（1）土地承包经营权 30 年不变；（2）提倡在承包期内实行"增人不增地、减人不减地"的办法；（3）少数第二、第三产业比较发达，大部分劳动力转向非农产业并有稳定收入的地方，可以从实际出发，尊重农民的意愿，对承包土地作必要的调整
1995	《国务院批转农业部关于稳定和完善土地承包关系意见的通知》（国发〔1995〕7 号）	（1）（在二轮承包过程中）因人口增减、耕地被占用等原因造成承包土地严重不均、群众意见较大的，应经民主议定，作适当调整后再延长承包期；（2）进行土地调整时，如人少地多的组级集体经济组织绝大多数农民愿意在全村范围内进行重新调整的，应由县、乡两级农业承包合同管理机关一起调查核实，报县级人民政府批准后方可进行；（3）提倡在承包期内实行"增人不增地、减人不减地"，对于人口增加较多的困难农户，也可以按照"大稳定、小调整"的原则适当调整土地；"小调整"间隔期最短不得少于 5 年
1997	《中共中央办公厅、国务院办公厅关于进一步稳定和完善农村土地承包关系的通知》（中办发〔1997〕16 号）	（1）不能将原来的承包地打乱重新发包，更不能随意打破原生产队土地所有权的界限，在全村范围内平均承包；（2）承包土地"大稳定、小调整"的前提是稳定，"大稳定、小调整"是指根据实际需要，在个别农户之间小范围适当调整；"小调整"的方案要经村民大会或村民代表大会三分之二以上成员同意，并报乡（镇）人民政府和县（市、区）人民政府主管部门审批；绝不能用行政命令的办法硬性规定在全村范围内几年重新调整一次承包地。（3）乡（镇）人民政府农业承包合同主管部门要及时向农户颁发土地承包经营权证书
1998	《中华人民共和国土地管理法》（1998 年修订）	在土地承包经营期限内，对个别承包经营者之间承包的土地进行适当调整的，必须经村民会议三分之二以上成员或者三分之二以上村民代表的同意，并报乡（镇）人民政府和县级人民政府农业行政主管部门批准。

续表

年份	政策、法规	有关"土地调整"的主要规定
2002	《中华人民共和国农村土地承包法》	第二十七条　承包期内，发包方不得调整承包地。承包期内，因自然灾害严重毁损承包地等特殊情形对个别农户之间承包的耕地和草地需要适当调整的，必须经本集体经济组织成员的村民会议三分之二以上成员或者三分之二以上村民代表的同意，并报乡（镇）人民政府和县级人民政府农业等行政主管部门批准。承包合同中约定不得调整的，按照其约定
2004	《中共中央、国务院关于促进农民增加收入若干政策的意见》（中发〔2004〕1号）	对农民个人、农场职工、农机专业户和直接从事农业生产的农机服务组织购置和更新大型农机具给予一定补贴
2005	《中共中央、国务院关于进一步加强农村工作提高农业综合生产能力若干政策的意见》（中发〔2005〕1号）	继续加大"两减免、三补贴"等政策实施力度。减免农业税，取消烟叶以外的农业特产税，对种粮农民实行直接补贴，对部分地区农民实行良种补贴和农机具购置补贴。在国家扶贫开发工作重点县实行免征农业税试点，在其他地区进一步降低农业税税率
2006	《中共中央、国务院关于推进社会主义新农村建设的若干意见》（中发〔2006〕1号）	在全国范围取消农业税
2007	《中华人民共和国物权法》	第一百三十条　承包期内发包人不得调整承包地。因自然灾害严重毁损承包地等特殊情形，需要适当调整承包的耕地和草地的，应当依照农村土地承包法等法律规定办理
2008	《中共中央关于推进农村改革发展若干重大问题的决定》（中发〔2008〕16号）	稳定和完善农村基本经营制度。以家庭承包经营为基础、统分结合的双层经营体制，是适应社会主义市场经济体制、符合农业生产特点的农村基本经营制度，是党的农村政策的基石，必须毫不动摇地坚持。赋予农民更加充分而有保障的土地承包经营权，现有土地承包关系要保持稳定并长久不变
2009	《中共中央、国务院关于2009年促进农业稳定发展农民持续增收的若干意见》（中发〔2009〕1号）	稳定农村土地承包关系。抓紧修订、完善相关法律法规和政策，赋予农民更加充分而有保障的土地承包经营权，现有土地承包关系保持稳定并长久不变。强化对土地承包经营权的物权保护，做好集体土地所有权确权登记颁证工作，将权属落实到法定行使所有权的集体组织；稳步开展土地承包经营权登记试点，把承包地块的面积、空间位置和权属证书落实到农户，严禁借机调整土地承包关系，坚决禁止和纠正违法收回农民承包土地的行为

续表

年份	政策、法规	有关"土地调整"的主要规定
2010	《中共中央、国务院关于加大统筹城乡发展力度进一步夯实农业农村发展基础的若干意见》（中发〔2010〕1号）	稳定和完善农村基本经营制度。完善农村土地承包法律法规和政策，加快制定具体办法，确保农村现有土地承包关系保持稳定并长久不变。继续做好土地承包管理工作，全面落实承包地块、面积、合同、证书"四到户"，扩大农村土地承包经营权登记试点范围

　　尽管农村土地制度改革始终坚持与整体经济改革一致的市场化取向，但是土地调整仍然是当前中国农村土地制度的一个重要特征，对农民的地权稳定性产生重要影响。自20世纪70年代末期实施家庭联产承包责任制以来，由于内生于农地集体所有、家庭承包经营的制度约束，中国各地的农村集体普遍选择了将土地调整作为应对人口变化等所引致的土地再分配的主要方式，以保证集体成员对土地的公平占有和经营。中国的农地调整包括大调整和小调整两种基本方式。大调整是指全村土地由集体收回，分等定级后按家庭人口重新分配到户，常常采用抓阄的方式，导致农户的土地总量和地块位置在调整前后会大不相同，即"打乱重分"；小调整是指在家庭人口数目有增减的农户中进行的局部调整，家庭人口没有变化的农户土地不动。

　　那么为什么在中央统一的政策推行下，各地呈现出"千差万别"的土地制度安排？例如，姚洋（2000b）认为中国农村有六种主要的农地制度类型，即中等发达地区广泛采用的农户经营＋"大稳定、小调整"模式、山东平度首创的两田制、以机械化集体耕作为特点的苏南模式、以贵州湄潭为代表的"生不增、死不减"模式、以浙南为代表的温州模式、以广东南海为代表的土地股份制等。就土地调整而言，根据17省农地调查数据[①]，自分田到户（1984年）至调查年份（1999年和2001年），绝大多数村都进行过土地调整，比例分别为79.9%和82.6%，并且表现出巨大的地区差异。例如土地调整最多的省份是江西（94.1%）、山东（91.7%）和湖南（91.3%），土地调整最少的省份是贵州（17.6%）、广西（36.2%）和云南（57%）。除各地区土地制度安排的"千差万别"外，更为重要的是，中国农地调整制度演进的时间路径又如何？例如根据17省农地调查数据，二轮承包后，实际土地调整明显减少，自二轮承包（1993年）至调查年份（2008年和2010年），进行过土地调整的村比例分别为37.5%

---

　　① 1999年中国人民大学和美国农村发展研究所合作进行了首次中国17省农村土地调查，之后又进行了6次调查（2001、2005、2008、2010、2011、2016年）。有关17省农地调查的详细说明见第四章。

和 40.1％，与分田到户以来的调地比例相比大大下降。具体到各地区，二轮承包后不论是土地调整最多的省份（江西 51.7％、山东 48.1％、湖南 43％），还是土地调整最少的省份（贵州 7.8％、广西 13.6％、云南 21.7％），调地比例都显著下降。那么是什么因素导致了这些变化？是否有一个统一的理论给出比较全面的解释？

以往研究主要基于诱致性制度变迁假说对中国农村的土地调整制度进行理论和实证分析（姚洋，2000a，2003a，2003b；Brandt et al.，2004；Kung ＆ Bai，2010）。但一方面，由于数据的限制等原因导致上述直接针对诱致性制度变迁假说的检验并不充分；另一方面，也更为重要的是，在中国这样一个快速增长的转型经济体中，虽已历经 30 多年市场取向的分权改革，但国家的控制作用依然强大，中国的整体经济改革及各领域的改革均呈现出显著的强制性制度变迁的特点。因此在考察中国农地制度的演进和地区差异时，中央有关土地调整的正式规则及其渐进性实施特征至关重要[①]，农户对土地调整的态度和认知等非正式约束的影响也不容忽视。

二、理论模型构建：诱致性-强制性变迁二分法的应用

基于新制度经济学的制度变迁理论和交易费用理论，可以构建中国农村土地调整制度变迁的理论模型，以解释在一个像中国这样的转型国家，各地的资源禀赋特征、中央的正式规则及其实施方式，以及非正式约束等因素的交互作用，如何决定土地调整制度的演进路径及地区差异。首先给出模型的初始均衡状态；其次应用诱致性制度变迁假说分析资源禀赋的影响；最后应用强制性制度变迁假说分析正式规则的影响，包括正式规则的实施特征以及非正式约束的影响，并提出三个可供检验的具体假说。

（一）模型的假设条件：初始均衡状态

在一个最简化的社会经济体中，具有以下特点：（1）地处大平原，土地面积固定，土地均质分布；（2）土地集体所有，每户家庭都会根据人口数量分得相应土地；（3）只有农业，尚未出现工业和服务业；（4）不存在交易成本，土地与人口的匹配处于均衡状态。最后一个假定最为关键，包含两方面含义：一是零交易成本的假定与土地资源丰富、人口压力不大的初始社会经济状态密切相关。也就是说，在上述设定的"社会"，土地资源丰富，土地再分配的交易成

---

① 注意到中央"不得调地"政策的渐进式实施特征非常重要，很多学者正是由于忽略了这一点，才得出"地方完全无视中央规定而自行调整土地"的结论，如 Kung ＆ Bai（2010）认为"大多数村庄往往忽略这一政策"；Brandt et al.（2004）认为"这些政策并没有得到遵守"；以及姚洋（2000a）认为"地方上并没有遵守这项规定"。文章后面的分析表明事实并非如此。

本很小，可假定为零。二是假定土地再分配不存在交易成本，出现人口变化导致土地与人口不匹配时，则可以随时采用土地行政调整的方式重新分配土地，并且不论是采用大调整还是小调整，或者土地租赁市场等其他土地再分配方式都没有任何差别。[①] 因此，在上述零交易成本假定下的新古典模型中，土地与人口的匹配始终处于均衡状态，而土地制度本身是不重要的。

（二）诱致性制度变迁：资源禀赋的影响

放宽上述假定特别是零交易费用的假定后，人口增加、地理条件变化、经济增长及产业结构升级等三方面因素的变化将导致上述社会经济体的资源禀赋条件发生变化，并对土地再分配方式产生实质影响。人口增加以及地理条件恶化（如出现山地、丘陵等）导致人均土地面积减少，土地相对稀缺程度增加，土地相对价格提高，土地调整的交易成本增加，农村土地制度将朝着土地调整减少、土地承包经营权期限延长等产权明晰的方向发展，这是诱致性制度变迁假说的基本含义（Hayami & Ruttan，1971；Ruttan & Hayami，1984；North & Thomas，1973；North，1981，1990）。

与上述因素的影响相比，经济增长及产业结构变化，特别是非农就业增加的影响较为复杂。经济增长会同时带来土地价值和劳动力价值的提高，如果前者的提高大于后者，则经济增长的净效应则进一步加剧了土地的相对稀缺程度。一方面，非农产业的出现以及农村劳动力流向工业、服务业等部门会减少土地稀缺程度的压力，但如果城市的承载力受资源、制度等限制只能短暂接纳农村非农产业人口而不能给予长期支持，则这一效应将大打折扣；另一方面，非农就业的增加以及农村劳动力的频繁流动也增加了土地调整的交易成本，而且伴随着经济增长和专业分工的发展，资本进入农村以及不同村庄之间带来非人际关系化交换[②]的增加，导致土地调整的交易成本进一步增加。此外，经济发展水平以及非农收入提高，还降低了农民对土地的社会保障功能的依赖程度，从而直接减少了对土地调整的实际需要。综上，虽然经济增长提高了劳动力的价值，非农就业增加减少了农民对土地的依赖，从而使经济增长和非农就业增加对减少土地调整具有负向影响，但是如果这一负向影响小于上述分析中的正向影响，则经济增长以及非农就业增加的净影响将与人口增加、地理条件变差的

---

① 除了采用各种土地的再分配方式外，还可以采用劳动力的再分配方式（如劳动力市场）。只要交易成本为零，采用哪种方式都没有区别，这是科斯定理（Coase，1960）的基本含义，即若交易成本为零，则产权的初始界定对经济效率不重要。

② 传统的人际关系化交换由于参与者少，非正式约束起作用，从而交易成本较低；而随着经济增长带来的非人际关系化交换的增加，交易成本大大增加，这将引致新的制度安排产生，以减少交易成本（North et al.，2009）。

影响方向一致，即导致土地调整的交易成本增加，促使土地制度朝着土地调整减少、土地承包经营权期限延长的方向发展。

基于上述分析，提出以下假说：

假说 1（诱致性制度变迁假说）：村庄的人均耕地面积越少，地理条件越差，所在区域的经济发展水平越高，非农产业比例越大，则该村越倾向于不调整土地。

（三）强制性制度变迁：正式规则的影响

由于制度本身的公共物品性质以及制度变迁过程中普遍存在的"搭便车"行为，导致纯粹由私人自发形成，或者说仅依靠诱致性制度变迁形成的新制度安排的供给不足（Lin，1989）。由于制度本身所具有的规模报酬递增性质以及交易费用和不完全信息所导致的行为人的主观模型和意识形态的影响，制度变迁过程中存在"路径依赖"或"锁定效应"（North，1990）。因此国家干预或政府介入，进行强制性制度变迁，可以弥补纯粹由诱致性制度变迁带来的制度供给不足（Lin，1989）的问题。[①] 在土地调整的分析中，中央政府会出台一系列正式规则来规范有关土地调整的权利关系。当然，强制性制度变迁的方向不一定与诱致性制度变迁的方向保持一致，甚至可能相反。如果二者方向一致，我们将会观察到土地调整的减少以及土地承包期限的延长；如果二者是反向的，则结果具有不确定性。如果强调产权清晰和市场配置作用的社会思想在一个范围广泛且受过不同训练的社会科学家之间经过充分的相互作用和商议后，逐步居于"统治地位"（Schultz，1977），并得到中央政府的认可，那么这时关于"不得调地"的正式规则就会形成。值得强调的是，尽管中国的地区差异巨大，但其共性不容忽视，即都处于同样的强制性制度变迁过程之中，如果该政策得到有效执行，则各地的土地调整都会显著减少，尽管有程度上的差异。

强制性制度变迁的方式（例如是激进的还是渐进的，具体规定是明确的还

---

① 有学者不同意诱致性制度变迁与强制性制度变迁的区分，认为二者其实是"一回事"，因为二者的区别仅在于主体不同，前者为私人部门，后者是公共部门，"所谓的'强制性制度变迁'不过是政府作为一个变迁主体的诱致性制度变迁而已"（黄少安等，1996）。然而区分诱致性制度变迁与强制性制度变迁是必要的，原因有二：首先，即使二者的区别仅在于变迁主体不同，也有区分的必要，因为作为诱致性制度变迁主体的单个行为主体（个人、利益集团等）是自由选择的，采取纯粹自愿的形式，具有哈耶克强调的"自发演进"的性质；而强制性制度变迁的主体是政府或国家，与上述利益主体在本质上是不同的，国家或政府以及由强制性制度变迁所出台的"正式规则"本身就是协调各私人部门利益关系，是集体选择的结果，具有"人为设计"或"理性建构"的性质。其次，一个概念或理论的提出，目的是更好地解释现实。强制性制度变迁的概念和假说有助于对国家或政府主导型改革实践的解释和分析，这是诱致性制度变迁假说无法涵盖的。例如杨瑞龙（1998）称之为"需求诱致型"与"供给主导型"制度变迁，并进一步提出了"中间扩散型制度变迁"概念，以强调介于私人部门与中央政府之间的地方政府在制度变迁中的作用，即是对强制性制度变迁假说的发展。

是模糊的）对土地调整制度的演进具有重要影响。下面分别从正式规则的实施以及非正式约束的影响两方面进行分析。

（1）正式规则的实施。随着中国经济改革的成就逐步得到国际的认可，越来越多的学者注意到了采用渐进式改革的理由和优势：首先，在计划经济向市场经济的过渡中，根据一个预定的时间表进行"一揽子"改革的设计者和执行者同样面临着信息不足的难题；其次，市场经济是一种制度，通过一系列规则和惯例（即非正式约束）发挥作用，而这套规则和惯例不仅需要设计，更需要逐步完善；最后，改革通常要支付实施成本和摩擦成本，后者尤其是改革激进程度的增函数（McMillan & Naughton，1992；樊纲，1993；林毅夫等，1993）。对于一个各地区资源禀赋和社会经济发展水平都存在显著差异，同时又处于经济快速发展、城市化和工业化加速时期的大国而言，未来的不确定性进一步增强。因此在"摸着石头过河"观念的引导下，采用渐进式的强制性制度变迁模式，有可能降低改革风险，提高改革绩效，并给地方留有足够的调整余地，充分发挥地方多样化的制度创新优势。

中央政府作为"不得调地"政策的制定和实施者，决定了农地调整制度变迁的主要方向。中央的"不得调地"政策的具体实施采用渐进的方式，一方面考虑到各地的巨大差异，留给地方足够的运作空间，也为非正式制度安排的发展留有余地；另一方面由于规则始终处于变动时期，不同的地方政府、农村集体以及农户对中央政策的理解不同进一步加大了各地实际土地调整的差异。也就是说，由于衡量成本和代理问题的存在，中国"不得调地"政策的实施是不完美的，例如由于"不得调地"政策的有关规定不严格、具体条文有歧义，从而导致衡量成本；又如各级地方政府对中央政策的理解不同或执行不力，并伴随着高昂的监督成本，从而导致代理问题。总之，中央"不得调地"政策的渐进式实施，给地方留下了进行土地调整的空间，地方政府对中央政策更为重视、中央政策得到更好落实的地区，则更倾向于减少土地调整。

基于上述分析，提出以下假说：

假说 2（强制性制度变迁假说 I：土地证书的影响）： *发放合法的土地承包经营权证书的村庄，土地承包经营权证书越规范（如含有不得调整土地的条款），则该村越倾向于不调整土地。*

（2）非正式约束的影响。影响土地调整制度演进的非正式约束主要包含两个方面：一是长期以来"均贫富"的乡村传统文化特征以及近期集体所有制约束所形成的"土地均分""人人有份"的观念。二是农村集体组织以及农户个体对市场功能和产权概念等的认知不足，进一步强化了"土地均分"的传统观念。这导致了对土地调整的实质需求，是对"不得调地"政策这一正式规则的延伸、补充和修正；而不同地区的这种非正式约束程度上的差异，也是造成土地调整地区差异的重要原因。由于第一个方面的含义已有较多文献指出，这里重点分析第二个方面的影响。当各种外部冲击导致资源禀赋条件改变，从而产生减少土地调整、延长土地承包期的诱致性制度变迁需求，进而中央政府出台"不得调地"的正式规则，实施方向一致的强制性制度变迁时，农户及村集体组织由于其"主观模型"的作用，即以现有的对市场功能和产权作用认知不足的"心智建构"来辨识和处理复杂的土地再分配问题，则可能无法认识到采用基于产权清晰的土地市场配置方式会是更好的解决方案，从而仍然偏好土地调整。

总之，"土地均分"的传统观念以及对市场和产权作用的认知不足等非正式约束，与"不得调地"政策这一正式规则及其渐进式实施特征一起，共同决定了农村土地调整的制度演进。尽管"不得调地"正式规则的实施是渐进式的，但是相对于上述非正式约束而言仍然是迅速变化的，"土地均分"的传统观念以及对市场和产权作用的认知不足等非正式约束的变化是一个长期渐变的过程，农户个体对正式规则有一个复杂而缓慢的适应过程，因而，已改变的"不得调地"的正式规则与持久的"调地公平且有效"的非正式约束之间的紧张关系导致了一个制度的非均衡状态。二者的复杂关系可归纳为以下两个方面：一方面，非正式约束对正式规则产生负面影响，正式规则的制定者（中央政府）若考虑到非正式约束的渐变性及地区差异，则采用渐进的方式逐步收紧"不得调地"政策，以减少这种负面影响；另一方面，"不得调地"的正式规则会进一步修正和替代"土地均分"的非正式约束，即随着正式规则的逐步实施和强化，再加上外部冲击及其导致的资源禀赋变化等影响，农户个体对土地调整的态度（意识、观念、认知等）会逐步发生变化，与正式规则趋于一致，并且其中的信息成本越低，改变就越快。

基于上述分析，提出以下假说：

假说 3（强制性制度变迁假说Ⅱ：非正式约束的影响）：以农户受教育程度、村庄距离县城的远近作为农户对市场和产权作用的认知程度的代理变量，农户受教育程度越高，村庄距离县城越近，则农户越支持"不得调地"政策。

第三节　行为经济学理论模型构建：
诱致性-强制性变迁的融合

上述基于新制度经济学的制度变迁理论和交易费用理论，构建了中国农地调整制度变迁理论模型，可以对诱致性变迁假说和强制性变迁假说分别进行解释，弥补了已有文献对强制性变迁分析的不足。然而上述理论模型构建仍然是以传统的"诱致性-强制性变迁"二分法为基础的，在这种方法论中，制度变迁的强制性和诱致性因素是分离割裂的，甚至是竞争替代的关系。我们认为，强制性变迁和诱致性变迁的关系更多的是互补而非替代，二者的这种互动是描述和解释制度变迁动态过程的关键。也就是说，不论是地方对中央政策目标的执行还是中央政策目标本身的制定和调整都是内生的，"诱致性-强制性变迁"二分法无法反映出这一互动和内生性。下面我们应用行为经济学的前景理论将诱致性-强制性变迁融合在一个统一的分析框架内，可以看出这一理论模型更有利于显示出制度变迁的内生性和动态特征。

一、基于前景理论的统一分析框架①

制度变迁理论的两大核心是制度变迁条件的确定以及变迁路径的描述。如前所述，新制度经济学的新古典静态分析在这两方面都面临着极大困难。诱致性变迁条件（即制度变迁预期成本小于预期收益时变迁发生）(North, 1981; Hayami & Ruttan, 1985; Lin, 1989; Lin & Nugent, 1995)是不充分的，无法解释现实中大量无效率制度的长期存在。引入强制性变迁后的"二分法"(Lin, 1989; North, 1990)也未能将二者有机统一，除了显示出制度变迁结果的多重均衡，使变迁条件更为复杂外，并不能真正打开制度矩阵各个系统的黑箱，刻画其深层次结构。

总之，新制度经济学的新古典静态分析的困境在于：本质上动态的制度变迁建模所需要的有限理性、不完全信息、交易费用以及不确定条件决策等假定，是新古典分析框架所不能涵盖的，也是早期的新制度经济学无力解决的。例如有限理性的政府往往面对的是高度不确定和复杂的现实环境，难以完全理性（准确）地评估制度变迁的预期收益和成本，其主观模型与客观现实之间存在认知偏差(North, 1990; Ostrom, 1990)，从而很难作出利润最大化的决策，而更可能作出预期损失最小化的决策。又如有限理性的农户在面临某项中央政策时，往往同时具有效率（利润最大化）和公平（风险最小化）两方面的考量，并表现出明显的"学习效应"。

简言之，个体的偏好及行为往往是"情景依存"(situation-dependent)的(Kahneman & Tversky, 1979, 2000; Bowles, 1998, 2004; Akerlof & Kranton, 2005)，并融合了参照依赖(reference dependence)、损失厌恶(loss aversion)以及敏感度递减(diminishing sensitivity)等要素的前景理论为研究"情景依

---

① 本部分的理论框架和前景理论建模参见：Feng L, Bao H, Jiang Y. Land reallocation reform in rural China: a behavioral economics perspective. Land Use Policy, 2014 (41).

存"以及不确定条件下的决策提供了一个正式的分析框架（Bowles，2004；Feng et al.，2014）。

我们应用前景理论构建一个分析中国农地制度变迁的统一框架，建模依据如下：（1）前景理论的有效性已由 30 多年来的应用和发展所验证（DellaVigna，2009；Barberis，2013），尤其在政治科学领域有较好应用前景（Wilson，2011），"行为经济制度分析"建模工作也已开始（Zhang，2012；Zhang & Wang，2014）。（2）这一模型框架既可涵盖经典的制度定义，即约束人们互动关系的博弈规则，包括正式规则、非正式约束及其实施特征，制度变迁即三者的边际调整（North，1990）；也可涵盖内生制度定义，即制度是个体相互作用的结果，制度变迁就是从个体潜在博弈的一种结果向另一种结果的转变（Bowles，2004）。（3）这一模型还包含了研究中国改革所必需的三要素：识别改革过程的不确定性、地方实验的重要性，以及各参与主体的内生依赖性（Xu，2011）。

有学者认为，诱致性制度变迁是"一个人或一群人为了应对有利可图的机会而自愿发起、组织和执行的对现有制度安排的修改或替换，或新制度安排的出现"，而强制性变迁则是"通过政府命令或法律引入和执行的"（Lin，1989）。另一位学者指出，强制性制度变迁与不确定的经济收益和较高的政治风险相关，而诱致性制度变迁往往在经济收益更确定、政治损失有限的领域盛行（Zhang，2012）。他修正了前述对诱致性制度变迁的定义，承认"中央政府收集关于哪些制度改革最有可能取得一定成功的信息"，然后这些信息被用于中央政府政策的设计和实施（即强制性制度变迁），中央政府通过创建和利用两类制度变迁之间的反馈系统，参与诱致性制度变迁。我们采用了后者的定义，因为它具有良好的微观基础，特别是在中国农村土地调整制度改革的背景下。在不损失一般性的前提下，我们将诱致性制度变迁定义为主要由地方政府驱动的改革①，而强制性制度变迁则是由中央政府驱动的改革②。这一定义不同于前者及其追随者提出的"二分法"，在这种二分法看来，诱致性制度变迁和强制性制度变迁常常被用来解释中国经济和政治改革的相互竞争的理论，即诱致性变迁与强制性变迁更多的是相互替代而非互补的两种改革方式。研究人员在这两种类型的改革之间划出了一条微妙的界线；制度变迁被分为诱致性和强制性两类。这种分类

---

① 我们采用了广义的地方政府定义，包括村级、乡镇级、市级和省级，根据研究需要，我们对地方政府的定义没有区分这些层次。

② 经过 30 年的政治和经济改革，中国的地方政府明显分权并相互竞争。它们在实现 GDP 增长、财政收入最大化等方面的竞争与私营企业之间的有效竞争类似，关于中国农村地方政府的相关研究的全面综述见 Smith（2013）。这些地方政府不仅可以发起诱致性制度变迁，还可以积极参与中央政府发起的强制性制度变迁。

某种程度上是一种有效的制度变迁分析方法，不需要中央政府的认可（因此可以由私营部门"诱导"），或者没有中央政府的发起就无法发生（因此必须由高层"强制"）。例如设立经济特区就是一种强制性制度变迁，因为经济特区所能享有的所有特殊税收和贸易优势，都必须由中央政府来界定和强制实施，地方政府和私营部门即使在试验环境中也无法发起这样的改革。而家庭联产承包责任制改革就是一个典型的诱致性制度变迁。[①]

　　我们认为，制度变迁的诱致性和强制性因素或方式更多的是一种互补而非替代关系，这一"二分法"式的分析框架需要改进。具体到土地调整制度改革，诱致性与强制性制度变迁的关系也更多的是互补的，而不是替代的。这种关系是由土地调整制度的性质所决定的。土地调整本质上是中国农村最重要的自然资源的调整，对农业生产力、粮食安全、国民经济、社会稳定等都有重大影响。因此土地调整制度改革不应由私人实体以及地方政府发起，而应由中央政府自上而下实施。然而土地调整同时也受到各个地方的社会、经济、人口和自然资源禀赋结构的重要影响。例如人口密度和流动性较高的村庄可能需要更频繁地调整土地，以适应人口和劳动力构成的变化。由于中国各地的村庄在这些方面具有极大的异质性，激进的土地调整制度改革很可能造成并扩大村庄之间的差距，导致重大的政治和经济损失。考虑到各地方不同的资源禀赋和社会经济发展现状，允许地方政府在土地调整制度改革中按照统一的中央政策要求根据各自的具体情况"因地制宜"采取行动是很重要的。中央需要设定多个可以实现的中期目标，然后让地方政府行动起来，二者合力互动，逐步实现最终目标。这一过程如图3-1所示。

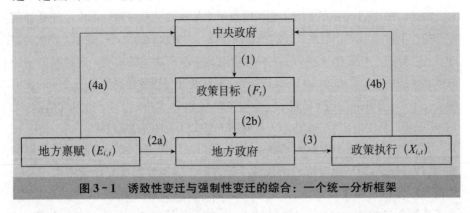

图3-1　诱致性变迁与强制性变迁的综合：一个统一分析框架

　　图3-1展示了土地调整制度改革的决策过程。这一过程涉及四个步骤：中

央政府首先出台一项国家层面的改革目标（F）（步骤1）；中央政策影响地方政府的行为，地方政府需要认真考虑中央的政策要求，并仔细揣摩领会中央政策要求的精神（步骤2b）；地方政府同时还需要考虑地方禀赋特点（E），例如人地比等资源禀赋以及社会经济发展水平等，来决定是否以及在多大程度上遵守中央的政策要求（步骤2a）；步骤2a和2b的综合效应导致了地方对中央政策的执行程度（X）（步骤3）。这样，一项包含中央政策目标要求（F）、地方禀赋特征（E）以及地方实际政策执行（X）的政策过程或制度安排得以形成。如果外生条件（诸如地方禀赋、中央政策要求）发生改变，则地方实施执行相应改变，一项新的制度形成（即比较静态分析）。

从静态视角下，看似一个制度变迁结束了，其实不然。更为重要的是，这是一个动态循环的过程。这里的关键是：中央政府会进一步考虑地方对其政策目标的执行，同时适当考察各地不同的资源禀赋（及非正式约束），调整政策目标（中央正式规则的内生性），从而进入一个新的循环过程。具体来说，步骤1设定的目标并非最终目标，而是中间过渡目标，因为各地方的自然禀赋特征以及对中央政策执行程度上存在异质性。如果忽视了地方的多样性，将最初目标设定在最高水平（即激进式改革），那么一些地方政府可能会由于发现这个目标要求太高、难以实现，从而失去遵守中央政策要求实施执行的动力。中央政府分阶段制定可实现的中期目标，目的是激励条件较差的地方逐步改善，减少地方差异，最后达到统一的政策目标要求。因此步骤4a和4b至关重要，是政策过程或制度变迁过程中必不可少的反馈环节。中央政府研究地方禀赋和地方政府的政策执行程度，再决定如何设定下一阶段的目标，从步骤1开始一个新的循环过程。

总之，图3-1显示了中国土地制度改革中的诱致性和强制性制度变迁是如何整合的。步骤2a反映出制度变迁的诱致性特征，地方政府的决策受到地方禀赋的影响。与之对应，步骤2b反映的是中央政府对地方政府决策的影响，这是制度变迁的强制性特征。步骤4a和4b展示了强制性制度变迁与诱致性制度变迁之间的紧密联系。作为一个决策阶段 t 的最后一步，步骤4a和4b又决定了下一个决策阶段 $t+1$ 的第一步，从而形成了一个由地方政府向中央政府反馈的持续过程。

到目前为止，已有文献对步骤2a进行了广泛的研究，即现有研究主要集中在中国农村土地市场化改革的诱致性变迁方面。强制性制度变迁或中央政府的作用（步骤2b）在很大程度上被忽视了，缺乏证据支持步骤4a和4b的有效性。为了弥补文献的这一缺陷，我们提出一个基于前景理论（Kahneman & Tversky, 1979）的模型，来具体描述中央和地方之间进行土地调整制度改革的动态变迁过程。

与标准的经济学理论不同，前景理论使用的是价值函数而不是效用函数。

前景理论的本质是参照依赖（reference dependence）、损失厌恶（loss aversion）和敏感度递减（diminishing sensitivity）（Tversky & Kahneman，1991）。具体来说，参与人个体通过将自己的当前水平与参照点（reference point）进行比较来决定财富或禀赋的变化，进而将价值空间划分为收益域（gain realm）和损失域（loss realm）（见图 3 - 2a）。

在这里，参照点的提出以及收益域和损失域的划分非常重要。也就是说，与期望效用理论不同，前景理论认为是财富或禀赋的相对变化而非绝对水平决定了个体感受到的价值（value），并进而决定是处于收益域（价值为正）还是损失域（价值为负）。在收益域，个体感受的价值是收益（当前水平＞参照点水平）；在损失域，个体感受的价值为损失（当前水平＜参照点水平）。损失的价值函数比收益的价值函数更陡峭（即损失厌恶）。此外，价值函数在收益域是凸函数，在损失域是凹函数（即边际敏感度递减）。这些特征可以表示为：

$$V(X) = \begin{cases} (X-r)^a, & X \geqslant r \\ -\beta(r-X)^\lambda, & X < r \end{cases} \qquad (3-1)$$

式中，$V(X)$ 为 X 的价值函数，r 为取非零值的参照点（即参照依赖），$\alpha < 1$ 和 $\lambda < 1$（即敏感性递减），$\beta > 1$（即损失厌恶）。

在过去的几十年里，前景理论已经被广泛应用于各种主题，包括管理学（Goldfarb et al.，2012）、金融学（Barberis，2013）、社会和运输科学（van de Kaa，2010）以及其他经济问题（DellaVigna，2009）。前景理论在各领域广受欢迎，是因为它提供了一个正式的分析框架，将偏好（即参照点）纳入各级决策。在前景理论中，个人和组织的偏好是异质的，在面对相同决策时，动机是不同的。在考虑决策中的动机和激励时，前景理论是一个有用的模型。尽管它在政治学中有很大的应用潜力（Wilson，2011），但是到目前为止，前景理论在土地政策、土地制度改革领域，特别是对政府行为进行应用和建模的研究仍然很少（Vis & Kersbergen，2007；Wu & Yang，2021；Bao & Robinson，2022）。据我们所知，第一个尝试将前景理论应用于中国制度改革的学者（Zhang，2012），仍然采用诱致性-强制性二分法。我们拓展了该学者的工作，将强制性与诱致性制度变迁纳入统一分析框架。

分析地方政府的决策行为，首先要对其价值函数进行界定和分析。图 3 - 2b 是地方政府在实施土地调整政策方面的价值函数。横轴 X 为当前政策执行程度（policy compliance）。地方政府的价值函数衡量的是其政治结果（political outcome），比如晋升[①]。这个价值函数由当前土地政策的执行程度（policy compliance）与中央设定的目标 r 之间的差异（即相对值）所决定。我们对地方政府

---

① 晋升既可以是到更高级别政府职位的直接晋升（Blanchard & Shleifer，2001），也可以是更高的 GDP 表现以及地方财政效益的间接晋升（Montinola et al.，1995；Jin et al.，2005）。

的价值函数做了以下三个假设条件：

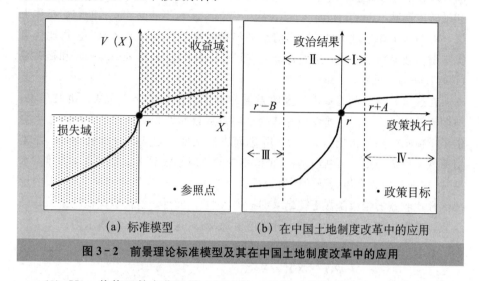

(a) 标准模型　　　　(b) 在中国土地制度改革中的应用

图 3 - 2　前景理论标准模型及其在中国土地制度改革中的应用

(1) H1：价值函数在收益域中迅速趋于平缓。处于收益域的地方政府之所以表现优异，是因为其目前的政策执行程度高于中央目标要求。它们的政治回报是一个对进一步执行中央政策的递增函数，但在 $r+A$ 点后很快趋于平缓，因为超过中央政策目标要求的努力往往没有得到正式承认，或者政治回报不确定。因此价值函数处于这个领域的地方政府没有更大的将政策执行超过中央政策目标要求的动力。在图 3 - 2b 中，收益域按点 $r+A$ 划分为 Ⅰ 区和 Ⅳ 区。在区域 Ⅰ 中，地方政府仍有动机提高对土地调整政策的执行力度（即沿着横轴向右移动），以产生更大的政治收益（即增大价值函数）。然而地方政府很快变得不愿进一步改善，因为额外的努力并不能带来更多的政治收益增加，即图 3 - 2b 中的区域 Ⅳ。A 基本上代表了一个地方政府愿意为超越中央政策目标要求付出的最大额外努力，并决定了区域 Ⅰ 的宽度。

(2) H2：价值函数在损失域更陡峭，最终趋于平缓。表现低于中央政府设定目标要求的政治含义是不言而喻的。如果一个地方政府发现自己最初的位置处于损失域，那么提高政策执行力度（即沿着 X 轴向右移动）的动机是很高的。损失域也在 $r-B$ 点被划分为两个区域。在区域 Ⅱ 中，随着地方政府对中央政策的执行程度的提高，政治结果也相应地以越来越快的速度改善。然而如果政治结果需要太长的时间或太大的努力才能达到中央政策目标要求，那么地方政府就会变得不那么有动力去做很大的改进，因为政治结果很可能不会在现任领导的任期内收获。例如一般来说，地方官员的任期只有 5 年，那么地方政府就会很谨慎地决定是否投资需要 5 年以上才能显现效果的改革项目。因此在更加远离中央政策目标要求 r 的点 $r-B$ 之后，区域 Ⅲ 的价值函数迅速平缓。B

基本上代表了一个表现不佳的地方政府愿意付出的最大额外努力，并决定了区域Ⅱ的宽度。

区域Ⅰ和区域Ⅱ可以成为有效的区域。这两个区域内的地方政府有动力提高政策执行力度。区域Ⅲ和区域Ⅳ属于无效的区域，即政策目标（或参照点）的存在并不能提供多少改善其政策执行力度的动力；在这两个区域，地方政府的理性选择是做得最少，或者什么都不做。实际上，对于中央政府的改革目标而言，处于区域Ⅳ的地方政府无须担心，因为尽管它们不会做得更多，但它们已经达到了当前的政策目标要求。此外，能够让部分地方政府减速，或许还可以达到缩小地方差距的目的。区域Ⅲ的麻烦最多，因为处于该区域内的地方政府失去改进政策执行的动力，进而表现不佳。与之相比，处于有效区域的地方政府不断提高政策执行程度，最终将导致两极分化，这是地方和中央政府都不希望出现的政治结果。

（3）H3：在一定时期内，所有地方政府的价值函数是一致的。所有地方政府都要接受中央政府的评估，受到中央制定的单一政策目标的影响。因此假定所有的地方政府具有相同的价值函数是合理的，这个假定也不影响我们的核心分析结论。地方政府将中央设定的政策目标作为其价值函数的参照点，对同等程度改善的奖励或对同等程度执行不力的惩罚在各地都是一致的。

基于前景理论，在上述假设条件 H1～H3 下，地方政府调整其政策执行程度，使以下价值函数最大化：

$$V(X_{i,\,t}) = \begin{cases} A^{\alpha}, & X_{i,\,t} \geqslant r_t + A \\ (X_{i,\,t} - r_t)^{\alpha}, & r_t \leqslant X_{i,\,t} < r_t + A \\ -\beta(r_t - X_{i,\,t})^{\lambda}, & r_t - B < X_{i,\,t} < r_t \\ -\beta B^{\lambda}, & X_{i,\,t} \leqslant r_t - B \end{cases} \tag{3-2}$$

式中，$X_{i,\,t}$ 为 t 时期的地方政府 i 当前的政策执行程度，r_t 为 t 时期的参照点。A 和 B 的定义如上所述。

注意式（3-2）允许参照点随时间变化，但在地方政府之间保持不变。有效区域的宽度由价值函数的形状所决定，对于所有地方政府都是相同的，并假设它不随时间变化，是恒定的。这个假设是合理的，因为它反映了中央政策的一致性和连贯性。

在假设 H1～H3 下，一个地方政府是否位于有效区域 $[r_t - B, \, r_t + A]$ 完全取决于中央政府在 t 时期设定的政策目标（即 r_t）。因此将政策目前设定在正确的水平上，使大部分（如果不是全部）地方政府都处于有效区域内，对中央政府来说很重要。这个过程如图 3-3 所示。中央政府的最终目标水平为 R（例如"严格禁止任何程度的土地调整"）。如果土地调整制度改革采用激进的方式

（radical reform）进行（见图 3－3a），这意味着将当前的目标水平设定在最终水平（即 $r_t = R$）。在不失一般性的前提下，我们假设中央政府的目标是 $E(X_{i, t+T}) = R$ 以及 $Var(X_{i, t+T}) = 0$。也就是说，所有地方政府都达到了 $t + T$ 时期的政策目标。然而如果当前地方政府的政策执行程度 $X_{i, t}$ 有较大差异，激进的改革方式很可能会将部分地方政府留在区域Ⅲ。因此对于表现不佳的地方政府来说，$E(X_{i, t+T}) \approx E(X_{i, t})$ 是低于最终目标水平 R 的，而对于其他区域的地方政府来说，$E(X_{i, t+T}) \approx R$。因此随着时间的推移和改革的进程，地方政府的政策执行程度的分布会呈现出双峰分布，全国在 $t + T$ 时期的 $E(X_{i, t+T}) < R$ 以及 $Var(X_{i, t+T}) > Var(X_{i, t})$。当政策执行程度的总体水平未能达到预期目标 R 时，各地方表现出更大的分散性。

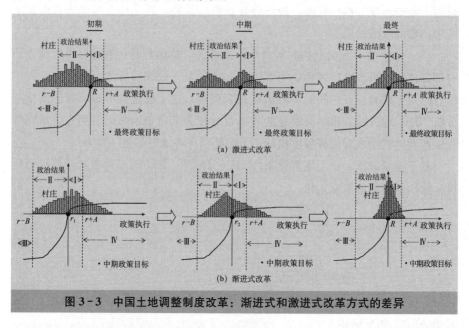

图 3－3　中国土地调整制度改革：渐进式和激进式改革方式的差异

如果中央政府采取循序渐进的方式（incremental reform），制定可实现的阶段性的中期目标，设定 $r_t - B \leqslant \min(X_{i, t})$ 或 $r_t \leqslant \min(X_{i, t}) + B$，则可以使全部地方政府都包含在区域Ⅰ、Ⅱ、Ⅳ内。如图 3－3b 所示，中期目标（r_{t+1}，r_{t+2}，…）的设定，使没有任何地方政府留在无效区域Ⅲ。因此，$E(X_{i, t})$ 稳步向最终目标 R 移动，$Var X_{i,t}$ 逐渐减少。$E(X_{i, t+T}) = R$ 和 $Var(X_{i, t+T}) = 0$ 的目标最终在 $t + T$ 时期实现。

为设定中期目标 $r_t \leqslant \min(X_{i, t}) + B$，中央政府需要关于 $X_{i, t}$ 和 B 的信息。这显示出地方信息向中央反馈的重要性。如上文定义，B 主要由中央政府（以及公众）对表现不佳的地方政府的惩罚方式来决定，只要中央政府明确地、一致地设定考核方案，它就不难预测。如果出现预测误差，也都是系统性的，可以在接下来的一段时期内进行调整。政策执行程度 $X_{i,t}$ 由政策目标要求 r_t 以及同期当地的社会、经济和地理特征等地方禀赋所决定；政策执行程度的结果（political outcome）是诱致性变迁和强制性变迁的函数。这种关系在式 3-3 中进一步说明如下：

$$\begin{cases} X_{i,t} = \alpha_0 + \sum_{j=1}^{k} \alpha_j L_{i,j,t} + \beta r_t + \varepsilon_{i,t} & (3-3a) \\ r_t = \gamma_0 + \gamma_1 X_{i,t-1} + \sum_{l=1}^{p} \theta_l Z_{i,l,t-1} + v_{i,t} & (3-3b) \end{cases}$$

式中，$L_{i,j,t}$ 是地区 i 在时期 t 的第 j 个地方禀赋特征（例如人口密度、人均 GDP 等）；$Z_{i,l,t}$ 是除 $X_{i,t}$ 以外的影响中央政策目标 r_t 的决定因素；α_0，α_j，β，γ_0，γ_1，θ_l 是待估参数；$\varepsilon_{i,t}$ 和 $v_{i,t}$ 为误差项。

$\alpha_j (j=1, 2, \cdots, k)$ 代表了诱致性制度变迁（即图 3-1 中步骤 2a）的影响。β 代表了强制性制度变迁（即图 3-1 中步骤 2b）的影响。γ_1 反映了 r_t 的内生性质，即中央政府在制定下一时期目标时，考虑了地方政府当前的政策执行程度及禀赋特征。这个联立方程组反映了中国土地调整制度改革的动态特征，特别是其中的诱致性变迁与强制性变迁之间的互动关系。这也反映了渐进式的改革特征，中央政府发起并确立不同的阶段性中期目标，激励地方政府执行并分多步实现这些目标。这一改革过程成功的关键是正确设定各阶段目标（即前景理论中的各参照点）。土地调整制度改革没有先例，各地在所有可能的方面都存在很大的异质性。因此，中央政府需要给予地方政府适应、试验和调整的空间，这是该过程中的诱致性变迁成分。中央政府观察这些适应或试验的阶段性结果，并将其纳入下一步目标的设定中，这是改革中的强制性变迁成分。可以看出，诱致性制度变迁与强制性制度变迁之间的关系是互补的而非替代的。

总之，这一理论模型的几个关键特征是：（1）反映出制度变迁的动态性特征，正式规则的形成、实施及调整就是其不断演进变迁的过程，制度变迁的"适应性效率"由此体现；（2）抛弃二分法，将诱致性变迁与强制性变迁纳入一个统一分析框架；（3）反映了相关各方的内在联系，特别是显化出中央政策目标的内生性（即前景理论中参照点形成的内生性）。

这一理论模型得到了中国农地制度变迁的实证证据支持。这里以家庭联产承包责任制改革以及"不得调地"改革为例进行初步说明，下一章会给出更为系统的描述分析、案例分析和计量检验。作为农地使用权改革代表的家庭联产承包责任制改革及之后的"不得调地"改革是一个整体。一方面，一般被称为诱致性变迁的家庭联产承包责任制改革其实包含了强制性的因素。家庭联产承包责任制诱致性变迁需求形成于 1978 年底，但是只有到后来由中央确认特别是 1984 年中央一号文件以及后续大量中央文件、法律法规出台（即强制性变迁），才标志着包含家庭联产承包责任制在内的农地使用权改革取得阶段性成功。即使是在 1978 年底家庭联产承包责任制初步形成时期也已蕴含了强制性的因素，即当时集体或农户的家庭联产承包责任制试验事实上得到了中央及地方政府的默许甚至支持（Lin & Nugent，1995；杜润生，2005；骆友生等，1995）。另一方面，强制性变迁中也蕴含着诱致性的因素。中央强制性的"不得调地"改革采取渐进的实施方式给地方留出政策空间，改革路径始终朝着农地产权个体化方向前进，但并非一步到位，而是随着改革的深化逐步提高目标要求（即前景理论中参照点的确定及调整）。例如最初步、最模糊的家庭联产承包责任制→提倡不调地→严禁大调整→全面禁止调地→发放证书→证书中包含"不得调地"条款等；又如土地承包经营权：15 年不变→30 年不变→长久不变等。在这一过程中，与目前中央的政策要求相呼应，地方试点和地方创新不断涌现，非正式约束（农民认知等）也逐步演化，反映出诱致性变迁的特征。

二、基准模型的拓展探索

我们进一步引入"农户"一方，对上述"中央-地方"分析框架进行拓展，构建一个包含中央、地方和农户间策略互动的动态制度变迁分析框架，通过分析正式规则、地方实施、非正式约束三者的互动，更加完整地刻画制度变迁的动态路径，特别是解释中央规则的形成及演进。

强调个体与制度互动共生演化的制度变迁研究可大致分为以下三类：一是个体认知与制度共生演化。个体会基于过去的行动信息选择当前行动以及对未来行为的预期（Schotter，1981），并在面对外部冲击或内在危机时修改其主观模型（Aoki，2001），制度变迁是认知、信念结构与制度交互影响、共生演化的过程（North，1990，2005；Bowles，2004）。二是个体与组织间互动关系构成制度的演化过程。哈耶克（Hayek，1973）提出个人与"自生自发的秩序"、个人与组织、"自生自发的秩序"与"人造的秩序"之间的互动关系构成社会秩序演进的源动力。三是认为个体和组群的冲突与协调形塑了制度演进过程。鲍尔斯（Bowles，2004）强调制度是在协调行为冲突过程中产生和演化的；历史制度主义者认为，旧制度引发的潜在冲突以及旧制度在新环境下所面临的危机影响制度的起源和演进（Pierson，1996；Thelen，1999）。

制度变迁是在一个长时期中逐渐演进的（Lin，1989；North，1990），对制度变迁的动态研究可追溯至 20 世纪初（Veblen，1899；Commons，1934）。制度变迁动态研究不再单纯局限于制度变迁的渐进式特征，而是更多地关注制度变迁的动态过程，即变量间随时间变化而产生的交互作用及相互适应的顺序。如前所述，制度变迁遵循"变异—选择—遗传"的演化规律，是诱致性与强制性变迁共同作用的结果（Lin，1989；马得勇等，2015），且改革越来越重视社会成员的反馈和需求（周业安，2000b）。制度系统/矩阵中的各组成部分在制度变迁过程中进行有机互动，不断适应彼此和环境（Mahoney & Thelen，2015）。计划经济向市场经济成功转型的关键在于，发挥地方政府在制度变迁中承上启下和探索创新的作用（杨瑞龙，1998）。中央政府设置政策议程，划定政策边界，地方政府采取特许经营模式，因地制宜创新政策举措，形成了"构想方案→选择方案→引导创变"的动态变迁过程（Ang，2016）。

　　因此，可以将中国农地制度变迁的动态过程视为中央政府、地方政府与农户个体三者互动的结果。其中：（1）中央政府作为政治决策者，其认知与制度共生演化；（2）制度变迁是强制性指令与诱致性需求的互动过程；（3）地方政府探索制度创新，增强了制度与环境以及制度需求的适应性；（4）制度变迁的连接点是旧制度引发的矛盾和冲突，制度的演进是否有效还应考察在满足某个群体的诱致性需求的同时是否损害了其他群体的利益。"中央-地方-个体"制度变迁动态分析框架及演化步骤见图 3-4 和表 3-2。

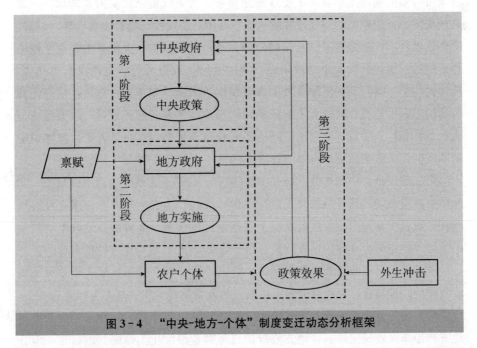

图 3-4　"中央-地方-个体"制度变迁动态分析框架

表 3-2 "中央-地方-个体"制度变迁演化步骤

演化过程		具体步骤	目的
第一阶段	发展战略：中央政策制定	(1) 制定大政方针	明确国家整体的治理和发展目标
		(2) 划定政策边界	平衡好控制和放权的边界，维护稳定，促进发展
第二阶段	中间扩散：地方实施创新	(1) 解读中央政策	朝着中央鼓励的方向发展，实施中央政策，并在中央政策的灰色地带创新
		(2) 地方政策创新	因地制宜，提高制度适应性
第三阶段	基层变迁：个体需求反馈	(1) 个体响应行为	个体在政府政策限制的行动空间，对中央和地方政策作出积极或消极的响应
		(2) 央地政策调整	个体实践效果反馈给地方和中央，中央淘汰无效、低效制度，弱制度上升为强制度，非正式约束上升为正式规则

第一阶段是"发展战略：中央政策制定"。中央政府依据中央领导人（诺斯所说的"支配联盟中的精英"）偏好、国家现状等制定国家发展和改革的大政方针，给出明确支持和明令禁止的行为边界，并留出一定的灰色地带，即政策的"有意模糊"，给予地区创新和适应的空间（Ho，2015；Ang，2016）。中央政策可行集的确定主要取决于制度变迁要素、要素权重以及决策者知识，三者共同决定了可选政策的多样性和统一性。其中，制度变迁要素包含领导人偏好、个体制度需求、社会需求以及国内外经验等；要素权重是决策者主观对于制度要素的加权值，权重大小是政策可行集的关键；政策可行集也受决策者知识、能力的约束，有时某些更加有效的政策超出决策者认知范围。总之，出现无效政策的原因可能有：决策者未能正确判断当前的主要问题和矛盾，政策目标与大政方针相悖；决策者对制度变迁的要素权重设置有偏；决策者受自身知识影响和限制，未能给出更加有效的政策可行集。

第二阶段是"中间扩散：地方实施创新"。一是地方政府解读中央政策，明确中央政策鼓励、禁止的部分，以保证地方实践与中央大政方针、国家发展战略相一致；二是地方政府在此基础上根据地区的优势、劣势以及地方干部的利益偏好等制定更为详细的地方政策（如实施细则等），进行地方性探索和创新。

政策可行集与政策效果关系密切。图 3-5 中，浅色扇形区域表示中央鼓励或模糊的政策集合，黑色部分为中央禁止的政策集合；实线箭头为社会总收益，虚线箭头为地方政府的收益。假设地方政府个数为 3，图 3-5a 中，中央政府对地方政策未设置任何限制，地方政府按自身利益最大化的原则制定政策，但社会总收益合计为 0。图 3－5b 中，中央政府划定了政策边界，地方政府收益降低，但社会总收益较高且与中央政府政策目标方向一致。图 3－5c 中，中央政府设置了更强的政策目标，极大地缩小了政策可行集，地方政府的收益降至低点，社会总收益虽与中央目标高度一致但非常小。扇形模型表明，局部合理可能会造成整体不合理，且过于严格的约束会限制发展，因此中央设置的政策可行集既不能过小，也不可过大。这与一些学者（Ang，2016）的研究结论相一致，中央政府的一个重要作用是平衡可选政策的多样性和统一性。

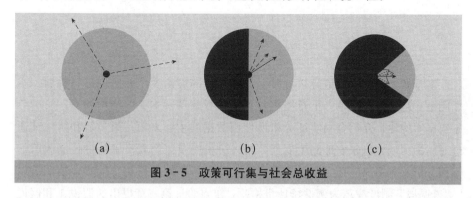

(a)　　　　　　　　　(b)　　　　　　　　　(c)

图 3－5　政策可行集与社会总收益

第三阶段是"基层变迁：个体需求反馈"。中央和地方政策与个体的实践行为和认知偏好相互影响、共生演化。一方面，中央和地方政策在一定程度上限制了个体的行动空间，个体在现有政策下行动，若能获得正效应，将作出积极响应；反之，个体则会以寻找"政策缝隙"、创造"隐形市场"等方式进行消极响应。另一方面，地方政府根据个体实践的效果调整地方政策，并将政策实施和探索过程中遇到的问题以及个体和地方需求反馈给中央；中央则以优胜劣汰的原则进行评估，保留和推广实施效果较好的政策，淘汰无效政策，这是非正式制度和地方政策上升为正式制度、弱制度上升为强制度的重要路径。

综上，我们将新制度经济学的制度变迁理论应用于中国农地制度分析，构建了初步的诱致性-强制性制度变迁分析框架（二分法），并提出三个理论假说；进一步应用行为经济学的前景理论将诱致性-强制性变迁融合在一个统一分析框架内，构建了一个分析中国农地制度变迁的动态模型，强调"中央、地方"的互动，并引入"农户"一方对上述模型进行拓展，形成一个包含"中央、地方、农户"三者互动的分析框架。下一章将对上述理论模型进行系统的实证检验。

第四章
农地使用权改革的阶段性成功

本章和下一章是实证分析，对上一章提出的理论模型和假说进行检验。本章侧重农地使用权改革，下章侧重农地转让权改革。本章的结构如下：第一节是数据库构建，介绍全书实证分析所使用数据的主要来源；第二节和第三节通过对新中国成立以来农地制度变迁的描述分析以及家庭联产承包责任制改革的案例分析，对中央、地方、农户三者互动的分析框架进行初步检验；第四节以"不得调地"制度改革为例进行计量检验，重点验证第三章提出的假说1和假说2，侧重于政府行为分析；第五节和第六节侧重分析农户行为，第五节将假说3进一步细化，分析农户对中央政策的态度及学习效应，第六节对农户土地流转中的决策偏差进行分析和检验。

第一节　数据库构建

本书所使用的农村土地调查数据库主要包括三个：17省农地调查、"千人百村"调查以及"三项试点"改革的33个试点调查。其中，17省农地调查和"千人百村"调查均为连续性大规模的全国调查，"三项试点"改革的33个试点调查为专题调查。

（1）17省农地调查数据库。1999年中国人民大学和美国农村发展研究所合作进行了首次中国17省农村土地调查，之后于2001、2005、2008、2010、2011和2016年陆续进行了6次调查。该调查是目前国内外较少的有关中国农村土地产权问题的连续性大规模的全国调查。历年调查的具体问题不完全相同，各有侧重，但基本内容都包括以下几个部分：村及农户基本信息、"30年不变"政策执行情况、土地承包合同与证书、土地流转、土地征收、土地投资及信贷等。调查采用多阶段随机抽样和便利抽样相结合的抽样方法，第一阶段选取的 17 省包含了中国所有的农业大省；第二阶段从每个省至少选取 100 个村，每个村调查 1~2 个农户，每个县不超过 6 个农户，每个乡镇不超过 3 个农户。为保证样本具有代表性，在选取村的时候，考虑了村庄与最近城镇距离上的多样性。采用入户访问的问卷调查方法，由访问员在不事先通知、村干部不在场的情况下对农户进行面访。7 次调查共收回 12 300 份有效问卷，其中在 1999、2001、2005、2008、2010、2011、2016 年分别回收 1 621、1 617、1 962、1 773、1 616、1 841、1 870 份有效问卷。调查样本的地区分布见表 4-1。

表 4-1　1999—2016 年 7 次 17 省农地调查样本的分布

省份	安徽	福建	广西	贵州	河北	河南	黑龙江	湖北	湖南
有效问卷数	692	754	727	774	746	802	736	690	708
省份	吉林	江苏	江西	山东	陕西	四川	云南	浙江	合计
有效问卷数	649	666	741	775	729	696	701	714	12 300

调查样本中，15% 的样本位于城市郊区，85% 的样本位于农村；74.8% 的样本村距离最近的乡镇或县城 10 公里以内。被调查农户的户均人口数均值为 4 人，户均耕地面积为 4 亩，人均耕地面积为 1 亩。被调查者受教育年限均值为 7 年，年龄均值为 48 岁。家庭收入中非农比例高于 80% 的农户占 25%，家庭年现金收入的中位数为 20 000 元。

(2) "千人百村"调查数据库。中国人民大学"千人百村"社会调查活动每年组织千余名师生对全国 31 个省、自治区和直辖市（除港澳台地区）100~300 个行政村开展系统规范的社会调查。与农村土地制度相关的大规模调查从 2018 年至 2021 年已开展 3 次（分别于 2018、2019、2021 年）。调查方法主要有田野定性访谈调查和入户问卷调查，问卷分为行政村问卷和农户问卷两个层次。村级调查对象是村干部，农户调查对象是户主或其配偶。抽样方法采用三阶段分层抽样设计：第一阶段以县为初级抽样单位，按地理区域和贫困程度划分为 8 层，每个层内的抽样单位按人均第一产业增加值进行排序，按照与农业人口规模成比例的不等概率抽样方法抽选；第二阶段以行政村为抽样单位，在每个被抽中的样本县中使用简单随机抽样方法抽选；第三阶段的抽样单位是农户家庭，在每个样本村中，通过系统抽样或地图抽样确定 30 个样本农户。3 次调查共回收 17 875 份有效农户问卷，其中 2018、2019、2021 年的农户问卷有效数量分别为 9 596、4 471、3 808 份。行政村问卷有效数量分别为 295、128、108 份。农户问卷调查样本的地区分布见表 4-2。

表 4-2 2018—2021 年 3 次"千人百村"调查 31 省调查样本的分布

省份	北京	天津	河北	山西	内蒙古	辽宁	吉林	黑龙江	上海	江苏	浙江
有效问卷数	351	135	1 234	618	455	446	378	599	219	669	600
省份	安徽	福建	江西	山东	河南	湖北	湖南	广东	广西	海南	重庆
有效问卷数	1 066	526	844	1 055	1 258	740	832	817	633	147	484
省份	四川	贵州	云南	西藏	陕西	甘肃	青海	宁夏	新疆	合计	
有效问卷数	738	570	801	157	601	475	66	185	176	17 875	

样本村多为山地、丘陵、平原地形，以各行政村村委会为起点，距离乡镇政府平均约 4.5 公里，距离县政府平均约 20 公里。被调查农户的户均人口中位数为 3 人，人均承包地面积为 2.69 亩。被调查者受教育水平、年龄的中位数为初中和 56 岁。非农收入占比的中位数为 83%，家庭总收入和人均可支配收入的中位数分别为 30 000 元和 9 000 元。

（3）"三项试点"改革的 33 个试点调查数据库。基于自然资源部、农业农村部、国家发展改革委等委托合作的相关课题研究和实地调研所获取资料，构建了"三项试点"改革的 33 个试点调查数据库，主要包括："三项试点"改革所形成的上百个地方案例和上千份政策文件；入市改革的万条数据库，包括微观层面的地块信息变量——地块位置、入市时间、规划用途、入市方式、入市途径、面积、单价、出让年限/租赁、土地增值收益调节金计算基数、土地增值收益金调节比例等，也包括宏观社会经济相关变量——常住人口、户籍人口、农业人口数量、地区生产总值、第一产业增加值、公共财政收入、居民储蓄存款余额、固定资产投资、城镇化率等；征地制度改革以及宅基地改革相关数据资料。

此外，本书研究所使用的数据还包括：一是与上述三个农村土地调查数据相匹配的人口、社会、经济相关数据，例如 1999—2021 年各省、县、乡的农业社会人口、宏观经济等数据。二是相关政策数据库，例如包括 1984 年至 2021 年的中央一号文件在内的上百个中央（及国土部门、农业部门等相关部委）的政策文件；以及"不得调地"改革、征地制度改革以及确权登记颁证改革的中央、地方政策等。三是文献数据库，例如有关国际大规模土地确权的全球 197

个国家和地区的土地确权数据库（丰雷等，2020b）、有关农地证书作用的包括200篇英文文献和20篇中文文献的文献数据库（丰雷等，2019d）。四是其他小型专项调查数据库，如5省农地确权调查（丰雷等，2019b）。

 ## 第二节　中国农地制度变迁 70 年①

本节以新中国成立以来70多年农地制度变迁为例，对上一章提出的中央、地方、农户三者互动分析框架进行初步检验。首先是对70年农地制度变迁动态过程的一个总体概况分析；其次分三个部分分别对新中国成立初期的土地改革和后续的以人民公社化运动为代表的土地所有权改革，发轫于家庭联产承包责任制并以"不得调地"、确权登记颁证为后续的农地使用权改革，以及后来启动的逐步赋予农民土地转让权的"三项试点"改革进行描述分析。

一、农地制度变迁动态过程分析

基于中央、地方、农户三者互动分析框架，可以从中央政府发展战略和决策者认知的转变、地方政府特征的改变，以及农民制度需求的变化等三大方面，描述分析中国农地制度变迁70多年的动态变迁过程（见图4-1和表4-3）。图4-1中，横轴代表时间维度，描述了各项典型的农地制度变迁的时间顺序，分割各项改革的纵向实线表示正式规则的建立，实线曲线代表农民所拥有的土地产权的变化，曲线向上波动表示农民获得更完全的产权。具体来说，表现出以下几个特征：（1）中国农地制度变化的路径是一系列收权或放权的过程：产权集体化→农民拥有部分承包地使用权、收益权→使用权和收益权进一步强化和稳定→农民拥有部分转让权。（2）强制性和诱致性变迁的互动程度在不同阶段变化很大：诱致性占主导（土地改革）→强制性占主导（人民公社）→诱致性发起，强制性确认（家庭联产承包责任制改革）→诱致性与强制性互动，强制性略占主导（不得调地、确权登记颁证改革）→强制性与诱致性复杂互动（"三项试点"改革）。（3）中央政府的政策可行集与发展战略动态调整：政权稳定和为工业化开辟道路（土地改革）→优先发展重工业（人民公社）→以经济建设为中心，"效率优先，兼顾公平"（家庭联产承包责任制、不得调地、确权登记颁证改革）→城乡协调发展（"三项试点"改革）。（4）地方政府与中央、农民三者

---

① 丰雷，郑文博，张明辉. 中国农地制度变迁70年：中央-地方-个体的互动与共演. 管理世界，2019，35（9）.

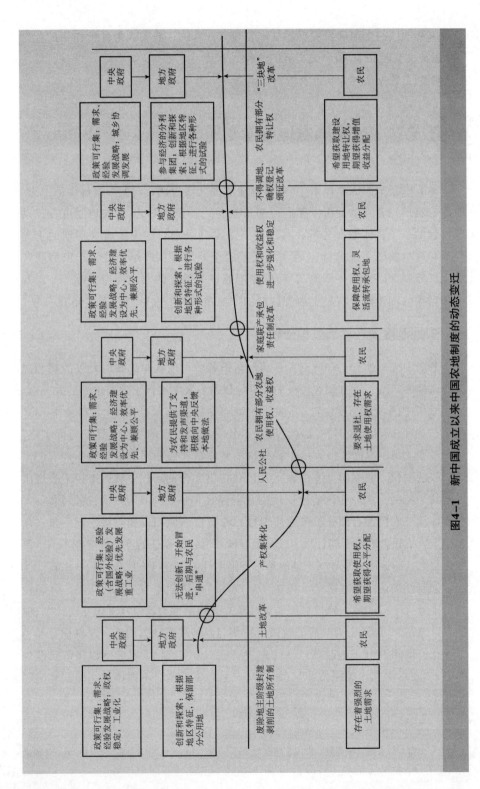

图4-1 新中国成立以来中国农地制度的动态变迁

表 4-3　新中国成立以来的中国农地制度变迁

典型的制度变迁	土地改革	农业合作化和人民公社化运动	家庭联产承包责任制改革、"不得调地"与大规模确权登记、"不得"颁证	"三块地"试点改革
起止时间	1949—1952年	1951—1962年	1978—1984年、1984—2018年	2014年至今（前期试点1978—2013年）
正式规则变迁时长	4年	12年	7年、35年	—
改革评价	成功且有效	失败且无效	成功且有效	有待评估
中央政策可行集	社会需求、历史经验和决策者意志	决策者意志和国外"优先发展重工业"的经验被赋予更高权重，政策可行集过小且选择出现偏差	更加注重需求引致的重要性，政策可行集范围得到了极大的扩展	更加注重需求引致的重要性，政策可行集范围得到了扩展
发展战略	政权稳定、为工业化开辟道路	优先发展重工业	以经济建设为中心，"效率优先、兼顾公平"	城乡协调发展
诱致性-强制性互动	诱致性占主导	强制性占主导	家庭联产承包责任制改革是由诱致性引起、强制性发起、强制性作为确认，不得调地、确权登记颁证是诱致性与强制性的互动、强制性占主导	强制性与诱致性的复杂互动

续表

典型的制度变迁		土地改革	农业合作化和人民公社化运动	家庭联产承包责任制改革、"不得调地"与大规模确权登记、颁证	"三块地"试点改革
	中央-地方互动	地方政府积极执行中央决策，并创新探索	地方政府由积极执行转变为与农民"串通"	地方政府为农民提供支持和发声渠道，积极向中央反馈本地做法根据自身情况创新探索	地方政府形成了参与经济活动的分利集团，但也对改革进行了创新探索
	变迁阶段	阶段I（1947—1948年）：平分土地，富农财产被征收 阶段II（1949—1950年）：否定绝对平均，保护富农土地和财产 阶段III（1951—1952年）：实现"均田"目标，完成土地改革	阶段I（1951—1955年）：农业生产互助组 阶段II（1956—1959年）：高级生产合作社 阶段III（1960—1962年）：人民公社	阶段I（1956—1977年）："包产到户"的"三起三落" 阶段II（1978—1984年）：制度框架确立 阶段III（1984—2018年）：制度完善	阶段I（1978—1991年）：中央严格禁止集体建设用地流转 阶段II（1992—2013年）：中央出台更严苛的征地政策 阶段III（2014年至今）：中央正式破除城乡分割二元制度
	产权变化	废除地主阶级封建剥削的土地所有制	产权集体化	农民拥有部分承包地使用权、收益权 使用权和收益权进一步强化和稳定	农民拥有部分建设用地转让权

续表

典型的制度变迁	土地改革	农业合作化和人民公社化运动	家庭联产承包责任制改革、"调地""不得"颁证	"三块地"试点改革
与下一轮改革的联系	改革并没有停止。因为中央政府在社会主义改造中规划农民选中是一个过渡阶段，而且乡村社会中形成了以土地私有、自主经营和个人关系进行的过宗法的生产互助的认知与多种形式的农民朝着合作化行为推动改革的方向发展的需求	人民公社制度只是强化了国家对农民的依附关系，缺少国家对农民产权的保护，并没有真正提高农业集体化的效率，而使农民不断挑战改革，这为后来村落自发形成的家庭联产承包责任制改革埋下了伏笔	首先，在人民公社时期，集体建设用地流转一直是严格禁止的，农民的转让权无法参与土地的增值收益分配；其次，承包地使用权改革与集体建设用地转让权改革是两条并行路径，当前者已经放权到一定程度时，中央不得不去考虑另一条路径的改革问题	本轮改革为后续的制度变迁留下了许多条线索，包括城乡统一的建设用地市场的完善、集体制度建设以及征地与入市收益分配的平衡等，如同一股绳索牵引着未知的制度向着未知变迁

间的关系动态变化：地方政府积极执行中央决策，并创新探索（土地改革）→由积极执行转变为与农民"串通"（人民公社）→为农民提供支持和发声渠道，积极向中央反馈本地做法（家庭联产承包责任制改革）→地方政府根据自身情况创新探索（"不得调地"、确权登记颁证改革）→地方政府形成了参与经济活动的分利集团，但也对改革进行了创新探索（新中国成立以来直至"三项试点"改革）。（5）中国农地制度改革之间的连接点是旧制度问题引发的矛盾与冲突，即旧制度的政策效果影响了中央政府、地方政府、农民需求和行为以及资源禀赋的改变，而这些改变又塑造了新制度的变迁路径。

由于制度变迁的动态性、互动性和循环性特征，对动态制度变迁进行分析时需要一个逻辑起点。我们从中央政策制定的角度出发，也就是从自上而下的视角入手。这样，就可以对诺斯所说的"有效制度变迁"（North，1990）从中央政策实施效果的角度尝试给出一个相对明确的定义。制度变迁效果的评判准则有两个层次（见表4-4）：第一层次是改革目标，完成改革目标即为制度变迁成功，未完成改革目标即为失败。第二层次是公平与效率，改革同时提高了社会公平与效率，则制度变迁是有效的；只提高了其中一项而降低了另一项，则制度变迁是部分有效的；同时损失了社会公平与效率，则制度变迁是无效的。注意，这里的"有效""无效""成功""失败"的概念是相对的，并非准确的定义，主要目的是描述制度动态变迁过程的叙述方便。

表4-4　制度改革成效的判别标准

第一层次判别制度变迁效果		第二层次判别制度变迁效果	
完成改革目标	制度变迁成功	提高了社会公平与效率	制度变迁有效
		提高了社会公平但损失了效率	制度变迁部分有效
未完成改革目标	制度变迁失败	提高了社会效率但损失了公平	制度变迁部分有效
		损失了社会公平与效率	制度变迁无效

二、艰难探索中的农地所有权改革：土地改革、农业合作化和人民公社化运动

（一）土地改革（1949—1952年）

从全社会的公平与效率标准来看，土地改革可以定义为既实现了社会公平，

也提高了生产率的有效改革；从改革目标来看①，土地改革是较成功的改革，它摧毁了封建土地制度，为国家工业化和农业社会主义改造创造了有利条件。从 19 世纪 20 年代到中国解放战争时期，世界经济取得了前所未有的巨大进展，但中国的经济发展处于停滞状态。世界 GDP 总值和人均 GDP 分别增加了 7.68 倍和 3.17 倍，但中国的 GDP 总值仅为全球 GDP 的 5%，与 1820 年的 33% 相比下降了 28 个百分点；人均 GDP 是世界平均水平的 21%，比 1820 年的 90% 下降了 12 个百分点（郭为桂，1998；麦迪森，2003；武力，2009）。土地改革使农村土地占有关系发生了根本变化，贫雇农拥有的耕地占比从 14.28% 上升至 42.2%（刘文瑞，2013）；解放了社会生产力，全国工农业产量绝大部分超过中华人民共和国成立前历史的最高水平，1952 年全国工农业总产值达到 810 亿元，比 1949 年增长了 77.5%，三年平均年增长率为 21.1%（宋连生，2002）；人民生活水平也有了明显提高（武力，2009），农民人均可支配收入从 14.9 元增加到 26.8 元，增长了 79.9%（董志凯等，2011）。

那么，新中国成立初期中央政策的可行集是如何确定的呢？土地改革是中央综合考虑主要矛盾、借鉴历史经验的结果，这将改革指向了农民土地所有制。首先，解放战争时期农地减租减息、抵还或低价出租出售的契约将满，农民再次面临失地危机（赵效民，1999），而新进解放区（全国 2/3 以上的地区）还维持着封建土地制度，3 亿多农民依然受地主压迫（李德溪，1984），农民阶级存在着强烈的土地需求。其次，从中国历史和国际经验来看，实行土地私有制能够鼓励农业生产，并且借助农民力量维护政权稳定。最后，1952 年之前，国家领导人对农村土地制度改革的渐进性具有理性共识。毛泽东、刘少奇等主要领导人根据当时中国经济落后、现代工业不发达、不具备施行社会主义的基本国情，明确提出不能过早地采取社会主义政策，应从私有制经济逐步走向公有制或集体化经济，这将是一个长期的过渡阶段。②

可以说，土地改革时期中央强制性的改革方向与农民诱致性需求契合，奠定了改革成功的基础；而中央给出改革边界，地方政府根据当地资源禀赋特征进行创变，二者有效互动加速了改革的成功。例如广东、新疆等地方政府考虑

---

① 刘少奇于 1950 年 6 月在中国人民政治协商会议第二届全国委员会第二次会议上作了《关于土地改革问题的报告》，提出要废除地主阶级封建剥削的土地所有制，实行农民的土地所有制，借以解放农村生产力，发展农业生产，为新中国的工业化开辟道路。这就是实行土地改革的基本理由和基本目的。

② 1950 年，刘少奇在《关于土地改革问题的报告》中明确提出，我国农村土地施行"农民的土地所有制"；1951 年，毛泽东指出，凡土改任务完成的地区，应该领导农民组成和发展以私有制为基础的农业生产互助合作组织，但同时强调不要轻视和排斥愿意单干而不愿意参加合作组织的个体农民。

到地权的复杂性和多样性，实现了农民土地所有制对资源禀赋、人文环境的适应性。广东是中国最大的侨乡，宗法观念和家族意识较强，存在大量名义上宗族所有实则被地主富农掌控的公田，以及华侨靠辛劳所购置的田地。基于地区特征的考虑，地方政府并未将所有公田私有化，而是允许保留部分土地用来修葺祠堂、敬拜祖先，并对华侨财产和劳动人民小量出租地予以保留（李良玉，2004；王瑞芳，2006）。地处西北边疆的新疆气候干旱，地主同时拥有土地和水利的所有权，新疆政府在没收地主的五大财产外，还没收了地主占有的坎儿井，将土地与水一起分配给农民，地方政府保留了公共所有的各种宗教土地和牧区、半牧区（张学福，1987；黄建华，2004）。

土地改革为中国农地制度改革提供了一个良好的开端，但改革并未停止。因为中央规划农民土地所有制只是一个过渡阶段，而且乡村社会中形成了以土地私有、自主经营为基础，通过宗法和个人关系进行的多种形式的生产互助需求，中央与农民的认知与行为推动改革朝着农业合作化的方向发展。在土地权利需求得到短暂满足之后，个体经营出现无力进行扩大再生产，资本积累严重不足，缺乏耕畜、农具和生产资金等问题，一般贫农每户只有 0.47 头耕畜、0.41 张犁，不变工、合犋就无法耕种土地（陈大斌，2011）；无法有效引进先进技术；抗风险能力低，遭受自然灾害的农户缺少援助；劳动力少的家庭只能卖出土地，导致新的贫富分化出现（李远行，2016）。

（二）农业合作化和人民公社化运动（1951—1962 年）

在全社会的公平与效率标准下，人民公社制度是低效的改革，其收回了农地产权，减缓了全社会的经济增长；从改革目标来看，人民公社制度最终实现的是"农业社会主义"[①]，并非真正的社会主义。人民公社制度完成了土地所有权、使用权、收益权等统一归国家所有的转变，国家成了所有制经济要素（土地、劳动和资本）的第一决策者、支配者和收益者，使农民几乎失去了自主生产经营的农地产权（李远行，2016）。国家对生产队农副产品的征购不仅数量大（占粮食产量的 20% 以上），而且征购价格远低于当时的市场价，全国因差价而形成的"暗税"平均约为 12%（辛逸，2005）。而生产小队仅有 55% 左右的收入用于社员分配，其中的 70% 是按人口平均分配。这种完全的平均实际上是领导人多次批判但仍然无法摆脱的"农业社会主义"，这种平均分配实质上拉大了人均粮食差距（陈剑波，1994；辛逸，2005；陈大斌，2011），导致农村贫困率高达 97.5%，农村贫困人口达到 7.7 亿（林毅夫，1994）。从效率方面来看，

---

① 1948 年《关于农业社会主义的回答》中解释"农业社会主义"为：在小农经济基础上产生出来的一种平均主义思想。其包含两种平均思想：一是把整个社会经济都改造为统一的"平均的"小农经济；二是农业合作化过程中的农业集体化。

1951—1955 年人均 GDP 平均增长率为 6％，1956—1978 年平均增长率降为 3％。

1953 年以后的短短几年时间里，中央为什么改变 10—15 年的过渡期，快速转向集体化运动呢？因为领导人将农村社会的现实需求要素排除在外，将国外"优先发展重工业"的经验作为主导制度变迁的要素，并且领导人缺乏建设社会主义国家的有效知识，政策可行集过小且选择出现偏差。一方面，中央领导人坚信集体化运动可以消除两极分化，是通向社会主义农业现代化的有效路径；而且政权安全是新中国成立后领导人内心亟待满足的需求（谭明方，2016）；另一方面，新中国的建设经验缺乏，只能依赖苏联"超工业化学派"理论，借鉴苏联农业集体化实践，走集体化道路（林毅夫等，1994；周其仁，2004b；武力，2009）。

人民公社制度形成的时间是 1956—1962 年，在这之前（1951—1955 年）是农业互助合作时期。因此，可以将这个时期的强制性和诱致性制度变迁分为三个阶段：阶段Ⅰ（1951—1955 年）：互动较好，中央对农民互助合作需求做出了较为正面的回应；阶段Ⅱ（1956—1959 年）：中央开始强制实施高级社和人民公社制度，并未回应地方政府和农民的退社单干的需求；阶段Ⅲ（1960—1962 年）：中央进行了政策调整，但仍然强制推行违背诱致性需求的人民公社制度（见图 4-2）。

阶段Ⅰ（1951—1955 年）：中央正面回应了农民在私有基础上的互助需求，而地方政府的冒进执行加速了制度变迁过程；正面回应的改革取得了一定成果，增加了农村基础设施建设，也提高了粮食产量。早在中华人民共和国成立前，在一些老解放区就普遍成立了互助组，例如河北饶阳县五公村的"耿长锁农业合伙组"。1951 年提出的《关于农业生产互助合作的决议（草案）》回应了农民的制度需求，提出各地需要从实际出发，按照自愿互利的原则，发展不同形式的组织。地方政府为了响应中央政策，在不了解互助合作运动原理的情况下盲目追求高级合作形式，或是存在攀比情绪，中央不批准地方就自己偷偷干。而且地方政府的片面宣传引起了一部分农村积极分子为了争光荣而盲目带头。再则，为了获得更多经济扶持，地方政府和农民争相组社（陈大斌，2011）。1955 年的《关于农业合作化问题的决议》很快掀起了全国范围的农业生产合作社建设高潮。这一阶段改革确实为农民提供了大量水利灌溉、大规模农田基本设施等，提高了耕作水平，增加了单位面积产量，1955 年全国粮食产量比 1954 年增长了 8.5％（薄一波，2008；赵光南，2011）。

阶段Ⅱ（1956—1959 年）：中央强制执行高级社与人民公社制度，开始背离农民的诱致性需求，再加上农业税与统购统销的重压，农民作为弱者发起了无声

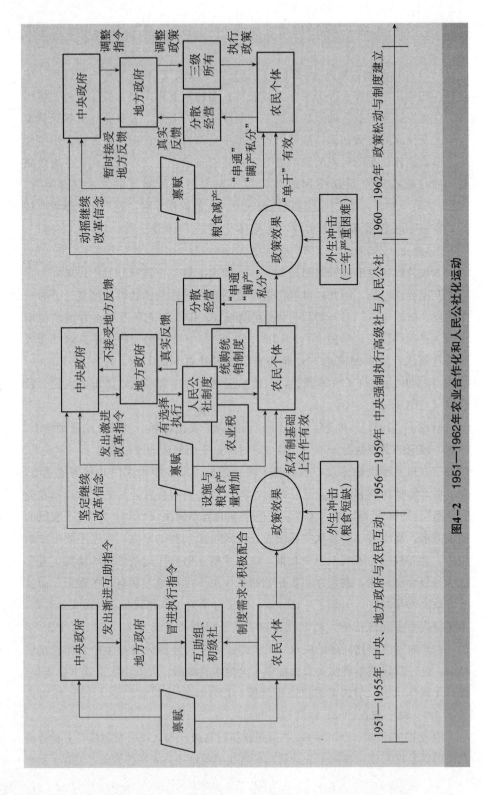

图4-2 1951—1962年农业合作化和人民公社化运动

抵抗；地方政府一面执行中央政策，一面又不得不担负起缓解农民生存危机的责任。阶段Ⅱ合作社的快速发展鼓舞了中央，1956 年《高级农业生产合作社示范章程》规定，农民必须把私有的土地和耕畜、大型农具等主要生产资料转为合作社集体所有。1958 年的《关于在农村建立人民公社问题的决议》撤销了农村乡镇行政建制，在全国普遍建立政社合一的人民公社，把高级社期间分配给社员的自留地等生产资料一律收归人民公社所有。在这种情况下，农村出现了一些现象。一是农民与干部互相"串通""瞒产私分"，例如山西大谷县的一些农民为了完成计划，实际仅上缴 100 斤粮食却入账 120～130 斤，公社干部和农民都将"偷"粮变为"默契"。二是取消集体劳动制度或扩大自留地，如西藏地区和广东东莞都保留了大量自留地。三是减少投入集体的劳动和生产资料数量，如云南地区农民先是消极怠工，然后砍树、宰杀牲畜（杜润生，2005；高王凌，2006；谭明方，2016）。在强制性执行下，1958—1961 年农业增长率比上年分别下降了 5％、9％、2％和 51％（周其仁，1995a）。

阶段Ⅲ（1960—1962 年）：中央政策松动，生存危机迫使强制性制度变迁作出短暂让步，地方政府为农民无声反抗提供了支持和发声的渠道；但在饥荒得到缓解后，偏离农民真正需求的人民公社制度正式确立。经过 1958—1960 年"大跃进"运动，以及 1959—1961 年三年严重困难时期，国民经济和人民生活受到重创，人民公社制度备受挑战，中央被迫纠正错误并调整政策。许多地方干部根据当地的实际情况，带领农民探索合理的生产方式，或向中央反映当地农村的真实情况（陈大斌，2011）。随着农民生产积极性有了些许提高，农民口粮有所增加，农村紧张局势开始缓解时，人民公社作为国家控制的农村经济组织在制度上得以保留和延续（周其仁，1995a；薄一波，2008；原玉廷等，2010；陈大斌，2011）。

人民公社制度割裂了强制性与诱致性制度变迁的互动，缺乏早期互助组和初级社制度的灵活性，在全国采用统一的集体化生产方式。在改革的动态变化中，中央快速且极端地转变了决策，由小农经济转变为集体化生产；地方政府从盲目执行中央政策，忽视实事求是的原则，转变为更加注重农民生计需求；农民需求则从互助组时期的土地私有、合作经营转变为分散经营。人民公社制度强化了农民对国家的依附关系，高度的农业集体化也并没有真正提高社会效率，这为后来村落自发形成的家庭联产承包责任制改革埋下了伏笔。

三、成功的使用权改革：家庭联产承包责任制、"不得调地"与确权登记颁证改革

在中央主导的农地集体化运动如火如荼开展过程中，一种"去集体化"生

产方式在农村社会悄然而生，拉开了中国农地使用权改革的大幕。从家庭联产承包责任制改革到全面开展的农村土地确权登记颁证改革，农村土地产权不断从单一向多元、调整到稳固发展，呈现出一个连续变迁的过程。这一变迁过程并不是国家单方面主动提供了一套产权系统，也不是农村社会和农户自己依照村庄习俗的安排，而是中央、地方、农户之间长达30多年（1978—2013年）的互动过程（周其仁，1995b；高王凌，2006；宋洪远，2008）。

（一）家庭联产承包责任制改革（1978—1984年）

家庭联产承包责任制改革是一项有效的改革，既为全社会经济发展作出巨大贡献，同时又赋予了农民土地使用权，提高了农业产量和收入；从改革目标来看，家庭联产承包责任制改革实现了"效率优先，兼顾公平"，是一项成功的改革。家庭联产承包责任制改革实现了集体所有权与农户承包经营权的"两权分离"，从政府控制产权转变为农民通过契约选择制度安排（綦好东，1998）。粮食产量从1978年的2.73亿吨增加到1993年的4.08亿吨，增长了1.49倍；人均GDP也从379元增长到2939元，增长了7.75倍，家庭联产承包责任制的贡献率达到46.89%（林毅夫，1994）。

新中国成立后至改革开放前，受多种国家制约、中央的政策可行集较小。1978年以后，中央的政策可行集发生了重要变化，得到了极大拓展：首先，政策可行集更加注重需求引致的重要性，中央不断扩展市场和社会组织，国家政策转向为促进生产力的自发约提供合法承认和保护（张慧君，2009）。其次，从"以阶级斗争为纲"以及"敢想敢干"的理想主义转变为"以经济建设为中心"以及"实事求是"的实用主义（郭道晖，2000；王怀超，2009），从激进的"超过发达国家"的思想转变为渐进式的"脱贫、小康、中等发达国家水平"的"三步走"战略（张卓元，1998；郑杭生，2009）；从"以公平促进效率"转变为"效率优先，兼顾公平"。

农地使用权改革是强制性与诱致性变迁有效互动的典型。阶段Ⅰ（1956—1977年）：中央强行抑制农民需求的过程已嵌入人民公社制度变迁中，因此未显示在本轮动态变迁中。阶段Ⅱ（1978—1984年）：家庭联产承包责任制的建立，中央对农地集体化的强制政策又一次松动，回应、确认了农民长期以来的制度需求，形成了"统分结合"的家庭联产承包责任制。阶段Ⅲ（1984—2018年）：根据农民生产和交易市场中存在的问题，中央陆续完善农地使用权改革，推行"不得调地"、确权登记颁证等政策（见图4-3）。

阶段Ⅰ（1956—1977年）：在人民公社制度形成期间，农民"单干"的诱致性需求多次掀起了退社风潮，但又相继被打压，包产到户的"三起三落"反映了农民不断发起、中央强行抑制的态势。第一轮是1956年5月至1957年8月，

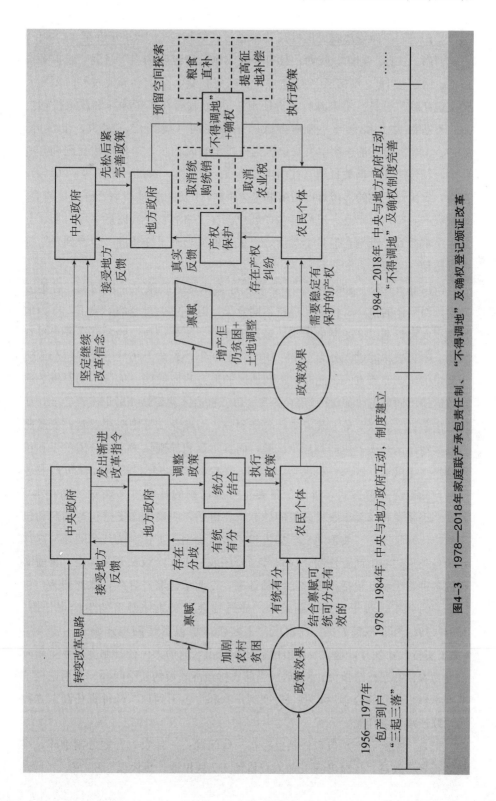

图4-3 1978—2018年家庭联产承包责任制、"不得调地"及确权登记颁证改革

浙江、四川、广西等地农民退社或要求退社；第二轮是 1959 年春至 1959 年 8 月，河南、江苏、湖南、陕西、甘肃等地或掀起"包产到户"风潮，或扩大自留地；第三轮 1960 年初至 1961 年底，安徽省宿县、全椒县等地农民向领导人递交包产到户材料，要求施行"责任田"。地方政府在饥荒强压和政策松动之下，不断游说上层领导，为地方试验争取空间（周其仁，1995a；丰雷等，2019e）。严重的饥荒迫使中央对包产到户作出暂时让步，但是待粮食危机有所缓解时，包产到户仍被打压（杜润生，2005；宋洪远，2008；丰雷等，2019e）。然而，农民对土地的渴望难以被政策完全压制，广东江门实行联产到组，新会、增城联产到劳，揭阳县、澄海县包产到户。在"四清"及其以后一段时期，上述做法都受到了批判，但是不久后，广东各地又出现了变相的"包产到户"等多种运动（高王凌，2006）。

阶段 Ⅱ（1978—1984 年）：中央对农地集体化的政策又一次松动，各地方政府则对具体的包产、包干到户持不同意见，但在中央指令的引导下，有力地回应了农民长期以来的制度需求，最终形成了"统分结合"的家庭联产承包责任制。中央破冰的过程分为三步：1978—1979 年，总体上仍然不允许包产或包干到户的生产经营方式。此时，不同地区的地方政府或同一地区不同层级的地方政府持不同意见。如 1980 年在各省、市、自治区党委第一书记座谈会上，辽宁、内蒙古、贵州等地方政府支持包产到户，而黑龙江等则坚决反对；安徽肥西县委在山南开展"包产到户"试验，而县主要领导则认为不应分田单干和包产到户（宋洪远，2008；科斯等，2013）。1980—1982 年，逐步接受包产或包干到户的生产经营方式，肯定了各类生产责任制的社会主义性质。1980 年 5 月，邓小平发表《关于农村政策问题》重要讲话，明确表态支持包产到户和包干到户；同年 9 月《关于进一步加强和完善农业生产责任制的几个问题》则肯定了各类形式的生产责任制；1982 年《全国农村工作会议纪要》提出，目前实行的各种责任制，包括小段包工定额计酬，专业承包联产计酬，联产到劳，包产到户、到组，包干到户、到组等，都是社会主义集体经济的生产责任制。1983—1984 年，取消人民公社制度，家庭联产承包责任制正式确立。1983 年《关于实行政社分开，建立乡政府的通知》指出，取消人民公社制度，乡重新被确立为农村基层行政单位。同年，《当前农村经济政策的若干问题》全面论证了联产承包责任制的合理性，把"包产到户"和"包干到户"两种责任制正式称为"联产承包责任制"。

但是，家庭联产承包责任制也存在一些问题：一是农地普遍分割细碎，难以获得规模效益。1984 年平均每农户耕种 9.7 块田地，每块仅 0.86 亩。二是许多地区由于自然条件、经济基础以及生活习惯并不适于家庭经营模式。三是土地随着农村人口变化而调整，承包期一般为 2～3 年，降低了农户对土地的中长期投资，阻碍潜在的土地流转和农地市场发育（姚洋，1998；丰雷等，2013a；张旭等，2018）。四是集体土地所有权的制度表述模糊、农民所享有的土地产权残缺（黄鹏进，2014）等问题，引发了频繁的农村地权冲突。这些问题推动中央不断完善家庭联产承包责任制，家庭联产承包责任制改革与后续的"不得调地"、确权登记颁证改革等形成一系列动态的制度变迁过程。

（二）"不得调地"与确权登记颁证改革（1984—2018 年）

阶段Ⅲ（1984—2018 年）：针对家庭联产承包责任制在实践中存在的问题，中央陆续建立了"不得调地"政策、确权登记颁证改革，有针对性地稳定农地产权，也为地方政府根据当地情况灵活调整政策留足了空间。20 世纪 80 年代中期以后，农村出现了创新与稳定两类制度需求。一是一些地方出现了农民自发的土地利用新方式，如山东平度的"两田制"、广东南海的"股田制"等（袁超，2000；刘卫军等，2010）。二是农民需要稳定、安全的产权保障。土地的行政性调整使农民只需要凭借人口或劳动力就能无偿或低偿地获得土地资源（叶剑平等，2006a；丰雷等，2013a）；产权正规化工作并不完善，土地登记制度不健全，引发许多土地权属纠纷与风险（王小映，2004）。因此，家庭联产承包责任制改革后并未形成成熟的农地流转市场（王小映，2004；刘守英，2018）。

中央在农民的创新与稳定两种需求之间，选择了先回应产权稳定的需求，再逐步放宽约束，确认并鼓励创新。第一步：先松后紧，逐步形成"不得调地"政策，保证农民使用权的稳定性。1997 年，《关于进一步稳定和完善农村土地承包关系的通知》（以下简称《通知》）要求不允许"大调整"，但允许"在个别农户之间小范围适当调整"，即"小调整"。2008 年，《中共中央关于推进农村改革发展若干重大问题的决定》（以下简称《决定》）明确提出，赋予农民更加充分而有保障的土地承包经营权，现有土地承包关系要保持稳定并长久不变。2017 年党的十九大报告明确提出，"保持土地承包关系稳定并长久不变，第二轮土地承包到期后再延长三十年"。第二步：建立农地大规模确权制度，保证农民土地使用权和合法性。《通知》中首次针对农村承包地的大规模确权，"延长土地承包期后，乡（镇）人民政府农业承包合同主管部门要及时向农户颁发由县或县级以上人民政府统一印制的土地承包经营权证书"。《决定》明确提出，赋予农民更加充分而有保障的土地承包经营权，现有土地承包关系要保持稳定并长久不变，要求搞好农村土地确权、登记、颁证工作。2013 年中央一号文件进一步提出，用 5 年时间基本完成农村土地承包经营权确权登记颁证工作（原玉廷等，2010；刘守英，2018）。第三步：实现所有权、承包权、经营权三权分置，鼓励农民创新土地经营权流转形式。2014年《关于引导农村土地经营权有序流转发展农业适度规模经营的意见》指出，坚持农村土地集体所有，实现所有权、承包权、经营权三权分置，引导土地经营权有序流转；同年的《关于全面深化农村改革加快推进农业现代化的若干意见》提出，在落实农村土地集体所有权的基础上，稳定农户承包权，放活土地经营权，允许承包土地的经营权向金融机构抵押融资。"2016年两办意见"第一条明确提出，"将土地承包经营权分为承包权和经营权，实行所有权、承包权、经营权分置并行"。

中央与地方的互动为顺利推进"不得调地"与大规模确权两项改革贡献巨大。中国农村自然、经济以及社会条件差异较大。一方面，中央指令逐步缩小改革目标，从既允许小调也允许大调，到仅允许小调，再到"不得调地"，为地方适应政策留足空间。另一方面，中央给出地方农地确权的指令边界，地方根据自身条件积极创变出确权确股、确权不确地等多种模式，增强了中央政策的适应性。陕西、贵州、广西、云南等地区多为山地，地形复杂且耕地较为分散，这些地区土地调整较少以避免高额的测算和协调成本（郑志浩等，2017；丰雷等，2013a；龚启圣等，1999）；农业生产技术较为先进的地区土地同质性显著，土地测量成本较低，土地调整更为频繁（龚启圣等，1999；姚洋，2000a）。这些地区根据自身条件，在模糊的指令下进行不同程度和不同方式的土地调整，渐进地适应中央政策。各地禀赋条件和社会认知等造就了不同的确权实践路径，在确权确地的基础上，衍生出确权确利、确权确股等做法。例如土地效率低、人地关系舒缓以及农业需要集约化规模经营的西北地区，多采取确权确利的方式以提升土地利用潜力和农民耕种意愿；而土地升值潜力大、人地关系紧张、多实行土地集体经营承包制的东南地区，则多采用确股确利的方式（张沁岚等，2014）。

废除统购统销制度、实行粮食直接补贴政策、取消农业税以及逐步提高征地补偿，这些制度变革与上述使用权改革形成了制度互补，增加了改革绩效。1985年中央废除统购统销制度，农民可以按市场价格交易自己的农产品；2003年施行粮食直接补贴政策，将原来按保护价收购形式给农民的间接补贴直接补给农民；2004年开始取消牧业税和除烟叶外的农业特产税；2006年正式取消农业税；中央分别在2004年和2007年提出由单纯的考虑"年产值倍数"转向综合考虑"区片综合地价"来进行征地补偿，明确征地补偿要满足农民的生活需要，一定程度上提高了农民生活水平，降低税负的同时提高贴补，进一步提高了个体生产的积极性。

总之，在农地使用权改革中，家庭联产承包责任制改革是一个既有效（公平与效率）又成功（改革目标）的改革。一是中央决策者为现实需求设定了正确的权重，其治理国家的知识体系正确，决策者作出了准确的改革选择；二是诱致性与强制性渐进且有效的互动；三是实现了全社会的帕累托改进，在未损害其他群体利益的基础上实现了效率和公平；四是进行了渐进且广泛的税收和补贴制度改革，发挥了制度互补的作用。后续的"不得调地"、农地大规模确权改革等是成功的家庭联产承包责任制改革的后续，关键在于中央与地方的有效互动，提高了政策的适应能力。

在改革中，中央、地方、农民各自的特征变化可以归纳为：中央改变了治理思路，解放思想且放松管制，"效率优先，兼顾公平"；地方则由原来的盲目执行中央指令，到了解农民需求为农民发声，再到根据中央的政策边界积极"试验和试错"；农民期望获得使用权以及使用权的合法保障，进一步促使使用权灵活流转。本轮使用权改革与下一轮集体建设用地的转让权改革本是两条并行的改革路径，但是结合人民公社化运动，可以探寻这些改革之间的内在联系：首先，从人民公社时期到承包地使用权改革期间，集体建设用地流转一直严格禁止，农民没有土地转让权，无法参与土地转让产生的增值收益分配，农村社会的矛盾冲突日趋严重；其次，承包地使用权改革已经放权到一定程度时，中央不得不考虑另一条路径的改革问题，尽管后者会涉及其他利益群体的诱致性制度需求，但可能不像前者那样是帕累托改进的路径。

四、突破中的转让权改革："三项试点"改革

完整的土地转让权对推动劳动力迁移和缩小城乡收入差距具有正面效应，但是长久以来，中国农民并未拥有完整的土地转让权。国家通过关闭农村要素市场、为城乡土地设定不同的市场领域并垄断二者之间的中介环节来实现转让权的限制，使农地不能买卖和抵押，土地使用权市场流转也主要局限于村集体和村小组范围内（陈明，2018）。快速的经济社会变化带来了要求改变现存法律、进行转让权改革的压力（周其仁，2014），农村普遍存在集体建设用地的私下流转以及自发形成多种征地补偿安置。2014年，中央正式开展了农村土地征收、集体经营性建设用地入市和宅基地制度三项联动改革，通过渐进方式逐步确认农民自下而上的制度需求，从禁止集体建设用地非农流转以及按原农用地用途进行征地补偿，转变为建立城乡统一的建设用地市场并支持农民分享土地增值收益。

对于 2014 年开启的土地制度改革"三项试点"（也称"三块地"试点改革），从赋予农民转让权、提高农民收入的目标来看，改革至今较为成功，但仍需进一步完善农村建设用地流转市场；从全社会的公平与效率角度来看，改革能够在一定程度上缩小城乡居民收入差距，对效率的影响还有待探讨，因此目前来看这项改革可以认为是部分有效的。对于完善农地产权来说，改革是较为成功的；但目前就改革的成果来看，集体与农民并不能够通过自发的市场行为完成入市交易，而必须依靠政府的介入和安排，赋予集体建设用地的产权仍旧是残缺的（周其仁，2004b；陈明，2018）。农地转让权制度改革的核心在于土地增值收益分配。从各地试点的实践来看，改革提高了农民收益和赋予了农民财产权利。例如在贵州湄潭入市交易中地方政府与农民的收益比例为 0.14：1（周应恒等，2018；陈明，2018）；2017 年前后，浙江德清三个入市区块给东衡村集体带来约 2 000 万元的收益[①]，这是原征地制度不可能实现的，征地环节中地方政府的收益是农民的 5.55 倍。城乡收入差距比值由 2007 年的 3.33：1 降至 2018 年的 2.69：1。

中央为什么不像家庭联产承包责任制改革那样积极回应农民对集体建设用地转让权改革的需求呢？中央的政策可行集包含两种改革：一是以影响农民利益为代价来继续加速城市化；二是抑制城市化来提高农民收入。2014 年之前，中央实际上赋予农民需求的权重较低，仍然更看中"赶超战略"和国内外"以农补城"的经验，即更重视"城市偏向"的发展战略；2014 年开启的"三项试点"改革是中央在政策可行集中作出的新的调整和选择。林毅夫等（1994）、林毅夫和刘培林（2003）、陈斌开（2013）等认为，中国之所以实现了持续的经济增长，根本原因在于政府逐步放弃了传统的"赶超战略"。但问题是，中央政府一方面设置了行政分权和以经济发展水平度量地方官员晋升的锦标赛体制等强激励措施，另一方面也为地方政府垄断农地非农转让权实现"土地财政"提供了政策支持（周黎安，2007；周雪光，2015）。事实上，改革开放以来中国并未完全摆脱"赶超战略"，仍然强调"快速工业化和城镇化"的"城市偏向"战略。按照有关学者提出的技术选择指标（technology choice index，TCI）（Lin & Liu，2004）计算，2011—2013 年中国的平均"赶超"程度（0.015）依然高于除泰国（0.018）以外的其他国家（见图 4-4）。

---

① 2.81 亿元！德清集体土地入市 4 年为农民换来真金白银．（2019-04-02）．http：//www.zjdlr.gov.cn/art/2019/4/2/art_1289955_31927510.html.

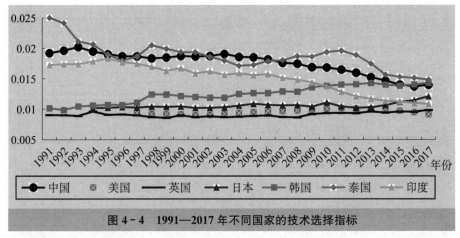

图 4-4　1991—2017 年不同国家的技术选择指标

资料来源：世界银行数据库.

　　此轮农地转让权改革开始的时间是 2014 年，但在这之前（1978—2013 年）征地制度改革以及入市改革的地方试点的探索一直在进行。农地转让权改革可以分为三个阶段：阶段Ⅰ（1978—1991 年），严禁集体建设用地流转，但为乡镇企业用地留了一道口子；阶段Ⅱ（1992—2013 年），出台更加严苛的征地政策，关闭了集体建设用地合法入市的通道，地方政府存在违法强征农地以获取土地财政等问题，农民需求得不到回应；阶段Ⅲ（2014 年至今），开始重视破除城乡土地二元制，中央与地方正面且积极地回应了农民获得农地转让权的需求（见图 4-5）。

　　阶段Ⅰ（1978—1991 年）：一直以来，中央对集体建设用地流转严格禁止，但为乡镇企业用地留了一道口子；农民对集体建设用地流转的需求被压制，但其迫切希望发展非农产业的愿望仍可部分实现；财政包干制激励地方政府支持乡镇企业发展，其间强制性与诱致性形成有效互动。20 世纪 50 年代以来，农村集体建设用地权利的变化发展的一个基本特征是禁止流转。1982 年《中华人民共和国宪法》和 1986 年《中华人民共和国土地管理法》都规定："任何组织或者个人不得侵占、买卖、出租或者以其他形式非法转让土地。"尽管 1988 年《宪法修正案》和修正后的《中华人民共和国土地管理法》提出，"土地的使用权可以依照法律的规定转让"，"土地使用权转让的具体办法，由国务院另行规定"，但一直未出台任何有关允许农村集体建设用地使用权转让的规定。但在该法中，中央为农地集体建设用地的流转留了口子。[1] 事实上，20 世纪末的中国

────────────

①　1998 年《中华人民共和国土地管理法》第四十三条第一款规定："任何单位和个人进行建设，需要使用土地的，必须依法申请使用国有土地；但是，兴办乡镇企业和村民建设住宅经依法批准使用本集体经济组织农民集体所有的土地的，或者乡（镇）村公共设施和公益事业建设经依法批准使用农民集体所有的土地的除外。"

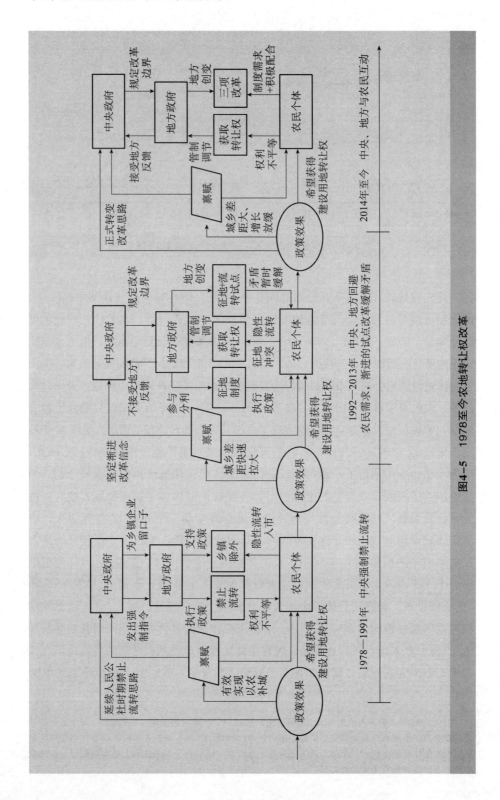

图4-5 1978至今农地转让权改革

农村，集体建设用地以转让、出租等形式隐形流转于市场一直客观存在（王小映，2004；刘守英，2018），这道口子在乡镇企业用地流转方面暂时实现了强制性与诱致性的有效互动。

阶段Ⅱ（1992—2013年）：中央更加严格的征地政策，关闭了集体建设用地合法入市的通道；地方政府在晋升机制、财政以及行政分权体制下逐渐演变为参与经济活动的分利集团，存在靠农地获取土地财政等问题；农民收益分配严重不平衡，强压之下农民的抗争事件频发；中央通过开展集体建设用地流转试点与征地制度改革试点，鼓励各地方政府与农民用实践来"微调"制度，以此来平衡社会效率与城乡公平发展间的矛盾。1992年《国务院关于发展房地产业若干问题的通知》规定："集体所有土地，必须先行征用转为国有土地后才能出让。"自此，改革开放初期形成的农村集体建设用地入市途径被锁死。1998年修订后的《中华人民共和国土地管理法》尽管进一步提高了征地补偿标准，但是由于明确扩大了征地的合法范围，将协议征地转为公告征地，以及规定征地争议不影响征地方案的实施，从而对农民利益的忽视和损害更加严重了。地方政府在以效率为先、监管机制尚未健全的体制下，成为一个实力强大的分利集团，拥有对市场要素的官僚垄断权利（张五常，2008；周雪光，2015）。从征地收益分配数据来看，农民收益分配严重不平衡。[①] 部分农民通过集体上访、联名起诉、示威游行等方式表达不满。

中央为了缓解社会冲突，采取了试点改革：一是开展集体建设用地流转试点。1995—2011年，分别启动了苏州、浙江、安徽以及广东试点，对流转的含义、对象、范围、权限、收益分配等作了初步探索。2004年和2008年，集体建设用地的非农流转在"增减挂钩"政策上取得了突破。二是征地制度改革试点。1999年开始，国土资源部成立了征地制度改革研究课题组，提出征地制度改革的初步思路，并分别于2001、2002、2010年启动了9、10和11个征

---

①　1995年全国每公顷土地出让金纯收益为66.1万元，其中政府获得47.2万元，集体和农民获得18.9万元，二者土地收益分配比例为2.5：1；2004年政府和农村集体的土地收益分配比例达到17：1（沈飞等，2004）；浙江某市政府与农民分配比例高达38：1（廖洪乐，2007）；2014年成都市政府与农民集体对征地的增值收益分配比例约为9：1（莫春，2015）。大部分农民（88.8%）认为自己在征地中的收益是严重受损的，他们清楚地看到在土地征用收益分配格局中，一些土地开发商及其利益相关者攫取了大部分利益（罗满妹，2009）。

地试点①，在征地补偿的方式、补偿范围、补偿标准、缩小征地范围等方面都作了探索和尝试（徐博等，2015；刘守英，2018；张清勇，2018）。

　　阶段Ⅲ（2014年至今）：中央开始重视破除城乡土地二元制度，开展农村土地征收、集体经营性建设用地入市、宅基地制度三项联动改革；中央与地方政府正面且积极地回应了农民获取农地转让权的需求。2014年《关于农村土地征收、集体经营性建设用地入市、宅基地制度改革试点工作的意见》启动了征地、入市和宅基地三项联动改革；2015年《国土资源部关于印发农村土地征收、集体经营性建设用地入市和宅基地制度改革试点实施细则的通知》进一步明确征地改革的土地增值收益分配办法；2016年《农村集体经营性建设用地土地增值收益调节金征收使用管理暂行办法》给出了集体经营性建设用地增值收益的概念、征收部门、土地增值收益调节金比例范围等。同时，将征地制度改革和集体经营性建设用地入市改革试点扩展至33个；要求在初步尝试平衡征地与入市增值收益分配的基础上，做好三项试点任务的统筹协调推进工作。

　　在"三项试点"改革中，中央政府划定较宽泛的政策边界，地方政府结合资源禀赋和经济条件寻找适合当地的做法，实现了中央与地方的有效互动，这些试验和试错为正式制度的建立提供了参考与借鉴。入市改革中，贵州湄潭、四川泸县等中西部地区宅基地数量多，多采取县域内部的调整入市以满足经济需求；浙江德清等东部地区的农地价值受区位影响较大，多采取异地调整入市以实现规模经营和社会公平（周应恒等，2018；唐健等，2019）。征地改革中，苏南地区以集体企业为主体的农村工业化特征显著，强有力的集体经济和地权意识给地方政府和谐征地提供了基础，因此苏南地区普遍进行统一征收；珠三角地区的经济发展主要依靠外来企业为主体的农村工业，在地权意识上强调集体与农民的利益关系，因此政府仅对必要的基础设施和公益建设用地进行征收（贺雪峰，2018；桂华，2019）。

　　总之，目前来看，始于2014年的农地转让权改革是一个较成功（相对于改革目标）的改革，能否同时提高全社会公平与效率仍有待探讨。成功在于决策者作出了准确的改革选择，强制性与诱致性和中央与地方进行了有效互动，提高了政策的适应能力。决策者作出正确选择的原因有三：一是中国经济发展在

---

　　① 2001年的9个试点包括上海青浦、江苏南京和苏州、浙江嘉兴和温州、福建福州和厦门、广东佛山和顺德；2002年的10个试点包括北京通州、河北石家庄、辽宁沈阳、黑龙江绥化、安徽马鞍山、河南洛阳和新乡、广东广州、广西南宁、四川成都；2010年的11个试点包括天津、成都、武汉、长沙、重庆、西安、沈阳、杭州、佛山、南宁、唐山。

高速增长后开始放缓，社会两极分化严重；二是领导者决策的转变；三是承包地使用权改革逐渐完善，两条并行的改革路径已完成其一，集体建设用地转让权改革势必有新突破。

在改革的动态变化中，中央、地方、农民各自的特征变化可以归纳为：中央由"微调"平衡群体利益，到大踏步真正开启转让权改革，表明中央由"效率优先，兼顾公平"的思想逐步转变为"以公平促效率"的思想。地方政府更多倾向于自身的利益，但在改革中地方政府依然根据中央的政策边界来积极"试验和试错"，是否真正从农民立场出发还需要更多实践来检验。农民获得转让权的需求有望实现，但要发挥转让权等权能仍需一个完善的市场交易平台。本轮改革为后续的制度变迁留下了许多线索，包括城乡统一的建设用地市场的完善、集体建设用地流转中的税费制度建设以及征地与入市收益分配的平衡等，这些线索将在未来的经济发展中引导中国农地制度继续变革。

综上，基于中央、地方、个体三者互动与共演的动态制度变迁分析框架，本节分析了中国农地制度变迁 70 多年实践的动态过程，主要包括艰难探索中的农地所有权改革（土地改革、农业合作化和人民公社化运动）、成功的使用权改革（家庭联产承包责任制、"不得调地"与确权登记颁证）以及突破中的转让权改革（"三项试点"改革）。动态制度变迁过程可划分为三个阶段："发展战略：中央政策制定""中间扩散：地方实施创新""基层变迁：个体需求反馈"。其中，中央政策可行集主要取决于变迁要素（主观意识、社会需求和国内外经验）、要素权重以及政策制定者知识，三者共同决定了可选政策的多样性和统一性。

中国农地制度变迁 70 多年的实践表明，政府主导的成功改革有两个关键要素：一是强制性与诱致性变迁相结合且方向一致，中央政府能够积极回应个体和地方的制度需求，提供制度供给，减少改革阻力；中央甄别引导→个体与地方探索创新→中央择优并固化为正式规则，这一互动过程使改革能够及时调整，适应不断变化的系统和外部环境。二是制度矩阵中的相关制度互补的改革更易成功，制度之间相互补充，从不同方面达成同一政策目标，增强了政策效果。中国农地制度变迁前 30 年的艰难探索中，中央政策可行集设定存在偏误，缺少强制性与诱致性（中央与地方、国家与民众）的互动，制度缺乏适应性；后 40 多年（特别是使用权改革）成功的主要原因是，中央政策可行集得到调整，进行了强制性与诱致性（央与地、国与民）的互动，充分利用了制度的互补性，实施渐进且广泛的改革，制度具备较强的适应性。

第三节　家庭联产承包责任制改革[①]

一、问题的提出

家庭联产承包责任制[②]是我国改革开放史上的里程碑。这项改革赋予农民自主权，不仅极大地解放了农村生产力，促进了农业产量提升以及农民生活水平的大幅提高[③]，而且为后续一系列农村改革乃至全国各领域改革[④]奠定了基础。也正是从这里，中央开始了渐进式的市场化改革以及国家治理方式改革，

---

① 丰雷，任芷仪，张清勇．家庭联产承包责任制改革：诱致性变迁还是强制性变迁．农业经济问题，2019（1）.

② 家庭联产承包责任制、家庭承包制、包产到户、包干到户等概念的联系与区别：1982年中央一号文件《全国农村工作会议纪要》正式肯定了包括包产到户、包干到户在内的多种形式的责任制，并正式定名为"家庭联产承包责任制"（杜润生，2005）。该文件中关键的一句话是："目前实行的各种责任制，包括小段包工定额计酬，专业承包联产计酬，联产到劳，包产到户、到组，等等，都是社会主义集体经济的生产责任制。"包产到户与包干到户的区别："包产到户"是指集体经济组织将规定的产量承包给农户，农户按承包量将农产品上缴到集体组织，从而分配到约定的报酬，超额部分可获得一定比例的分成。在这种模式中，集体仍是统一经营、统一分配的主体。"包干到户"（又称"大包干"）则是集体经济组织将土地和生产资料等承包给农户，但生产的农产品不由集体统一规定，而是实行"缴够国家的，留足集体的，剩下都是自己的"（姚洋，2008；周其仁，1995）。在这种模式中，农户是自主经营、自负盈亏的经营主体。1983年中央一号文件《当前农村经济政策的若干问题》将"包产到户"和"包干到户"两种责任制统称为"联产承包责任制"。随后，1993年《中华人民共和国宪法修正案》将宪法第八条第一款"农村人民公社、农业生产合作社和其他生产、供销、信用、消费等各种形式的合作经济，是社会主义劳动群众集体所有制经济……"修改为"农村中的家庭联产承包为主的责任制和生产、供销、信用、消费等各种形式的合作经济，是社会主义劳动群众集体所有制经济……"。随着改革的深入，联产承包责任制的形式逐渐由"包产"转变为"包干"，农业分配形式也相应由"联产"转变为"不联产"，"家庭联产承包责任制"这一说法已名不符实。1998年中共第十五届三中全会《中共中央关于农业和农村工作若干重大问题的决定》正式提出"长期稳定以家庭承包经营为基础、统分结合的双层经营体制"。其后，1999年《中华人民共和国宪法修正案》将宪法第八条第一款改为"农村集体经济组织实行家庭承包经营为基础，统分结合的双层经营体制"，相应地删去"家庭联产承包为主的责任制"的提法。由此，"家庭承包制"代替"家庭联产承包责任制"成为更为准确的表述。但是，由于我们研究的重点是改革初期"包产到户"和"包干到户"等制度变迁进程，因此仍采用之前惯用的"家庭联产承包责任制"的说法。

③ 这一"最具深远意义的变迁"为生产者和管理者提供了有效激励，极大地提高了农业生产率，促进了农业增长（Nolan，1983；Kojima，1988；Lin，1988，1992；Gaynor & Putterman，1993；Li et al.，1998；Deininger & Jin，2003）；加速了农业剩余劳动力迁移以及工业化和城镇化进程（Lin，1992；Binswanger et al.，1995），最终使5亿人脱贫，贫困率从超过65%降至10%以下，是一项"历史性的伟大成就"（世界银行和国务院发展研究中心，2013）。

④ 例如接下来的乡镇企业改革、国企改革、财政体制改革等均借鉴了家庭联产承包责任制。

从"紧抓生产"转向"放权让利",从全面直接参与转向主要制定规则和界定产权。这是一个符合诺斯定义的典型的"有效制度变迁"(North,1990;姚洋,2008),这项改革及之后的全面深化改革保障了中国经济持续40多年的高速增长。

关于家庭联产承包责任制的改革方式,学界普遍将其视为诱致性制度变迁的典范,认为这项改革是农民自发的、自下而上形成的,特别是在"最初并没有得到决策者/中央政府的承认"的条件下实现的(Lin & Nugent,1995;骆友生等,1995;周其仁,2004a;林毅夫,2008;科斯等,2013;黄季琨等,2008;Zhang,2012)。这里最令人动容的一个例证就是安徽凤阳小岗村18户农民"冒着身家性命危险"签署了大包干的"生死状"(陈桂棣等,2009;林毅夫,2012;陈锡文,2018)。由此,许多学者认为国家/政府在这里"退却"了,由于人民公社等早期农村经济政策的影响,国家不得不在农村经济政策上全面退却,即"政府退出说"(周业安,2000b;周其仁,2004a;科斯等,2013;温铁军,2013)①。

然而,单纯强调政府退出令人困惑也容易使人产生误解。这是因为虽已历经40多年的放权让利改革,中国本质上的政治体制并未发生根本改变(Blanchard & Shleifer,2001;Xu,2011;刘守英,2018),仍然是"以中央政府为中心的一统体制,即中央政府对广大国土及居住其上的民众、各个领域和方面有着最高和最终的决定权"(周雪光,2017)。②当前尚且如此,最初又能如何?因此,单方面强调政府主导、国进民退,或者单方面强调政府退出、市场决定都不全面,现实中往往是市场与政府二者的结合互动。与其说"政府退出",不

---

① 例如,周其仁提出"两次退却说":20世纪60年代的短期政策调整和70年代后期的退却(周其仁,2004a);周业安认为,"内部规则与外部规则的冲突及其导致的外部规则的退却构成了中国制度变迁的主旋律"(周业安,2000b);温铁军则强调政府出于"急于摆脱财政危机"的"工、农业甩包袱"而采取"退出"(温铁军,2013);科斯和王宁认为,"如果说中国政府在中国经济转型中的作用,那它最大的贡献应该是逐步从经济活动中撤离……这是中国市场化转型成功的根本原因"(科斯等,2013)。

② 学者们的总结各有侧重,包括"政治集权下的(经济)联邦制"(federalism with political centralization)(Blanchard & Shleifer,2001)、"区域性分权式的集权制"(regionally decentralized authoritarian system)(Xu,2011)、土地制度变迁的"政府主导发展权下的经济权利开放"(刘守英,2018),或者直接点出"以中央政府为中心的一统体制"(周雪光,2017)。中央各项政策文件也证明了这一点。例如,2017年党的十九大报告中提出,"明确中国特色社会主义最本质的特征是中国共产党领导,中国特色社会主义制度的最大优势是中国共产党领导,党是最高政治领导力量";2017年修订后的《中国共产党章程》的总纲中明确提出,"党政军民学,东西南北中,党是领导一切的";2018年修正后的《中华人民共和国宪法》强调,"中国共产党领导是中国特色社会主义最本质的特征"。

如说"政府归位"，政府更多地去做了自己应该做的事情（例如制定规则、界定产权）。强调政府并非全知全能，这是对的，市场也是如此。更重要的是探讨有限理性的微观市场主体与不完全信息的政府之间的互动关系，以及如何形成有效的制度变迁。实际上，已有不少学者正确地指出：中央/政府在家庭联产承包责任制改革中起到了重要作用（肖冬连，2004；骆友生等，1995；陈锡文等，2008；科斯等，2013)[①]；并且，国家与农民的"上下互动"是其典型特征，"底层创造＋顶层支持"的诱致性变迁与强制性变迁的结合是改革成功的关键（杜润生，2005；姚洋，2008；林毅夫，2012；科斯等，2013；张红宇，2014；刘守英，2017)[②]。

仅仅指出家庭联产承包责任制改革是国家与农民互动、诱致性变迁与强制性变迁结合这一现象还不够。从实践上看，"大包干""包产到户"等并非 20 世纪 70 年代末才出现的，而是在 20 多年前就早已有之，并且经历了"三起三落"（杜润生，2005；陈锡文等，2008；张红宇，2014）。那么，为何之前不行，这次就可以？从理论上看，一个完整的制度变迁路径通常是这样：下层（地方/民众）的诱致性变迁自发形成，上层（中央/政府）出于弥补制度变迁供给不足等考量实施强制性变迁（Lin，1989；North，1990）。这里重要的是上层（中央/政府）对下层（地方/民众）的制度变迁需求作出回应，提供制度供给，促使改革成功（Ash，1988；Platteau，1996）。关键是，为何中央政府会实施与诱致性变迁方向一致的强制性变迁？对上述问题的探讨，已有研究尚存不足：一是对中央政府的作用强调"追认"和"加速"，强制性变迁主要是"事后追认"并在更大范围加速了这一进程（骆友生和张红宇，1995；杜润生，2005；姚洋，2008；林毅夫，2012；科斯和王宁，2013；张红宇，2014）。加速确是政府作用的重要方面，但远非全部。二是局限于"诱致性-强制性二分法"，对制度变迁的自发

[①] 典型的相关表述包括："这一制度变迁离不开决策者（政府）意愿的转变"（骆友生等，1995）；"党的政策的转变……也起了难以估量的作用"（陈锡文等，2008）；"没有一批官员的同情、默许、支持和政策的跟进，农村改革也不可能在短期内取得全国性的突破"（肖冬连，2004）。

[②] 林毅夫以及科斯等的观点表述最为明确，"一种有效的政府强制性制度变迁方式是以自发性的制度变迁作为基础……家庭联产承包责任制的推行就是这样的一个过程"（林毅夫，2012）；"对于一个自下而上的制度变革而言，国家手中的批准权仍然至关重要……农民和国家……两者相结合最终成就了制度变迁"（科斯等，2013）。此外，其他几个典型表述如："一种关系大局的制度形成，需要有群众创新加上政治组织支持这两方面的因素一起发生作用……"，是"群众与领导互动"（杜润生，2005）；"中国于 20 世纪 70 年代末 80 年代初成功实现了上下互动的农地改革。经过底层创造、顶层支持与政策推动，形成各方所接受的农地集体所有、家庭承包制度"（刘守英，2017）；"将农村改革视为地方创新和中央意识形态变化之间的互动过程"（姚洋，2008）。

演进和理性建构两方面的分析存在割裂分离，缺乏对二者互动的探讨。[①] 三是研究方法本质上的静态性，缺乏连贯的动态分析，侧重关注变迁结果而忽视了更重要的变迁过程（North，1990，2005；科斯等，2013）。

因此，我们对家庭联产承包责任制的改革方式进行探讨，重点关注以下两个问题：一是在改革过程中政府特别是中央政府的决策具体是怎样作出的？又是怎样随着改革的进程逐步调整的？二是中央、地方或者政府、民众的互动具体是怎样进行的？如何形成了方向一致的制度变迁？换句话说，为什么前几次失败，而这一次成功？总结家庭联产承包责任制改革的成功经验可以为当前深化我国农地制度改革提供借鉴，对家庭联产承包责任制改革的案例分析也有助于探索解决制度变迁理论中的多重均衡难题。我们强调家庭联产承包责任制改革是诱致性变迁与强制性变迁的结合，并且侧重分析二者互动的变迁过程。

二、改革酝酿（1956—1977 年）：包产到户的"三起三落"

动态、连贯地观察这一历史性改革，可以看出，包产到户的尝试可追溯至20 世纪50 年代。起初中央在倡导集体生产、劳动互助的同时，也关注农民个体经济的积极性。例如，1952 年中共中央东北局制定了《东北区农业生产合作社试行章程》，规定农业生产合作社"有些工作可采取个人负责制"。该文件于1953 年由中央批准并分发中央局、分局、省区市党委参考。当时，坚持推行责任制的代表人物为中央农村工作部部长邓子恢，他提出政策的制定必须从"中国小农经济的现状出发"，并强调"以家庭为单位的分散的个体生产，是中国农村生产的主要形式"，提倡在农业生产合作社试行包工包产责任制（徐勇，1998）。虽然当时并没有明确提出以户为单位的包产和包工，但这种在合作社内实行责任制的尝试可视为包产到户的萌芽。然而，这类做法在1955 年党内对农业合作化速度的争论中被批为"右倾"。之后，在改革开放之前的 20 多年里，包产到户经历了"三起三落"（见表 4-5）。

这三次尝试均得到了地方政府的支持。高级社、人民公社的高度公有化带来了"搭便车"、分配平均主义等问题，导致粮食生产效率降低，粮食短缺极为严重。例如，在第三次改革前，单位面积粮食产量从 1959 年的 1 462.58 公斤/公顷

[①]　例如强调政府积极作用的林毅夫，即使在描述家庭联产承包责任制改革过程时多次提到政府作用，但仍将这一改革总结为"自发演进"的诱致性变迁（林毅夫，2000）。其他类似表述还有：家庭联产承包责任制改革是诱致性的，而 1949—1952 年的土地改革以及 1951—1978 年的农业合作化和人民公社改革是强制性的（骆友生等，1995；张红宇，2014）；家庭联产承包责任制改革是诱致性的，开发区改革是强制性的（Zhang，2012）；等等。

表4-5 包产到户的"三起三落"

时间	地点	主导者	做法	诱因	结局
1956年5月至1957年8月	浙江、四川、广西等地	浙江永嘉县委副书记李云河，县委农村工作部干事戴洁天	包产到户	农民对高级农业生产合作社不满，生产效率低、粮食产量少。同时《人民日报》发表的文章应该"包产"，《生产包产》给了人们以激励	包产到户未得到温州地委、浙江省委等人们的支持，被批为"单干"、"倒退"
1959年春至1959年8月	河南、江苏、湖南、陕西、甘肃等地	耿起昌、王慧智等	包工包产到户	人民公社建立之后管理的混乱对生产造成了重大影响，中央开始整顿人民公社，调整农业生产	被批为"歪风邪气""右倾主义错误""走资本主义道路"被禁止
1960年初至1961年底	安徽、广西等地	安徽省委第一书记曾希圣等	包产到户（安徽称为"责任田"）	"大跃进"时期的"浮夸风"，人民公社的生产效率低下。同时，中央为促进农业生产积极性调整农村政策，在调整农村政策初期同意在安徽进行包产到户试验	中央认为包产到户是一个需要解决的问题，不符合社会主义集体经济原则，部分中央领导明确表示支持包产到户，但最终包产到户仍被定性为"单干"，并由此上升到政治问题，从而被否定

资料来源：徐勇．包产到户沉浮录．珠海：珠海出版社，1998；杜润生．杜润生自述：中国农村体制改革重大决策纪实．北京：人民出版社，2005.

降低到1960年的1 175.02公斤/公顷，降幅达19.66％。① 在中央积极寻求农业生产方式调整措施的背景下，为增加地区粮食产量、缓解饥荒，地方干部提出包产到户，以提高农民生产积极性，并顶住压力不断游说上层领导，为地方试验争取空间（见表4-6）。

表4-6　包产到户"三起三落"中的地方领导支持

人物	时间	行为
浙江温州永嘉县委副书记李云河、农村工作部戴洁天	1956—1957年	在永嘉县进行包产到户试验，并对包产到户提出了比较系统的解释
四川江津龙门区刁家乡区委副书记刁有宽	—	在包产到户被批判以后，把合作社的土地、生产资料等分到户，各户只需按预定产量交纳公粮和部分公积金，取消统一分配
广西环江县委书记王定	1956年	将社适当划小，山区单家独户实行包产到户，社队可推行"小作物下放到户"
河南新乡地委书记耿起昌	1959年	主张生产和生活组织规模越小越好、越分散越好，提出包工定产到户，并在该地区内强制全面推行
河南洛阳地委书记王慧智	1959年	到各县推行包工包产到户
安徽省委第一书记曾希圣	1960—1962年	在安徽进行包产到户试验，推行责任田
安徽省太湖县委宣传部干部钱让能	1962年	在中央纠正责任田的过程中，保荐责任田

资料来源：徐勇. 包产到户沉浮录. 珠海：珠海出版社，1998；杜润生. 杜润生自述：中国农村体制改革重大决策纪实. 北京：人民出版社，2005.

同时，这三次尝试也离不开中央政府的支持。三次尝试的诱因都是严重的粮食短缺，而由于当时国民经济的封闭性，粮食危机无法通过货币手段和国际市场调剂来解决，当时农业的积累收入占据国家收入的很大一部分，严重的饥荒将上升为全国经济危机和政治危机，因此中央动用一切可能的手段动员农民增加生产来进行自救（周其仁，1995a）。首先，中央积极调整农业政策、整顿

① 数据来源：国家统计局。

人民公社。尤其是在第三次尝试中，国家倡导和带动全党开展大规模的调查研究工作，在此基础上纠正以往的过错，并形成了《农村人民公社工作条例（草案）》及修正草案，稳定了全国农民的生产情绪（薄一波，2008）。其次，中央允许和支持地方进行试验。实际上，在中国的政治经济体制下，地方政府及农村集体不仅不可能"无视"中央政策，反之会尽力"揣摩"中央政策精神后再作出相应决策（丰雷等，2013a）。中央对包产到户表示支持。在第三次尝试中，安徽的"责任田"试点在最初也获得了国家的许可和支持（徐勇，1998；杜润生，2005）。

分析三次尝试失败的原因，一是主要领导人的态度存在矛盾和分歧。真正决定制度和政策命运的，首要的是人们的主观感受，要看当事人特别是执政者对那一套做法的内心评价（周其仁，2017）。在初期，多数中央领导人对包产到户表示支持，但这种支持其实是有所保留的（徐勇，1998；杜润生，2005），因为当时是基于恢复和发展农业生产的角度，希望尽快提高粮食产量，包产到户被视为恢复生产的权宜之计（周其仁，1995a）。而当生产恢复后，部分领导人开始思考更多政治、阶级的问题，转而明确表示反对包产到户，而部分下属则以更加激进的态度看待包产到户（杨大利，1998），导致地方试验夭折。二是当时我国"左"倾思想蔓延，全国尤其是中央的认知是"个体单干"不如"集体合作"，而包产到户则被认定为是"单干"，在政治层面上否定了存在的合理性。三是中央与地方未形成良好的互动。20世纪50年代开始，中央实行优先发展重工业的"赶超战略"，在一个资金、资本都非常短缺的农业国家，要优先发展重工业必然需要国家强制干预。虽然农民此时向上传达的是对更宽松的生产方式的需要，但国家出于对政治、经济等的考虑，仍然采取了农业合作化运动和农产品统购统销等一系列将农村的剩余力量尽可能转移到重工业部分的措施（林毅夫，2012）。

可以看出，包产到户"三起三落"的诱因是人民公社的低效率。为应对粮食问题，中央调整了农业政策，而地方政府也在此时发挥了能动性，主导包产到户的试点。但此时改革的时机仍不成熟，改革受到诸多因素的限制。包产到户仅被当作恢复农业生产的临时性过渡策略，生产恢复后基于政治、阶级的考虑被禁止；中央和农户没有良好的互动，中央优先发展重工业的目标和举措与农民对农业生产的需求不一致。

三、改革突破（1978—1982年）：诱致性与强制性互动

1978年以后的家庭联产承包责任制改革是一个渐进的过程，经历了启动、

调整和突破三个阶段（见图4-6）。而改革之前的两年称为"酝酿阶段"（杜润生，2005），中央和地方采取了很多措施，如1977年11月安徽省委制定并发布《关于当前农村经济政策几个问题的规定》（"省委六条"），强调尊重生产队的自主权，允许生产队建立不同的生产责任制，允许和鼓励社员经营自留地和家庭副业；1978年初，四川省委发布《关于目前农村经济政策的几个主要问题的规定》，提出"各地都要把执行按劳分配原则当成一件大事认真抓起来，严格按照社员劳动的质量和数量评定工分"；1978年5月，邓小平大力支持全国兴起关于真理标准问题的大讨论，积极推动思想解放。这些措施给农村带来了一股新的气息（杜润生，2005），为接下来的改革作了铺垫。家庭联产承包责任制改革是一个自下而上的政府与农户互动的制度变迁过程，这一部分将重点分析1978—1982年的改革过程，对诱致性变迁与强制性变迁的互动进行探讨，特别是其中作为制度变迁主角的中央政府的决策及考量，分析改革成功的原因。

（一）启动

首先，家庭联产承包责任制改革始于农民的制度变迁需求。生产队体制存在严重的不均衡问题，为保证农民付出的劳动与得到的酬劳相匹配，需要对农民的劳动进行监管，然而由于农业生产时间跨度长、空间范围广的特点，对每个人的劳动进行精准的测量和监督需要极大的成本（林毅夫，1988），实践中很难实现，导致酬劳的发放不够公平，失去了激励效果，产生了消极怠工、"吃大锅饭"、"搭便车"的情况，这种集体经济的平均主义导致农民失去了生产积极性。农业生产形势的严峻使农民产生了强烈的制度变迁需求，开始自发进行诱致性制度变迁，并向上传达到中央。安徽凤阳小岗村位置偏僻，全村人口少，粮食年产量极低，村民生活贫困，"生活靠救济，生产靠贷款，吃粮靠返销"。1978年，安徽遭遇特大旱灾，小岗村的村民自发组织、实施包干到户，以家庭为独立生产单位，解决了劳动付出测量不准和监管不力的问题，给予农民剩余索取权，激发了农民的生产积极性。

其次，为推进国家经济恢复和发展，中央决定将工作重点转移到经济建设上来，并认识到农业这一国民经济基础十分薄弱，提出要大力恢复和加快发展农业生产。中央的总体改革思路与农民对粮食生产的迫切需求高度一致，将中央的决策向诱致性制度变迁的方向引导。一方面，效率和公平考量是影响中央决策的重要因素。我国农村仍是"人民公社体制"，实行"三级所有，队为基础"的经营管理体制，导致了生产上的低效率和分配上的不公平。中央通过放松政策环境的方式来缓解农业生产上的矛盾，这也与农民的需求相一致，为新

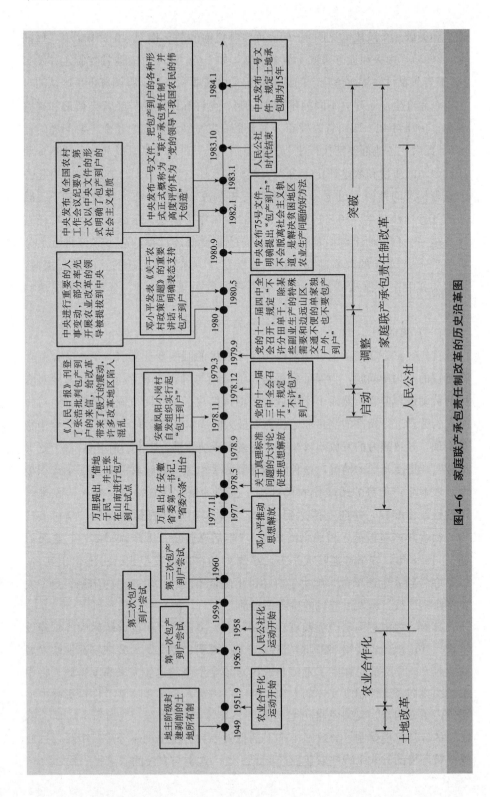

图4-6　家庭联产承包责任制改革的历史沿革图

制度的兴起孕育了土壤。另一方面，改革开放前，"左"倾思想导致了严重的利益漏失和效率损耗（王敬尧等，2016）。因此，邓小平从 1977 年开始推动思想解放，先是在 1977 年 5 月明确表示"'两个凡是'不行"[①]，接着大力支持关于真理标准问题的大讨论，并在 1978 年 12 月发表《解放思想，实事求是，团结一致向前看》的重要讲话，这奠定了党的十一届三中全会的思想基调。

在以上因素影响下，中央对农民的需求作出了回应，开启了强制性制度变迁。一方面，中央对政策进行了积极调整。1978 年 12 月，党的十一届三中全会提出停止使用以"阶级斗争为纲"的口号，确定了"解放思想，实事求是，团结一致向前看"的指导方针，鼓励思想解放和制度创新，并提出要保护人民公社、生产大队和生产队的自主权与所有权并建立生产责任制。这打破了原来呆板僵化的作风，松动了农业生产的制度环境。但由于旧思想的笼罩，改革仍然遭到层层阻碍（闫素娥，2011），因此十一届三中全会对于农业生产的态度仍是"不许包产到户，不许分田单干"。另一方面，部分领导干部对农民的做法给予默许和支持，使地方试验能够持续下去。如 1978 年 9 月，为应对旱灾，万里作出"借地于民"，将集体无法耕种的土地借给社员耕种，并鼓励开荒，谁种谁收；1978 年 11 月，万里在包产到户问题上表示，既然群众都愿意，就应当允许他们去实践；1978 年末，叶剑英和邓小平都同意万里对安徽进行包产到户和联产计酬的请求并强调要从实际出发。不过，中央的强制性制度变迁与农民的需求和自发组织的诱致性制度变迁在方向上仍存在一定的差异。

（二）调整

政策的松动和领导干部的支持使包产到户和包干到户的范围逐渐扩大，更多农民希望能够实行包产到户和包干到户，农民的制度变迁需求更加强烈。同时，实践的成效为改革打开了新的局面。1979 年，全国粮食产量从 1978 年的 30 476.5 万吨增加到 33 211.5 万吨，增长率达到 8.97%，而采取包产到户的方式更能大幅提高粮食产量（见表 4-7），而中央的意识形态转变则较为缓慢（姚洋，2008）。虽然 1979 年初召开的七省三县座谈会指出包产到户接近但不等同于单干，使意识形态进一步松动，但 1979 年 3 月《人民日报》刊登的张浩批判包产到户的来信，给改革带来了极大的震动，许多改革地区陷入混乱，对搞包产到户的担心再次蔓延。这种担心搞包产到户犯方向路线错误的心态具有普遍性，而这种心态与权力结合就构成了相当大的阻力（徐勇，1998），成为当时约束中央决策和改革方向的主要因素。

---

① 邓小平. 邓小平文选：第二卷. 2 版. 北京：人民出版社，1994：38.

表4-7 不同改革情况下安徽滁州所辖县的增产情况（1978—1979年）单位：%

责任制种类	全椒	滁县	来安	嘉山
全县	12.4	12.5	0.7	0.3
未实行改革	6.0	4.3	−6.7	−6.3
实行改革	12.8	16.5	5.0	6.0
包产到组	12.7	16.3	3.4	4.0
包干到组	—	—	15.9	12.5
包产到户	35.7	68.9	37.1	31.0

资料来源：YANG D L. Calamity and reform in China. Stanford：Stanford University Press，2006.

在两难境地下，中央再次对农民的需求作出了回应。首先，中央进一步调整农业政策。1979年9月，党的十一届四中全会通过了《中共中央关于加快农业发展若干问题的决定》，规定"不许分田单干，除某些副业生产的特殊需要和边远山区、交通不便的单家独户外，也不要包产到户"。这份文件将"分田单干"和包产到户区分开来，对包产到户的态度也从原来的"不许"变为"除某些地区外不要"，相当于开了一道口子，为家庭联产承包责任制改革提供了一个更加宽松的环境。其次，更多领导干部对地方试验表示出积极态度。领导干部的持续鼓励和支持给了农民信心，改革进一步向前发展。1979年2月，万里表示包产到户是正确还是错误需要实践的检验，主张在山南公社进行包产到户试验，并对其他暗地实行包产到户的公社采取支持的态度，鼓励地方试验。1979年6月，万里对凤阳的包干到户表示支持，承诺"错了我负责"，并组织人员总结凤阳的经验，帮助包干到户政策条理化和理论化。1979年邓小平鼓励万里"不必陷入争论，你这么干下去就是了，就实事求是地干下去"。此时，中央的强制性制度变迁方向愈发靠近农民的需求和自发组织的诱致性制度变迁，但仍存在差异。

（三）突破

1980年，影响中央决策的因素发生了变化。政治决策层的价值观的转变是解释制度变迁的重要因素之一（赵德余，2008），邓小平对包产到户的支持彻底改变了强制性制度变迁的走向。邓小平于1980年5月发表了《关于农村政策问题》的重要讲话，明确表态支持包产到户，给了全国继续推进改革的信心（张广友，1994）。同时，农民对包产到户的呼声也愈加强烈。1981年12月，万里主持召开第一次全国农村工作会议，各地传来的消息几乎都是"队不如组，组不如户，不包到户稳不住"。

在这一阶段，中央对农民的需求作出了较以往更加有力地回应。首先，逐步解决中央内部的矛盾。一方面，进行了一系列重要的人事变动。改革初期，中央主要领导人在包产到户问题上存在巨大分歧，导致农村政策摇摆不定，农民对改革缺乏信心。为此，从 1980 年初起，中央进行了一系列重要的人事变动。另一方面，深入了解地方实践情况。中央多次组织较大规模的调查，如国家农委组织的大学生暑期百村调查、中国农村发展问题研究组的安徽调查、国务院农村发展研究中心组织的全国性定点取样调查等（杜润生，2005），理论工作者和实际工作者深入农村，形成了一系列有分量的报告，便于对包产到户进行理论上的澄清并解决实际问题（徐勇，1998）。

其次，协调地方之间的冲突。十一届三中全会决议强调了地方积极性，指出实践是检验真理的唯一标准，为分省决策提供了合法依据（周其仁，1995）。接着，邓小平于 1980 年提出要进行政治体制改革，将中央的部分权力下放来加强地方政府的自主权，此后通过一系列放权让利改革战略和财政分灶吃饭体制的推行，地方政府逐渐具有了独立的行为目标和行为模式（杨瑞龙，1998），这一方面弱化了国家对农村社会经济活动的集中控制，另一方面使地方政府和农民有了一定的自主权。地方自主权的提高在激励地方改革的同时，也使地方之间的差异逐渐加大。不同地方领导对于包产到户的态度不同，如在 1980 年 9 月的各省、市、自治区党委第一书记座谈会上，辽宁的任仲夷、内蒙古的周惠、贵州的池必卿等少数人公开赞成包产到户，黑龙江的杨易辰等则坚决反对，但多数人还是表示沉默。同时，由于历史、地理和领导人偏好等多种因素，各地方改革的步骤、模式和进度都不同，加上历史上中央态度的频繁变动和家庭联产承包责任制的正式规定的缺乏，在本地的改革做法获得国家首肯之前，农民经常会担忧自己行为的合法性，因而在做任何长线投资之前会犹豫不决（科斯等，2013），因此各地方都想把本地的经验写进中央政策，力争自己模式的全局合法化，这导致了地区之间的分歧（周其仁，1995）。此时，中央的作用便凸显出来，中央通过组织专家团队实地调研、综合各地实践经验、不断沟通和谈判等措施，颁布了一系列中央文件，由松到紧逐渐形成了较为统一的生产模式，如 1980 年 9 月中共中央发布的《关于进一步加强和完善农业生产责任制的几个问题》（又称"75 号文件"）中规定："当前，在一部分省区，在干部和群众中，对于可否实行包产到户（包括包干到户）的问题，引起了广泛的争论。为了有利于工作，有利于生产，从政策上做出相应的规定是必要的。我国多数地区集体经济是巩固的或比较巩固的；但也有一些地区，主要由于'左'倾政策或其他领导工作上的原因，集体经济没有办好，生产力水平依然很低，群众生活十分困难。根据这种情况，对于包产到户应当区别不同地区、不同社队采取不同的方针。"而对于个别对包产到户采用"死堵"态度的省份，中央领导人前往地方进行宣传推广（杜润生，2005）。

最后，在中央政府和主要领导人的推动下，人们进一步解放思想，向推动改革前进的方向靠拢。1980年1月，邓小平发表《目前的形势和任务》的讲话，要求在农业战线上继续肃清极左路线的流毒。同年9月，中央下发75号文件，这是一个申明可以实行包产到户的中央文件，文件肯定了2年来各地农业生产责任制对农业生产发展的重大意义，并明确提出"在生产队领导下实行的包产到户是依存于社会主义经济，而不会脱离社会主义轨道的，没有什么复辟资本主义的危险，因而并不可怕"，是解决贫困地区农业生产问题的好方法。1982年1月，中央发布《全国农村工作会议纪要》，第一次以中央文件的形式明确了包产到户的社会主义性质，彻底结束了长久以来关于包产到户的性质的争论，从根本上将包产到户纳入了社会主义经济体制的范畴，给予了包产到户合法性，完成了家庭联产承包责任制改革这一制度变迁中最重要的一步。至此，中央的强制性制度变迁与农民的诱致性制度变迁实现了方向上的一致。

可以看出，家庭联产承包责任制改革的过程是一个中央与农民不断互动的动态过程。在环境的诱发下，农民产生了制度变迁的需求，并自发开启诱致性制度变迁，形成实践经验向上传达给中央；中央在考虑政治和经济、效率与公平等多种因素后作出决策，对农民的需求作出回应，开启强制性制度变迁；而在中央的回应下，农民也会产生新的制度变迁需求和实践经验，如此循环。若最终中央的强制性制度变迁与农民的诱致性制度变迁方向达成一致，则制度变迁将收敛于一个新的均衡。而其中的关键问题是，为什么这次中央会形成与诱致性制度变迁方向一致的强制性制度变迁，即为什么这次改革会成功。一是政府领导人对地方试验给予了持续的支持。随着家庭联产承包责任制改革的不断推进，支持这一改革的各级领导人越来越多，中央主要领导人邓小平也对改革进行鼓励和支持，这与过去失败的三次包产到户尝试中领导人的矛盾态度形成鲜明对比。二是中央不断推行思想解放运动。从改革开始前，中央就开始推进思想解放运动，并通过一次次颁发文件逐渐推行思想解放，最终在法律层面上肯定了家庭联产承包责任制的社会主义性质，给予其合法性。三是中央与农户之间形成了良好的互动。其一，中央和农民的根本目标一致。与前三次尝试只是将包产到户视为恢复生产的权宜之计不同，此次改革中央强调以经济建设为中心，废除"以阶级斗争为纲"的口号，不再像过去一样过度强调"重工业优先发展"，对农业发展和农业政策改革开始高度重视，同时下放权力，给予地方自主权，这与农民渴望改革制度、发展生产的需求相一致，从而易于形成方向相同的制度变迁。其二，分步推进策略减小改革阻力。此次改革采用了渐进式的改革方式，随着实践的调整和中央认知的变化逐步调整政策，协调中央内部和地方之间的矛盾，一点点将口子撕开。其三，高度重视农民需求。前三次失败的尝试都在后期采用了"一刀切"的方式，而此次改革则充分考虑农民的实际需求，多次在文件和讲话中强调要承认既定事实、重视农民意愿，并进行实地调查了解实际情况，根据实际情况进行改革。

四、改革加速（1983—1984 年）：强制性快速推向全国

1982 年以后，家庭联产承包责任制改革变成了强制性制度变迁的主场，中央连续发布一系列重要文件：1983 年中央一号文件把包产到户和包干到户两种责任制正式概称为"联产承包责任制"，指出农村家庭联产承包责任制"是在党的领导下我国农民的伟大创造，是马克思主义农业合作化理论在我国实践中的新发展"，并规定凡是群众要求实行这种办法的地方，都应当支持；1983 年正式宣布废除人民公社；1984 年中央一号文件强调稳定和完善生产责任制，并规定土地承包期应在 15 年以上。这一系列文件将家庭联产承包责任制迅速推广到全国，加速了改革的进程（骆友生等，1995；杜润生，2005；姚洋，2008；林毅夫，2012；科斯等，2013；张红宇，2014）。从表 4 - 8 中可以看出，1982 年以后，实行包干到户的基本核算单位数和农户数迅速增加，到 1984 年已基本遍布全国。

至此，家庭联产承包责任制改革的成功已经"顺理成章"。然而，家庭联产承包责任制的确立，并不标志着中国农地制度创新的终结（骆友生等，1995）。目前，对家庭联产承包责任制的评价并没有形成完全一致的意见，有人认为它适合中国国情，应长期坚持；有人认为它是一项未完成的改革（王景新，2008）；有人认为它只是临时用来替代人民公社解散后的制度空缺；有人认为它忽视了本国的历史教训和人类文明的制度成果；也有人希望这种制度永久化（文贯中，2008）。家庭联产承包责任制是否是最优的选择，要打上一个问号。强权的介入会造成制度多样性的丧失（科斯等，2013）。20 世纪 60 年代中期以来农民创造出了多种田制形式，如"井田制""三田制"等，亦各有千秋，并不比包产到户逊色（高玉凌，2013），但最终只有包产到户被选择留存。改革开放至今，我国其实仍保留着一定程度的"赶超战略"，实行优先发展城市的策略，全面快速推进城镇化，导致城乡收入差距不断加大，大量年轻农村劳动力涌向城市，对农业生产形成巨大影响（张旭等，2018）。20 世纪 80 年代中期以后，改革所激发的增产潜力已消耗殆尽，农业生产出现了徘徊不前的局面（姚洋，1998）。家庭联产承包责任制何去何从，值得进一步思考。

家庭联产承包责任制给农村日后的发展带来了一系列影响。首先，土地碎片化限制了规模经营。家庭联产承包责任制带有特定生产力发展阶段所赋予的

表 4 - 8　1979—1984 年全国农村实行联产承包责任制情况统计表

项目	1979 年 数量	1979 年 比重(%)	1980 年 数量	1980 年 比重(%)	1981 年 数量	1981 年 比重(%)	1982 年 数量	1982 年 比重(%)	1983 年 数量	1983 年 比重(%)	1984 年 数量	1984 年 比重(%)
基本核算单位数（万个）	479.6		561.1		601.1		593.4		589.0		569.2	
实行生产责任制的基本核算单位数	407.0	84.9	521.8	93.0	587.8	97.8	585.9	98.7	586.3	99.5	569.0	100.0
实行定额包工的单位数	267.3	55.7	218.7	39.0	99.1	16.5						
实行联产到组的单位数	119.5	24.9	132.6	23.6	64.9	10.8	53.2	9.0				
实行联产到劳的单位数	15.1	3.2	48.4	8.6	95.2	15.8						
实行包产到户的单位数	4.9	1.0	52.5	9.4	42.1	7.0	52.4	8.8				
实行包干到户的单位数	0.2	0.1	28.3	5.0	228.3	38.0	480.3	80.9	576.4	97.8	563.6	99.1
实行其他形式的单位数	—	—	41.3	7.4	58.2	9.7			9.9	1.7	5.4	0.9

续表

项目	1979年		1980年		1981年		1982年		1983年		1984年	
	数量	比重(%)	数量	比重(%)	数量	比重(%)	数量	比重(%)	数量	比重(%)	数量	比重(%)
乡村总户数（万户）	—	—	—	—	—	—	18 278.5	—	18 523.2	—	18 799.8	—
实行生产责任制的农户数	—	—	—	—	—	—	15 156.1	82.9	17 985.4	97.1	18 397.9	97.9
实行包干到户的农户数	—	—	—	—	—	—	13 249.8	72.5	17 497.5	94.5	18 145.5	96.5

资料来源：黄道霞．建国以来农业合作化史料汇编．北京：中共党史出版社，1992；杜润生．当代中国的农业合作制．下．北京：当代中国出版社，2002.

历史印记，其中最为显著的就是对土地使用权的平均分配（林毅夫等，1999；杜润生，2005；王景新，2008），每户拥有多块肥力不同、位置散落的耕地，这种细小化、碎片化的地块难以规模经营，导致了土地利用效率的低下（张旭等，2018）。其次，调地限制了土地投资和土地流转。家庭联产承包责任制下对土地的划分是以户和每户人口数为参照指标（杜润生，2005），这就导致随着农村人口变化进行的土地调整成为中国农地制度的一个重要特征，而土地调整所带来的地权不稳定对经济绩效产生了负面影响：一是降低了农户进行中长期土地投资的积极性，从而限制农地改良（姚洋，1998；俞海等，2003；丰雷等，2013a）；二是阻碍潜在的土地流转和农地市场的发育（钱忠好，2002；叶剑平等，2006b，2010；丰雷等，2013a）。最后，农村土地产权制度的缺陷导致了地权冲突。家庭联产承包责任制改革后相关产权法律建设存在对集体土地所有权的制度表述模糊、农民所享有的土地产权残缺和不完整（黄鹏进，2014）、家庭承包制的产权主体模糊不清以及对土地经营权的内涵界定不充分（李东雷等，2006）等问题，从而引发了频繁的农村地权冲突，影响农村稳定。这些问题都需要进一步研究探讨。

综上，家庭联产承包责任制改革是诱致性变迁与强制性变迁的结合，是政府作用与农民创新良好互动的成果，"在党的领导下的中国农民的伟大创造"① 是一个中肯的、实事求是的总结评价。连贯起来动态地考察这一改革过程，会发现家庭联产承包责任制改革于 20 世纪 50 年代初已出现萌芽，历经 1956 年以来"三起三落"的酝酿，于 20 世纪 70 年代末 80 年代初开花结果；改革并未结束，之后的"不得调地"、"长久不变"以及"确权登记颁证"等使用权改革是家庭联产承包责任制改革的成功延续，至今仍在进行之中。② 这是一个典型的渐进式改革。

我们系统分析了家庭联产承包责任制改革中诱致性变迁与强制性变迁的互动，并重点考察了作为制度变迁主角的政治企业家的决策行为。研究表明，改革绝非底层农民在中央"明令禁止"的条件下"静悄悄"地进行而取得了成功。政府的作用也并非只是"事后追认""不得不承认"，然后再"加速"推广至全国。现实中并不存在一个首先纯粹由底层"诱致性"发起，然后再纯粹由高层"强制性"执行而成功的制度变迁。事实上，家庭联产承包责任制改革自萌芽之初就得到了政府（包括中央政府）的支持和允许，之后的改革受制于"赶超战略"等约

---

① 1983 年中央一号文件《当前农村经济政策的若干问题》。

② 如果将其视为一个动态的时间序列或随机过程，那么家庭联产承包责任制就是一个历时很长的渐进式改革过程，至今已有 60 多年，前后各 30 多年（之前的"1950 年初至 1980 年初"，以及之后的"1980 年初至今"）。

束条件，使其呈非线性推进，然而政府不仅从未"退出"，而且根据实践变化积极"调适"，从而形成了政府与农民、中央与地方的良好互动，逐步取得了改革的成功。

诺斯认为，组织和企业家是制度变迁的主角，他们对植根于制度框架内的激励作出反应，并塑形了制度变迁的方向（North，1990）。中国的家庭联产承包责任制改革验证了这一论断。已有研究正确地指出家庭联产承包责任制改革中的"农民创造""智慧来自民间"这一诱致性因素，然而只有农民创造是远远不够的，农民之所以能够"创造"，并且这一"创造"影响了制度变迁，是由于政府同时发挥了以下作用：在改革初期给予探索空间，扩大政策可行集；在改革中期与民众互动，积极主动"调适"，并协调冲突（包括中央与地方之间，以及中央内部），努力形成"改革共识"；在改革后期，从多种可能的制度安排中"择优"，进而"上升""固化"为正式规则并"加速"推广，从而形成一个"有效的制度变迁"。①

改革成功的关键在于中央/政府要对来自下层的制度变迁需求作出回应（Ash，1988；Platteau，1996）。这涉及制度经济学的一大难题：在一个正交易费用不确定的现实世界中，制度变迁的方向是多样性的，存在"多重均衡"，那么有效的制度变迁是怎样形成的？在"诱致性-强制性"分析框架下，也就是"二者变迁方向何时一致？需要什么条件？"的问题。目前我们还不能给出一般化的解释，但是中国的家庭联产承包责任制改革可以给我们启发：改革的成功有多方面原因，但其中最关键的一个原因是国家对农民的制度变迁需求作出了积极回应。有限理性的个体与不完全信息的政府通过上下良好的互动，特别是随着地方实践成果的涌现，相关信息不断上报，中央积极主动进行"调适"（包括具体政策的陆续微调），这样经过长期渐进的积累，终于找到双方"共赢"的制度安排。相应地，之前多次改革尝试的失败，固然是由于外部条件尚不成熟，但更重要的是由于领导人的抉择以及"赶超战略"等来自国家的诸多考虑未对农民需求作出回应，每次的短暂调整都成了"权宜之计"。连贯地、动态地看，早期的改革尝试虽然失败，但这些尝试为后来改革的成功打下了基础；而这一成功也只是阶段性的成功，问题并未得到全部解决，改革仍需深化。

---

① 新的中央正式规则推向地方，地方会根据中央政策目标要求（"强制性"）并结合地方资源禀赋条件（"诱致性"）实施中央政策，进行制度调整或创新，一个新的制度变迁开始……如此循环往复（Feng et al.，2014）。

第四节　"不得调地"制度改革[①]

家庭联产承包责任制改革的成功为中国农地使用权改革的阶段性胜利奠定了基础，改革仍在继续。如前所述，土地调整是内生于家庭联产承包责任制的一种制度安排，"不得调地"制度改革是家庭联产承包责任制改革的后续，是中国农地使用权改革整体过程中的重要一环。本节首先从土地调整的现状、原因以及农户态度等方面，描述分析中国农村土地调整的时序变化及地区差异；其次分析中国农村土地调整的正式规则的变迁，特别是中央"不得调地"政策的渐进式实施特征；最后是计量检验，重点验证上一章提出的假说1和假说2。

一、中国农村土地调整的现状和特点

对1999—2010年5次17省农地调查数据进行描述分析，可以得出以下主要结论。

（1）二轮承包后，实际土地调整明显减少，土地调整的频率逐步减缓。首先，自分田到户（1984年）至1999年和2001年，进行过土地调整的村占全部被调查村的比例分别为79.9%和82.6%；自二轮承包（1993年）至2008年和2010年，进行过土地调整的村占比分别为37.5%和40.1%，与分田到户以来的调地比例相比大大下降（见表4-9）。其次，1999年和2001年的调查显示，在进行过土地调整的村中，约半数的村最近一次调整分别发生在1996年和1997—1998年，即调查前的2～3年，也就是说，约半数的村在2～3年内未调整过土地。2010年调查显示，约1/4的村在10年内未调整过土地，约半数的村在5年内未调整过土地，3/4的村在2～3年内未调整过土地（见图4-7）。可见，经历了1995—1996年和1998—1999年二轮承包及土地调整的高峰期后[②]，相当一

---

①　丰雷，蒋妍，叶剑平. 诱致性制度变迁还是强制性制度变迁？：中国农村土地调整的制度演进及地区差异研究. 经济研究，2013（6）；Feng L，Bao H，Jiang Y. Land reallocation reform in rural China：a behavioral economics perspective. Land Use Policy，2014（41）.

②　调查表明，约69.1%的村在1995—1999年实行了二轮承包，特别是在1995—1996年以及1998—1999年；截至2000年，85.2%的村完成了二轮承包工作，而二轮承包的高峰期大致也是各地进行土地调整的高峰期。

部分村不再调整土地，土地调整的频率逐步减缓。

表 4 - 9　1999—2010 年中国农村土地调整情况

		1999 年	2001 年	2005 年	2008 年	2010 年
分田到户至调查年份进行过土地调整的村	频数	1 231	1 256	—	—	—
	百分比	79.9%	82.6%	—	—	—
二轮承包至调查年份进行过土地调整的村	频数	—	307	721	631	637
	百分比	—	20.9%	36.9%	37.5%	40.1%

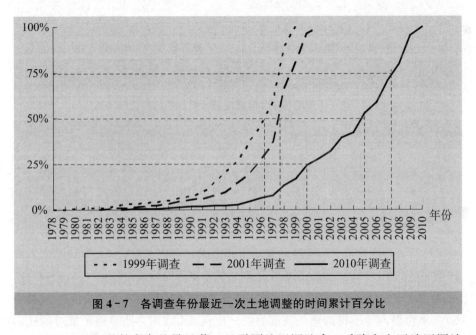

图 4 - 7　各调查年份最近一次土地调整的时间累计百分比

（2）土地调整的省市差异显著，且平原地区调地多，丘陵和山区地区调地少。如图 4 - 8 所示，分田到户以来和二轮承包后土地调整的村均最少的省份是贵州（17.6% 和 7.8%）、广西（36.2% 和 13.6%）和云南（57% 和 21.7%），最多的省份是江西（94.1% 和 51.7%）、山东（91.7% 和 48.1%）和湖南（91.3% 和 43%）。分田到户以来调地相对较多，但二轮承包后调地相较对少的是吉林（87.6% 和 7.6%）、安徽（91.5% 和 20.5%）、黑龙江（88.2% 和 27.4%）和河北（93.4% 和 31.4%）。此外，土地调整的不同地理特征区域的差异显著，即平原地区土地调整的村最多（43.5%），丘陵地区次之（38.1%），山区最少（29.3%）（见表 4 - 10）。

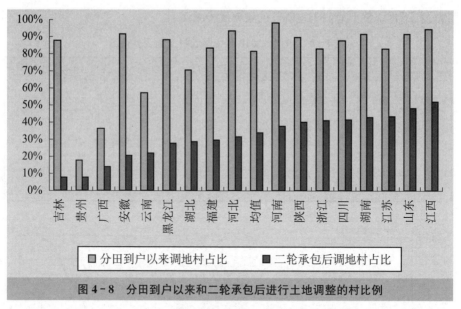

图4-8 分田到户以来和二轮承包后进行土地调整的村比例

表4-10 不同地理条件区域进行土地调整的村比例（％）

调查年份	山区	丘陵	平原
2005	26.8	33.6	45.3
2008	27.1	38.2	41.7
2010	33.9	42.4	43.5
平均	29.3	38.1	43.5

（3）人口变化是引起土地调整的主要原因，支持"不得调地"政策的农户比例明显高于反对的比例。引起土地调整的主要原因除人口变化（69.6％）外，征地（12.2％）和土地整理（6.5％）也是重要影响因素（见表4-11）。支持在30年承包期内"不得调地"政策的农户比例（42.5％）明显高于反对的比例（28.2％）；且地区差异显著，吉林（64.3％）、浙江（48.6％）、四川（48.4％）和黑龙江（47.6％）的支持人数比例最高，湖南（33.3％）、安徽（34.1％）和江苏（35.6％）的支持人数比例最低（见表4-12和图4-9）。

表4-11 进行土地调整的主要原因占比（％）

调地原因	2001年	2005年	2008年	2010年	平均
人口变化	78.8	73.0	64.5	66.1	69.6
征地	10.8	13.9	10.6	13.1	12.2
土地整理	0.7	5.2	8.6	9.0	6.5
自然灾害	0	1.4	1.0	2.6	1.4

续表

调地原因	2001 年	2005 年	2008 年	2010 年	平均
推行规模经营、两田制、反租倒包	2.3	2.5	5.3	2.6	3.3
干部变动	4.7	0.9	2.5	2.4	2.3
其他	2.7	3.1	7.5	4.2	4.7

表 4 - 12　农户对"不得调地"政策的态度占比（%）

调查年份	2001	2005	2008	2010	平均
支持	42.0	43.8	45.3	38.2	42.5
中立	16.0	32.5	33.3	33.2	29.3
反对	42.0	23.7	21.4	28.6	28.2

　　注：在实际调查的问题选项中，"支持"包括"强烈支持"和"支持"；"反对"包括"强烈反对"和"反对"；"中立"包括"不支持也不反对"和"不清楚"。

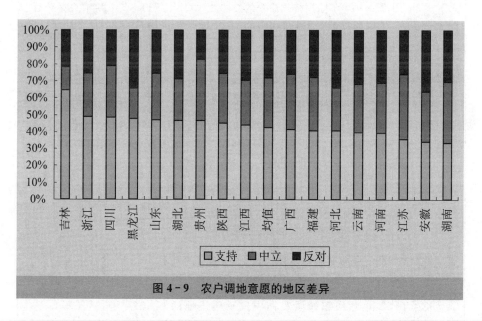

图 4 - 9　农户调地意愿的地区差异

二、中央"不得调地"政策的实施：渐进式改革特征

　　为何在中央"不得调地"政策的强制实施下，各地仍普遍进行土地调整？如前所述，很多学者认为这是由于地方"无视"中央政策所致。实际上，在中国当前这种政治经济体制下，地方政府及农村集体不仅不可能"无视"中央政策，反而会尽力"揣摩"中央政策精神后再作出相应决策。系统梳理自 1984 年

来的中央有关政策，细致体会各项政策的具体文本及其含义，并结合调查数据一起分析，有助于给出更好的解释。总的来看，中央"不得调地"政策的一大特征就是其渐进式的实施方式，即尽管政策的大方向始终一致，但实施的力度却是先松后紧、逐步增强的，可大致分为以下三个阶段（见表4-13）：

表4-13　中国土地调整政策的三个阶段（1984—2010年）

阶段	有关土地调整的具体规定	主要政策、法规名称
Ⅰ（1984—1996年）：既允许小调整，也允许大调整	(1) 可以本着"大稳定，小调整"的原则，经过充分商量，由集体统一调整； (2) 少数第二、第三产业比较发达，大部分劳动力转向非农产业并有稳定收入的地方，可以从实际出发，尊重农民的意愿，对承包土地作必要的调整	(1)《中共中央关于一九八四年农村工作的通知》（中发〔1984〕1号）； (2)《中共中央、国务院关于当前农业和农村经济发展的若干政策措施》（中发〔1993〕11号）
Ⅱ（1997—2007年）：不允许大调整，只允许小调整	(1) 不能将原来的承包地打乱重新发包，更不能随意打破原生产队土地所有权的界限……绝不能用行政命令的办法硬性规定在全村范围内几年重新调整一次承包地； (2) "大稳定、小调整"是指……根据实际需要，在个别农户之间小范围适当调整； (3) 承包期内，因自然灾害严重毁损承包地等特殊情形对个别农户之间承包的耕地和草地需要适当调整的，必须经本集体经济组织成员的村民会议三分之二以上成员或者三分之二以上村民代表的同意，并报乡（镇）人民政府和县级人民政府农业等行政主管部门批准	(1)《中共中央办公厅、国务院办公厅关于进一步稳定和完善农村土地承包关系的通知》（中办发〔1997〕16号）； (2)《中华人民共和国农村土地承包法》（2002年）； (3)《中华人民共和国物权法》（2007年）
Ⅲ（2008—2010年）：强调承包关系"长久不变"以及确权登记颁证	(1) 赋予农民更加充分而有保障的土地承包经营权，现有土地承包关系要保持稳定并长久不变； (2) 强化对土地承包经营权的物权保护，做好集体土地所有权确权登记颁证工作……严禁借机调整土地承包关系，坚决禁止和纠正违法收回农民承包土地的行为； (3) 继续做好土地承包管理工作，全面落实承包地块、面积、合同、证书"四到户"，扩大农村土地承包经营权登记试点范围	(1)《中共中央关于推进农村改革发展若干重大问题的决定》（2008年）； (2)《中共中央、国务院关于2009年促进农业稳定发展农民持续增收的若干意见》（中发〔2009〕1号）； (3)《中共中央、国务院关于加大统筹城乡发展力度进一步夯实农业农村发展基础的若干意见》（中发〔2010〕1号）

注：此表的重点是阶段划分，有关各年相关政策具体规定的更加详细的说明参见表3-1。

　　阶段Ⅰ（1984—1996年）：不仅允许小调整，而且允许大调整。不论是

1984 年中央一号文件，还是 1993 年中发 11 号文件，以及 1995 年《国务院批转农业部关于稳定和完善土地承包关系意见的通知》，其中有关"土地调整"的规定含义是一致的，即不论是采用"可以"或"提倡"的说法，还是规定土地调整所需具备的具体条件如何，实际上都是允许在 15 年或 30 年承包期内进行土地调整，并且允许大调整，尽管对其进行了严格限制。

阶段 II（1997—2007 年）：不允许大调整，但允许小调整。1997 年中办发 16 号文件的措辞开始发生明显改变，明确规定"不能将原来的承包地打乱重新发包"，即不允许"大调整"，但仍然允许"在个别农户之间小范围适当调整"，即"小调整"。该文以及 1998 年的《中华人民共和国土地管理法》中均明确规定了"小调整"的条件，即"必须经村民会议三分之二以上成员或者三分之二以上村民代表的同意，并报乡（镇）人民政府和县级人民政府农业行政主管部门批准"。2002 年的《中华人民共和国农村土地承包法》第二十七条以及 2007 年的《中华人民共和国物权法》中均规定"承包期内，发包方不得调整承包地"，并进一步限制了小调整的条件，即只有"因自然灾害严重毁损承包地等特殊情形"，才能进行小调整。

阶段 III（2008—2010 年）：强调承包关系"长久不变"以及确权登记颁证。2008 年十七届中央委员会第三次全体会议通过的《中共中央关于推进农村改革发展若干重大问题的决定》中，提出"现有土地承包关系要保持稳定并长久不变"，并在之后 2009 年和 2010 年两个中央一号文件中再次强调，要做好"集体土地所有权确权登记颁证工作"，并"全面落实承包地块、面积、合同、证书'四到户'"。自此进入一个严禁土地调整而强调确权登记颁证、重视土地承包关系长期稳定落实的阶段。

总之，可以认为"不得调地"的最终目标是 1984 年就被提出，但是中央政府对这个最终目标的实现采用了灵活的方式。1997 年以前，土地的小调整甚至大调整实际上都是被允许的，但是地方知道中央的目标导向是"不得调地"；1997—2007 年，明确禁止大调整，但仍然允许小调整；到 2008 年以后，才真正开始严禁所有形式的土地调整（尽管事实上的土地调整仍然时有发生）。因此，实际来看，土地调整并没有被立刻禁止，而是在 20 多年的时间里，通过减少土地调整的规模和频率，逐步禁止。中央政策文件规定的灵活解释往往是从地方实践中演变而来的，这显示出制度变迁的诱致性特征，而显著的强制性制度变迁（表现为中央层面的法律及相关规定）与诱致性变迁在这一过程中交汇融合。

结合上述对中央政策与调查数据的描述分析，可以发现，中央政策对全国各地的土地调整产生了显著影响。二轮承包后中央"不得调地"政策的收紧，是导致二轮承包后全国各地土地调整大幅减少的一个主要原因。调查数据显示，全国进行土地调整的村比例从之前的约80％降至二轮承包后的约40％（见表4-9），且调地频率也逐步趋缓（见图4-7），各省比例均显著下降（见图4-8）。因此，中央"不得调地"政策渐进式的实施方式是导致各地进行土地调整并存在显著差异的一个重要原因。也就是说，并非中央政策未起作用，各地也绝非"不理会"中央政策，相反，正是由于中央政策是渐进实施的，不同时期的具体规定具有较大弹性，从而留给地方足够的政策调整空间，使各地能够在充分理解和领会中央政策深层含义的基础上，根据各地的资源禀赋条件和社会经济发展水平作出相应决策。

三、计量检验

（一）数据来源

本部分计量检验所使用的数据主要来自"17省农地调查数据库"（2005、2008、2010年），由于村集体的土地调整行为受区域经济发展水平及产业结构变化的影响，计量模型中还包含县级人均GDP和非农产业比例两个变量，数据均来自国家统计局《中国区域经济统计年鉴》（2006、2009、2010年）。表4-14列出各变量名称、说明及主要描述统计分析结果。

表4-14 变量名称、说明及主要描述统计分析结果

类别	名称		说明	均值	标准差
因变量	是否调地		自二轮承包至调查年份是否进行过土地调整：有调整＝1，未调整＝0	0.30	0.46
	调地次数		自二轮承包至调查年份进行土地调整的次数	0.71	1.56
自变量	地理条件	丘陵	丘陵＝1，非丘陵＝0	0.28	0.45
		山区	山区＝1，非山区＝0	0.37	0.48
	村级变量	人均耕地面积	家庭耕地面积/家庭人口数*（亩/人）	1.47	1.77
		征地	该村二轮承包至调查年份是否进行过土地征收：有征地＝1，未征地＝0	0.33	0.47
		与县城距离	该村与最近乡镇或县城的距离（公里）	9.56	8.91
	地区经济和产业结构	非农产业比例	该村所在县中二、三产业产值的比例（％）	0.74	0.12
		人均GDP	该村所在县人均GDP（万元）	1.59	1.76

续表

类别	名称		说明	均值	标准差
自变量	正式规则及其实施	土地承包经营权证书	发放证书＝1，未发证书＝0	0.58	0.49
	年份虚拟变量	禁止土地调整条款	有禁止调地条款的土地证书＝1，其他＝0	0.07	0.26
	省份虚拟变量	2008 年	2008 年调查＝1，其他＝0		
		2010 年	2010 年调查＝1，其他＝0		
		湖南	湖南＝1，其他＝0		
		……	……		
		安徽	安徽＝1，其他＝0		
观测个数			3 369		

　＊由于中国农村大多采取了按人头平均分配土地的方式，所以采用"人均耕地面积"（即"家庭耕地总面积/家庭人口数"）作为村级人均耕地面积的代理变量。

　　需要说明的是：（1）由于历次调查中样本村的抽取是相互独立的，所以计量检验所用数据是混合数据而非面板数据；（2）2005 年后的调查问卷中所设问题与 2001 年前的问卷有较大差异，1999 和 2001 年问卷中缺少用于计量检验的部分变量，因此计量检验采用 2005、2008、2010 年的调查数据；（3）全部问卷包含 100 多个问题，数据库中包含 800 多个变量，所以我们重点对 2005、2008、2010 年有关土地调整的数据进行了整理。例如对于"是否调地"变量，原问题有 3 个答案，即：1＝有；2＝没有；3＝不清楚。描述分析表明，有约 5％的受访者回答"不清楚"，因此后续描述统计和回归分析中将之视为缺失的数据，未参与分析。此外，对于其他变量的少量数据缺失的情况，也采用完全样本法进行处理，最终形成用于计量检验的有效样本量为 3 369。通过对整理后的数据与之前数据各变量的均值和方差进行比较，以及对不同样本的计量检验结果进行比较分析，并未发现显著差异，因此可将这些样本视为来自同一总体。

　　（二）变量测度和模型设定

　　（1）土地调整（$X_{i,t}$）。土地调整有两种度量方法：被调查村"是否调地"以及"调地次数"，作为本研究中的两个因变量。"是否调地"为 0 - 1 变量，属于限值因变量，我们选择常用 Probit 模型（Brandt et al.，2004；Deininger & Jin，2009）。"调地次数"在"0"处左截尾，为避免选择性样本误差，我们采用常用 Tobit 模型（Brandt et al., 2004；Deininger & Jin, 2009；Kung & Bai, 2011）。

（2）地方禀赋（$L_{i, j, t}$）。有关地方禀赋的自变量包括以下几类：地理条件，包含丘陵、山区 2 个变量；村级状况，包含人均耕地面积、征地、与县城距离 3 个变量；地区经济和产业结构，包含非农产业比例、人均 GDP 2 个变量；以及年份虚拟变量和省份虚拟变量。

（3）中央政策目标（r_t）。对中央政策目标的处理是对我们的理论框架进行实证检验时最具挑战性的任务。首先，这个因素很难直接观察或测量。尽管中央政策目标有一个具体的日期，但它何时生效，以及生效多久都很难进行精确的测量。其次，并非所有影响 r_t 的因素都是可以观测到的，这些影响因素不仅包括地方禀赋特征，还包括诸如国民经济增长目标、社会稳定等难以观测的国家层面变量。

因此，对式 3-3b 进行直接估计容易导致遗漏变量偏误以及测量误差偏误。鉴于上述数据可得性限制，我们将对式 3-3 的估计转化为以下简约形式（reduced form）：

$$X_{i, t} = \alpha_0 + \sum_{j=1}^{k} \alpha_j L_{i, j, t} + \beta r_t^* + \varepsilon_{i, t} \qquad (4-1)$$

其中，r_t^* 是 r_t 的代理变量，它是内生的，并且有测量误差。具体来说，我们使用两个反映正式规则及其实施的变量作为 r_t 的代理变量。第一个变量是村庄是否向村民发放土地承包权证书，即表 4-14 中的"土地承包经营权证书"变量。第二个变量是村庄发放的土地证书中是否包含禁止土地调整的条款，即表 4-14 中的"禁止土地调整条款"变量。这两个变量可以被视为是反映中央"不得调地"政策中期目标的两个不同阶段，"土地承包经营权证书"代表的中期目标要先于"禁止土地调整条款"。对这两个变量的检验不仅是对假说 2 的直接检验，而且也是对我们的理论模型中所蕴含的渐进式改革方式假说的进一步检验。

单纯从技术角度来看，在土地证书中加入在承包期内"禁止土地调整"的条款似乎是多余的。如果一块承包地的租期为 30 年，承租人取得了土地证书，那么在整个租期内，土地的权利应该受到保护。实践中，一般地，任何没有特别禁止的东西都可以认为是可以接受的。如果土地证书中没有特别注明在承包期内"禁止土地调整"，那么意味着允许土地调整。对中央在不同阶段的"不得调整"政策的灵活解读，也意味着在满足一定条件的情况下，可以收回和再调整承包地（见表 4-13 和表 3-1）。所以还是有一些灰色地带，在这里只有基本的土地证书仍无法提供足够的土地权利保障。如果在土地证书中增加"禁止土地调整"这一条款，将会更有效地减少这些灰色地带。换句话说，颁发土地证书提供了基本的土地权利保障，而"禁止土地调整"条款则提供了额外的保障。总之，"土地承包经营权证书"变量体现了土地证书"正规形式"的重要性，"禁止土地调整条款"变量则衡量了这些土地证书"实际功能"的影响。

尽管中央政府在 1997 年就开始要求向所有的承包户发放土地证书，2009 年和 2010 年又连续出台两个中央一号文件强调确权发证。然而，中央政府在土地证书中列入"禁止土地调整"条款的政策要求和执行力度没有那么强。因此，从中央政策的阶段性目标要求来说，至少在产权改革及发放证书的初期阶段，发放证书本身比证书的规范化和标准化（例如，证书内容必须包含"禁止土地调整"等条款）更重要。也就是说，在"不得调地"制度改革过程中，这两个中期目标要求都在起作用，但是相对而言，"土地承包经营权证书"的影响要大于"禁止土地调整条款"的影响。毕竟，截至 2010 年 8 月开展第 5 次 17 省农地调查时，约 50% 的承包户拿到了土地证书，其中只有约 15% 的农户的土地证书中含有"禁止土地调整"条款。这与我们对这两个政策目标变量系数估计的预期一致。

（三）内生性处理与工具变量法

"土地承包经营权证书"和"禁止土地调整条款"两个变量代表了中央政府为实现"不得调地"的最终目标而确定的两个重要的中期指标。这两个变量代表了中央政府的政策目标要求，但同时也受到地方政府政策执行程度的影响，因而在简约模型（4-1）中存在内生性问题，需要重点考虑处理。

学者们注意到了土地调整模型中不同自变量的内生性问题，并进行了讨论（Brandt et al.，2004；Kung & Bai，2011）。但是，绝大多数土地调整模型未考虑土地政策或正式规则变量（如土地证书）的影响，而包含土地证书变量的少量文献则对该变量作了外生性假定。例如，在迪宁格和金（Deininger & Jin，2009）以土地调整和土地征收为因变量的 Probit 和 Tobit 模型中，认为由于绝大多数证书发放是很久以前，当时的村领导现在大都已更换，所以可以将土地证书变量视为外生。又如在桑特-马卡里（Saint-Macary et al.，2010）以越南的农户投资为因变量的 Probit 模型中，认为土地证书往往会同时颁发给某区域的所有农户，所以以土地证书变量并没有内生性问题。

然而在研究中国农村土地调整制度的变迁时，情况有所不同。在这里，土地证书的发放分布在超过 20 年（1984—2010 年）的样本期间以及一个更大、更多样化的地理区域内。模型（4-1）中的地方禀赋变量（$L_{i, j, t}$）不可能完全反映出所有这些时间和空间上的变化差异。忽略这个影响，模型估计将出现内生性偏差。因此，我们使用 Probit-IV 和 Tobit-IV 方法重新估计模型（4-1）（Wooldridge，2010）。

在我们的 Probit-IV 和 Tobit-IV 模型中使用了两个工具变量[①]：选取该村所在县内除该村以外的其他 n_j-1 个被调查村发放土地承包经营权证书的比例以及证书中包含禁止土地调整条款的比例分别作为"土地承包经营权证书"和"禁止土地调整条款"两个变量的工具变量。选择理由如下：工具变量的选择条件是其与内生变量具有较强相关性，而且必须外生，即与回归方程中的误差项不相关。由于同一县中其他村发放土地证书的状况反映的是该县的发证状况，这可能与该村是否发证相关，但是由于剔除了该村，所以与该村的土地调整决策没有直接联系，因此，将同一县内其他 n_j-1 个村发放土地证书及包含禁止土地调整条款的平均值分别作为该村土地证书和禁止土地调整条款的工具变量是可行的。

（四）估计和检验结果

表 4-16 显示了 Probit 和 Probit-IV 模型，以及 Tobit 和 Tobit-IV 模型的估计检验结果。为检验工具变量的选择是否合适，首先，分别对"土地承包经营权证书""禁止土地调整条款"与其各自的工具变量进行斯皮尔曼相关分析，相关系数值分别为 0.56 和 0.52，并且均在 1% 的显著性水平上统计显著；其次，分别将两个工具变量加入 Probit 和 Tobit 模型，以检验工具变量的外生性，即它们是否对因变量有直接影响，这也视为一个过度识别检验（Kung & Bai，2011）。检验结果表明，两个工具变量对因变量均无显著的直接影响。因此，"土地承包经营权证书"和"禁止土地调整条款"的工具变量的选择是合适的。这一点还可以进一步从表 4-15 的 Probit、Tobit 模型与采用工具变量法的 Probit-IV、Tobit-IV 模型的结果比较中看出来。采用工具变量法的模型中，绝大多数其他自变量系数的符号、大小以及显著性均无明显变化，但"土地承包经营权证书"和"禁止土地调整条款"两个关键变量的系数大小及显著性变化明显。"土地承包经营权证书"的显著性不变，但系数绝对值明显增加；"禁止土地调整条款"的系数则在工具变量模型中不再显著。下面我们分别解释上述估计检验结果对诱致性制度变迁和强制性制度变迁两个假说的具体验证。

（1）诱致性制度变迁假说的验证。不论是否采用工具变量法，"是否调地"模型以及"调地次数"模型的估计检验结果均验证了假说 1（即诱致性制度变迁假说）的成立。丘陵和山区两个变量的系数为负且显著，显示出固有的地理条件因素对农村土地调整行为的显著影响，即村庄所处地区地理条件越差，则土地调整的交易成本（包括测量成本以及协调或谈判成本等）越高，从而越倾向于减少土地调整。这与龚启圣和周飞舟（1999）的案例分析以及其他学者的以大调整比例为因变量的计量检验结论（Kung & Bai，2011）一致。

---

① 工具变量的选择主要基于 Kung & Bai（2011）中的使用方法。

表 4 - 15　"是否调地"和"调地次数"模型的估计和检验结果

类别	名称	因变量：是否调地				因变量：调地次数			
		Probit		Probit-IV		Tobit		Tobit-IV	
		系数	标准误	系数	标准误	系数	标准误	系数	标准误
地理条件	丘陵	-0.122 9*	0.068 7	-0.119 6*	0.069 0	-0.649 2***	0.216 5	-0.637 6***	0.218 1
	山区	-0.220 4***	0.074 1	-0.211 3***	0.075 2	-0.644 8***	0.233 0	-0.620 4***	0.237 4
村级状况	人均耕地面积	-0.024 3	0.017 0	-0.024 5	0.017 2	-0.069 4	0.055 1	-0.070 3	0.055 7
	征地	0.426 8***	0.052 3	0.429 6***	0.052 4	1.378 2***	0.164 4	1.387 3***	0.165 2
	与县城距离	0.010 0***	0.002 8	0.010 2***	0.002 8	0.031 4***	0.008 9	0.032 2***	0.008 9
地区经济和产业结构	非农产业比例	0.680 5**	0.294 2	0.683 2**	0.295 6	2.114 6**	0.941 1	2.104 7**	0.947 2
	人均 GDP	-0.029 6*	0.018 1	-0.029 3*	0.018 1	-0.112 0*	0.058 6	-0.112 0*	0.058 9
正式规则及其实施	土地承包经营权证书	-0.134 9*	0.053 1	-0.190 2*	0.111 2	-0.483 9***	0.167 5	-0.636 9*	0.354 8
	禁止土地调整条款	-0.177 9*	0.110 4	-0.155 1	0.165 9	-0.614 5*	0.354 8	-0.678 9	0.528 6
年份虚拟变量	2008 年	-0.030 4	0.065 6	-0.033 6	0.065 9	0.124 5	0.208 4	0.120 6	0.209 8
	2010 年	-0.102 2*	0.060 6	-0.088 3	0.064 3	0.164 6	0.191 7	0.190 3	0.204 4
省份虚拟变量	湖南	-0.284 6**	0.138 1	-0.283 3**	0.138 5	-0.772 3*	0.418 2	-0.774 3*	0.420 4
	湖北	-0.556 7***	0.141 8	-0.561 2***	0.143 4	-1.660 8***	0.438 6	-1.679 5***	0.445 0
	浙江	-0.330 7**	0.137 9	-0.335 6**	0.138 9	-0.843 6**	0.413 5	-0.840 0**	0.418 1
	江苏	-0.309 3**	0.140 7	-0.300 6**	0.141 8	-0.908 8**	0.422 1	-0.892 4**	0.426 4
	江西	-0.246 9*	0.138 2	-0.241 8*	0.138 6	-0.580 0	0.419 8	-0.561 6	0.422 5

续表

自变量		因变量：是否调地				因变量：调地次数			
类别	名称	Probit		Probit-IV		Tobit		Tobit-IV	
		系数	标准误	系数	标准误	系数	标准误	系数	标准误
	福建	−0.815 7***	0.143 6	−0.821 6***	0.144 3	−2.630 4***	0.448 1	−2.661 8***	0.451 0
	吉林	−1.244 1***	0.164 7	−1.239 9***	0.165 2	−3.908 9***	0.529 8	−3.915 2***	0.532 5
	黑龙江	−0.690 6***	0.164 3	−0.696 2***	0.165 6	−1.880 4***	0.513 1	−1.911 0***	0.517 7
	四川	−0.205 6	0.146 8	−0.199 2	0.148 9	−0.316 9	0.446 9	−0.298 3	0.455 3
	广西	−1.162 7***	0.152 9	−1.156 5***	0.153 7	−3.640 4***	0.488 5	−3.635 7***	0.492 1
	贵州	−1.772 8***	0.186 8	−1.777 1***	0.187 1	−5.499 2***	0.593 5	−5.509 0***	0.596 5
	云南	−0.916 8***	0.147 2	−0.914 3***	0.147 6	−2.970 8***	0.463 9	−2.963 2***	0.466 2
	陕西	−0.312 6**	0.157 9	−0.330 5**	0.159 0	−1.241 2***	0.484 3	−1.291 9***	0.488 8
	河北	−0.581 1***	0.132 6	−0.592 5***	0.134 9	−2.093 4***	0.406 3	−2.135 9***	0.414 2
	河南	−0.478 8***	0.137 8	−0.483 7***	0.138 3	−0.606 8	0.412 7	−0.624 3	0.414 7
	安徽	−1.307 0***	0.156 1	−1.298 9***	0.157 4	−4.247 3***	0.502 2	−4.241 5***	0.507 4
观测个数		3 369		3 360		3 369		3 360	
LR chi²/Wald chi²		503.98 (p=0.000 0)		417.18 (p=0.000 0)		528.14 (p=0.000 0)		409.17 (p=0.000 0)	
Pseudo R²		0.122 8		—		0.067 4			

注：模型包含截距项但未汇报；*、**、***分别表示在10%、5%、1%的显著性水平上统计显著。

人均 GDP 的系数为负且显著，进一步支持了诱致性制度变迁假说，即经济增长同时带来土地价值和劳动力价值的提高，但是由于前者提高更多，导致土地的相对稀缺程度增加，从而产生减少土地调整、农地产权界定更加清晰的诱致性需求。非农产业比例的系数为正且显著，这与假说不符，对此解释如下：一方面，非农就业的增加减少了农民对土地的依赖，降低了土地的相对稀缺程度，也减少了调地的交易成本；另一方面，非农产业部门的发展引起的农村人口变化直接导致了对土地调整的实际需要。

由于模型中未包含土地价格变量，但包含了所调查村与最近县城的距离变量，因此可以将该变量视为所调查村平均土地价格的代理变量，即与县城距离越近，土地价格越高，而模型的检验结果表明，相应的土地调整越少，这可以看作是诱致性制度变迁假说的又一个证据。

检验诱致性制度变迁假说时，最有意思的一个变量是人均耕地面积，这是反映人地比特别是土地相对稀缺程度的关键变量。检验结果表明，该变量系数为负，但不显著。① 那么，这是否意味着诱致性制度变迁假说不成立呢？我们认为，并不能由此简单地否定诱致性制度变迁假说。很多学者都注意到了耕地对农户所具有的社保功能（Kung，1995；姚洋，2000a，2000b；朱冬亮，2002；张三峰等，2010），由于中国人多地少且土地相对稀缺（调查显示，农民人均耕地面积仅为 1.4 亩），所以土地不仅是生产工具，还成为农民的生活乃至生存保障。因此，在人均耕地面积很小而耕地的社保功能居于主导地位时，要求增加土地调整的效应（可称为"农地社保功能效应"）可能会超过由于土地相对稀缺程度和相对价格提高所引致的减少土地调整的效应（可称为"诱致性变迁效应"），最终的结果取决于二者的相对大小。检验结果表明，"诱致性变迁效应"与"农地社保功能效应"大致抵消，表现为人均耕地变量的系数不显著。

（2）强制性制度变迁假说的验证。不论是否采用工具变量法，"是否调地"模型以及"调地次数"模型的估计检验结果都为假说 2（即强制性制度变迁假说）的成立提供了证据。描述分析部分表明，中央"不得调地"的正式规则是导致二轮承包后全国各地土地调整大幅减少的主要原因。这里的计量检验进一步证明，土地承包经营权证书的发放对土地调整的减少具有显著影响。这一实证分析结果至少包含两点重要含义：一是中国农村土地调整制度的演进受资源禀赋特征、社会经济发展等诱致性需求影响的同时，政治决策在这一制度变迁

---

① 该结论经过多个模型检验，结论一致：在增加了"土地承包经营权证书"和"禁止土地调整条款"工具变量的外生性检验模型中，在增加了"发放规范的土地证书"变量的稳健性检验中，以及在采用另一样本量的 Probit 和 Probit-IV 模型检验中，该变量系数均不显著。限于篇幅，稳健性检验结果在此省略。

过程中也发挥了重要作用，这种由中央政府发起并主导的自上而下的改革，通过"多数原则"（如允许转移支付，以及政治上的联合、游说、权力交易等）有可能实现有效的制度变迁（姚洋，2003a）。二是这一结论与新制度经济学的基本逻辑一致，即在交易费用大于零的真实世界里，市场机制发挥资源配置功能的前提是产权的清晰界定，而保障产权界定的关键是法治（rule of law）的建立和完善，其中的一个具体措施就是使产权人持有有效证明其产权的正式文件（例如中国农村的土地承包经营权证书），这有利于增强地权稳定性，进一步唤醒了原本未得到充分利用的"沉睡资本"，从而提高资源配置效率（Soto，2000）。

目前正式土地产权证明文件的发放或者说产权的"正规化"对于地权稳定性的影响是否显著还存在广泛争论，探讨这些正式规则及文件产生预期效果所必需的条件是一个前沿领域研究。[①] 那么，为什么中央主导的以增进地权稳定性为目标的中国农村土地调整制度改革取得了一定的成功，土地承包经营权证书的发放确实显著减少了土地调整，增进了地权稳定性呢?[②] 其中的经验尚需进一步深入研究和系统总结，但有一点是明确的，中国政府所采用的渐进性的改革方式是其成功的一个关键。正式规则、非正式约束及其实施特征是构成制度的三个基本要素，制度变迁过程表现为这三者的边际调整，也就是说，三者的互动决定了制度变迁过程（North，1990）。在中国的农村土地调整制度变迁中，中央"不得调地"的政策并非一开始就明确强制、毫无弹性地完全禁止土地调整，而是采用了一种目标一致但逐步强化的灵活而有弹性的实施方式，具体表现为不同时期中央政策规定文本上的"模糊性"。正是这一"有意模糊"（Ho，2005）的渐进式实施特征，为中央正式规则的形成、地方政府的有效实施，以及非正式约束等制度要素的协调及互动创造了条件，最终形成了有效的制度变迁。

具体来说，首先是中央正式规则与地方有效实施的互动。在二者互动的过程中，中央政府和地方政府都会基于对地方资源禀赋特点、发展水平等因素的

---

① 目前该领域文献的主流观点是，国家介入（state intervention）主导的产权改革效果并不明显，证书发放本身的影响不显著，国际经验特别是很多非洲国家的实践表明，发放正式的产权证明文件或者单纯的产权正规化（formalization of property rights）有很多失败的案例。重要的是必须有相应的配套制度，例如正式规则的条款界定应该是明晰而非模糊的（Roth et al.，1989），地方政府对中央正式规则的实施成本降低（Saint-Macary et al.，2010），或者由地方而非中央主导产权改革更有效（Toulmin，2008）。对土地产权正规化以及产权改革中的政府作用的综述可参考 Sjaastad & Cousins（2008）以及 Deininger & Feder（2009）。此外，Deininger（2003）基于世界银行的经验，对发展中国家土地产权改革实践有一个综述；Rozelle & Swinnen（2004）对东亚、中东欧以及独联体等转型国家农村价格改革、市场改革以及产权改革的实践有一个综述和比较分析。

② 这一结论也经过了多个模型的检验，结果具有稳健性。限于篇幅，稳健性检验结果在此省略。

"现实考虑"，以及对提高农地利用效率、农民收入水平和促进农业增长的"效率考虑"而进行相应决策，从而保证了中央政策制定与地方有效实施之间的良好互动，有利于促成目标一致的制度变迁。其次是中央正式规则、地方实施以及非正式约束的互动。在中央"不得调地"政策的渐进式实施过程中，中央及各级地方政府会努力宣传有关政策以使下级政府、农村集体以及农户等逐步熟悉了解相关政策（Deininger & Jin, 2009），并且这一针对农民土地权利的宣传特别是基层（村）一级的宣传工作对于增加农户土地投入和提升农民对未来地权稳定的信心具有促进作用（叶剑平等，2010）。土地承包经营权证书的发放是逐步进行的，中央政府从 1997 年开始向农民发放书面证明文件以确认 30 年土地使用权①，1999 年 17 省农地调查结果表明，约 40％的农户持有土地承包经营权证书，到 2005 年这一比例增至约 50％，到 2010 年约 60％。这种渐进的实施方式，不仅有利于地方政府逐渐理解并有效执行中央政策，也有利于农民增强对市场和产权功能的认知，使得"不得调地"政策逐步得到农民的拥护，同时也有利于政府、村集体以及农户综合权衡农地利用效率（市场化配置、地权稳定性等）与公平（农地均分、农地社保功能等）之间的关系，从而促成有效制度变迁。

此外，土地承包经营权证书的发放本身就非常重要，特别是在改革的初期阶段，证书的发放本身可能比证书的规范性（如证书中包含禁止土地调整条款等）更加重要。计量检验结果表明，尽管"禁止土地调整条款"变量的系数在 Probit 模型和 Tobit 模型中均在 10％的显著性水平上统计显著，但是在采用工具变量法的 Probit-IV 和 Tobit-IV 模型中均不显著（见表 4 - 15）。为进一步检验假说 2 的后半部分，即"土地承包经营权证书越规范，则该村越倾向于不调整土地"，我们构建了一个"发放规范的土地证书"变量②，该变量取值为 1 表示证书"规范"，取值为 0 表示证书"不规范"。在增加了"发放规范的土地证书"变量的 Probit 和 Tobit 模型以及应用工具变量法的 Probit-IV 模型和 Tobit-IV 模型中，检验结果均表明，该变量系数不显著。因此，我们无法证明证书的规范性对减少土地调整的显著影响。至少在产权改革及发放证书的初期阶段，证书本身比证书的规范更重要，作用也更显著。也就是说，为增强地权稳定性，可能更为务实的做法是，第一步先保证都有证书，而证书的规范性是第二步的问题。

---

① 《中共中央办公厅、国务院办公厅关于进一步稳定和完善农村土地承包关系的通知》（中办发〔1997〕16 号）。

② 所谓"规范的土地证书"是指土地承包经营权证书的内容中包含全部前 6 项，缺少其中任何 1 项均视为"不规范"（叶剑平等，2010）。

（五）进一步分析和讨论

首先，尽管中国农村土地制度持续处于变动中，但其演进证据仍然支持主要基于长期历史分析所得出的"诱致性制度变迁假说"，即资源相对稀缺程度和相对价格的变化是制度变迁的重要来源。同时，中国农村土地制度的演进很大程度上是强制性制度变迁的结果，中央政府的决策显著影响了制度变迁的总体路径。资源禀赋条件的变化引致了"自发"的诱致性制度变迁需求，如果这一需求能够得到中央正式规则的支持并得以全面推广，则方向一致的强制性制度变迁形成；而符合资源禀赋条件和市场需求变化的中央正式规则的实施，在很大程度上是诱致性制度变迁的延续，并进一步巩固了诱致性制度变迁的成果。我们对中国农村土地调整制度演进的分析初步证明了这一点。仍需进一步讨论的是，强制性制度变迁的方向在什么条件下会与诱致性制度变迁方向一致，又会在什么条件下方向相反。具体到中国的农地制度演进的实例中，需讨论为什么中央会选择进行分权让利的改革，其决定性因素又是什么。

其次，渐进式与激进式改革的优劣，即这一制度变迁的实施问题，也有待进一步探讨。诺斯认为绝大多数的制度变迁都是渐进的（North，1990），这一"关于制度变迁最重要的论点"在中国农地制度的演进中得以充分体现，改革开放后中国农村的土地制度演进采用了一种渐进的变迁模式，这种渐进的变迁模式以及与之密切联系的产权明晰的市场取向改革，成为中国农村经济乃至总体经济持续增长的一个关键。然而，这种"有意模糊"的正式规则，一方面由于其灵活而富有弹性，给地方以及未来发展留出足够调整空间，从而能够有效地应对巨大的地区差异以及未来发展的不确定性；另一方面，由于产权界定不清晰而产生"租金耗散"成本，以及由于规则不明确导致市场主体无法形成稳定预期等成本。例如，当未来资源禀赋条件或社会经济状况发生变化，如非农产业越来越发达，劳动力流出农村越来越多，外部资本加快进入农村以及非人际关系化交换大量增加时，这种"有意模糊"的制度安排的成本会越来越高。中央是否应该"提前"预测到这种变化，通过制定统一的正式规则进行更加明确的农地产权界定，或者是否应该进一步放权，明确给予地方更多自主权，鼓励地方制度创新，"提前"制定适合地方特点的地方规则，是有待进一步探讨的问题。

最后，非正式约束对中国农村土地调整制度演进的影响值得深入探讨。影响农村土地调整制度演进的非正式约束包括长期以来"均贫富"的乡村传统文化特征以及近期集体所有制约束所形成的"土地均分"的观念，农村集体以及农户个体对市场作用和产权功能的认知，对耕地社保功能的认知以及由此形成的对中央政府"不得调地"政策的态度等。农户对中央"不得调地"政策的态

度是复杂的，随时间的变化是非线性的，17 省农地调查数据表明，2001—2008
年农户对该政策的支持程度是增加的（由 42％增至 45％），明确反对的比例大
大下降（由 42％降至 21％），但是 2010 年支持的比例（38％）比 2008 年显著
下降，反对的比例则上升（由 21％到 28％），这可能与近些年征地、土地调整
造成人地比变化从而直接增加了土地调整需求以及引起了农民对征地补偿不满
意等相关。但是不管怎样，这一非正式约束的变化对农地制度演进的影响，与
正式规则及其实施特征的关系，以及这一非正式约束本身的决定及其影响因素，
都是重要而有趣的研究题目。

综上，我们应用 2005—2010 年中国 17 省农地调查数据进行实证分析，为
上一章提出的基于前景理论的融合诱致性-强制性变迁的统一分析框架提供了经
验证据。研究表明，中国农村土地制度调整改革中诱致性变迁与强制性变迁的
关系是互补的而非替代的，各地方的土地调整决策和频率受地方禀赋以及中央
政策要求的双重影响。中国农村土地调整制度改革是渐进式的，不同阶段的中
央政策中期目标逐步生效。中央自上而下实行的"不得调地"政策显著减少了
各地的土地调整次数，中央政策的渐进性实施方式是造成各地土地调整差异的
重要原因。也就是说，在中央统一的"不得调地"政策要求下，各地仍然频繁
进行土地调整并呈现出"千差万别"的制度安排，并不是因为中央政策"无
效"，也不是因为地方政府"无视"中央政策要求，相反，正是由于不同阶段中
央规定的灵活性给了地方足够的空间来因地制宜地落实执行。这一过程使所有
地方缓慢而稳定地朝着中央要求的"不得调地"的最终目标前进。总之，中国
的经验表明，国家或政府在制度变迁中的角色非常重要，政府在社会经济领域
的某些方面的正确决策能够提高几亿人的福利水平。而"不得调地"制度改革
的渐进式实施，正是这一改革得以成功的关键。

第五节　农户行为：农户态度及学习效应[①]

一、农户是否支持中央"不得调地"政策？

（一）农户对地权稳定性的认知

这里仍然应用 1999—2010 年的 17 省农地调查数据进行描述分析。17 省农
地调查中有关农户对当前地权稳定性认知的问题有四个：（1）"你认为当前政策

---

① 丰雷，蒋妍，叶剑平，等．中国农村土地调整制度变迁中的农户态度：基于 1999—2010 年
17 省份调查的实证分析．管理世界，2013（7）.

法规规定了30年不调整吗"；（2）"你认为当前政策法规规定了家中有人死亡，死者的承包地要退回给村里吗"；（3）"你认为当前政策法规规定了家中有人搬到县城并转为城市户口，就要退承包地给村里吗"；（4）"你认为当前政策法规规定了如果村里的一位女性嫁到外村，要退承包地给村里吗"。

调查表明，大部分农户（73%）都正确地认识到"当前政策法规规定了30年不调整"，但是对于具体的由于人口迁移（城市化）、婚丧嫁娶等引起的人口变化不应收回承包地①的认知并不完善，且差异显著。正确认识到"当前政策法规规定了家中有人死亡，死者的承包地不必退回给村里"的农户比例有58.0%，认为要退的有30.3%；正确认识到"当前政策法规规定了家中有人搬到县城并转为城市户口，不必退承包地给村里"的农户只有39.6%，认为要退的有43.9%；正确认识到"当前政策法规规定了如果村里的一位女性嫁到外村，不必退承包地给村里"的农户只有43.9%，而认为要退的有45.7%。好消息是，农户对这三个问题的正确认知程度是随着时间的推移不断提高的（见表4-16）。

表4-16　农户对当前地权稳定性的认知

		2005年	2008年	2010年	合计
当前政策法规规定了30年不调整	频数	1 548	1 225	1 107	3 880
	百分比	78.9%	69.8%	69.3%	73.0%
当前政策法规规定了家中有人死亡，死者的承包地不必退回给村里	频数	1 072	—	1 130	2 202
	百分比	54.6%	—	61.6%	58.0%
当前政策法规规定了家中有人搬到县城并转为城市户口，不必退承包地给村里	频数	693	684	733	2 110
	百分比	35.3%	38.9%	45.6%	39.6%
当前政策法规规定了如果村里的一位女性嫁到外村，不必退承包地给村里	频数		747	728	1 475
	百分比	—	42.6%	45.3%	43.9%

① 根据2002《中华人民共和国农村土地承包法》第二十六条的规定，承包期内，承包方全家迁入小城镇落户的，应当按照承包方的意愿，保留其土地承包经营权或者允许其依法进行土地承包经营权流转。承包期内，承包方全家迁入设区的市，转为非农业户口的，应当将承包的耕地和草地交回发包方。也就是说，只要家里有人而非全家迁入设区的市，转为非农业户口的，不必退承包地。第三十条明确规定，承包期内，妇女结婚，在新居住地未取得承包地的，发包方不得收回其原承包地。也就是说，女儿嫁到外村如果在该居住地获得了承包地的才必须退回承包地，只是嫁到外村不必退承包地。此外，虽未明文规定承包家庭中有人死亡是否应退回承包地，但由于我国农村土地承包是以"家庭"为单位，这一点非常明确，所以只有因承包人死亡导致承包经营家庭消亡的才必须退回承包地，只要家庭不消亡就不必退。

（二）农户对中央"不得调地"政策的态度

有关农户对中央土地政策态度的问题主要有两个：一是"你是否支持 30 年不变政策"（1999—2001 年调查）；二是"你是否支持不得调地政策"（2001—2010 年调查）。对于前者的调查结论与有关文献的观点基本一致（河南省农调队，1999；曲福田等，2001；赵阳，2007；洪名勇等，2007），不存争议。1999年和 2001 年的 17 省农地调查表明，明确表示支持"30 年不变政策"的农户有66.4%，明确表示反对的只有 10.6%（见表 4-17）。

表 4-17　农户对"30 年不变"和"不得调地"政策的态度（%）

调查年份	是否支持"30 年不变"政策			是否支持"不得调地"政策				
	1999	2001	平均	2001	2005	2008	2010	平均
支持	69.1	63.7	66.4	42.0	43.8	45.3	38.2	42.5
中立	21.3	24.7	23.0	16.0	32.5	33.3	33.2	29.3
反对	9.6	11.6	10.6	42.0	23.7	21.4	28.6	28.2

注：在实际调查的问题选项中，"支持"包括"强烈支持"和"支持"；"反对"包括"强烈反对"和"反对"；"中立"包括"不支持也不反对"和"不清楚"。

与大部分农户明确支持"30 年不变政策"不同，农户对中央"不得调地"政策的态度是复杂而矛盾的，这不仅表现在表示"支持"、"中立"和"反对"的都有相当的比例，而且时序变化和地区差异也很显著。从 2001—2010 年的 17省农地调查中，可以得出以下几点结论：首先，尽管农户对在 30 年承包期内"不得调地"政策的态度是复杂矛盾的，但是支持该项政策的农户比例（42.5%）仍然显著高于反对的比例（28.2%）。此外，还有相当一部分农户表示"中立"（29.3%）。其次，从农户态度的时序变化看，2001 年调查中有 42%的农户"反对"，与"支持"的比例相当，但 2005 年后"反对"的比例显著下降（23.7%），其中大部分转为"中立"，这说明随着时间的推移，中央政策得到了越来越多的农户支持。2010 年"支持"该政策的比例（38.2%）有所下降，"反对"的比例（28.6%）有所回升，这可能是因为近期征地、土地整理项目、自然灾害增多，以及 2008 年国际金融危机后农民工返乡增多等因素直接增加了对土地调整的需要（见表 4-11）。最后，农户对"不得调地"政策的态度具有显著的地区差异。吉林（64.3%）、浙江（48.6%）、四川（48.4%）和黑龙江（47.6%）支持"不得调地"政策的比例最高；湖南（33.3%）、安徽（34.1%）和江苏（35.6%）支持比例最低（见图 4-9）。

通过对 17 省农地调查分析与其他主要调查分析结果的比较发现，不同的调查结论之所以存在很大差异（详见表 4-18），主要原因如下。

表4-18 已有文献中有关中国农民对"不得调地"政策态度的调查结果

文献	调查年份	调查地点	问题设计	样本量	支持(%)	中立(%)	反对(%)
Kung, 1995	1993	湖南，四川	是否赞成"未来即使人口增加也不调地"	40村，400户	4~33	0	67~96
Kung & Liu, 1997	1994	浙江，河南，吉林	是否赞成"土地使用权永久化"	80村，800户	56.3	17.6	26.1
张红宇, 1998	1994	全国100个县	是否赞成"未来即使人口增加也不减地"	80村，726户	38.3	0	61.7
			是否赞成"增人不增地，减人不减地"	—	35.4	16.7	47.9
河南省农调队，1999	1998	河南	是否赞成"土地承包期再延长30年"	120村，1200户	86	3.3	10.7
Kung, 2002	1999	贵州湄潭	是否赞成"不得调地"政策	299户	60	24	16
			对土地调整的态度		32.4	19.2	48.4
曲福田等，2001	2000	江苏	是否赞成"30年不变"政策	160村，160户	60.5	27.5	12
			是否赞成"严禁土地调整"政策	160村，160户	22.2	39.2	38.6
廖洪乐，2002	—	河北，陕西，安徽，湖南，四川，浙江	是否赞成"根据人口变化调地"	36村，824农户	15.2	1.2	83.6
			满足若干条件后是否赞成"根据人口变化调地"		73	0	27
徐旭等，2002	2001	浙江省	是否赞成"增人不增地，减人不减地"	71村，1197户	30.5	19	50.5
Deininger & Jin, 2003	2001	贵州，湖南，云南	赞成以下哪项政策：不管人口如何变动都不搞大调地；先搞一次大调整后再不调地；允许小调整，允许大调整	110村，1001户	61 (41+20)	0	39 (29+10)

续表

文献	调查年份	调查地点	问题设计	样本量	支持(%)	中立(%)	反对(%)
赵阳，2007	2003	湖南、浙江、福建、四川、安徽、黑龙江	是否赞成"延长承包期到30年"	48村，1765户	75.3	0	24.7
			是否赞成"承包期内不再调地"	48村，1857户	58.2	0	41.8
张三峰等，2010	2006	24省	赞成以下哪项政策：最好不调或不调地；尽量少调或该调地	1682户	52.7	0	47.3
杨学成等，2008	1999—2000	山东、江苏、江西、河南	是否赞成"严禁土地调整"政策	742村，742户	30.8	32.3	36.9
洪名勇等，2007	2003—2006	贵州	是否赞成"农地承包期延长50年"	535户	81.5	9.53	8.97
杨学成等，2008	2008	山东	是否赞成"严禁土地调整"政策	313村，437户	38.6	31.6	29.8
Wang et al.，2011	2008	陕西、四川、河北、吉林、江苏、福建	中央土地承包30年不变政策是合理	118村，2212户	32	5.2	62.8
17省农地调查	1999—2001	17省	是否赞成"30年不变"政策	3238户	66.4	23	10.6
	2001—2010		是否赞成"不得调地"政策	6968户	42.5	29.3	28.2

注："支持"即表示赞成"不得调地"政策或者反对土地调整；"反对"即表示反对"不得调地"政策或者支持土地调整；"中立"即表示"无所谓"或"说不清"，在赵阳（2007）的调查以及17省调查中还包含"无回答"。

（1）绝大多数已有文献建立在区域性调查基础上，少则一省，最多几省，由于农户态度的地区差异显著，所以针对不同地区的调查结果会有显著差异。例如贵州由于长期实行"增人不增地、减人不减地"的制度改革试验，所以支持"不得调地"的农户比例较高，这一结论与在专门针对贵州的调查（洪名勇等，2007）数据、包含贵州的调查数据（Kung，2002；Deininger & Jin，2003）以及17省农地调查数据基本一致。又如湖南和四川的农户态度具有显著差异，前者支持率相对较低，后者支持率相对较高，这一结论与相关学者（Kung，1995）的调查以及17省农地调查也基本一致。

（2）即使是同一地区，不同的调查所得出的结论也不同，甚至相互矛盾，一个重要原因是调查问题的设计差异所致。一些学者对此进行了细致探讨，如曲福田等（2001）认为，尽管"同意严格禁止土地调整的农户仅占22.2%"，但这很可能是由于农户对30年不变政策的真正含义理解不够的缘故，即农户可能误以为严禁土地调整，也就是同时禁止土地流转，这样由于人口变化等产生的人地矛盾就无法解决。而"当我们向农户作出上述解释（即该政策是禁止调地但鼓励流转）的时候，许多农户表示赞成严格禁止土地调整"。廖洪乐（2002）的分析也表明，如果增加限定条件，则原来反对"不得调地"政策的农户会转变态度：不管条件如何都认为必须调地的农户占27%，而有73%的农户表示若满足这些条件之一或多个则可以不调地，"其中尤以增加非农就业机会和土地自由转包两项最为重要，选择这两项的分别占主张调地农户数的49.7%和34%"。赵阳（2007）的调查问题设计实验表明，如果问"你觉得土地调整好不好"，则回答"好"与"不好"的各占一半；如果问"你觉得已经分配的承包地不进行调整行不行"，则77%的农户回答"行"，只有16%的农户回答"不行"。这说明，农户回答该问题时会受传统的"公平"等道德观念约束，即使赞成不调地可能也会回答说不调地"不好"。事实上，对已有农户态度调查文献的比较分析发现，如果问农户"你是否赞成未来即使人口增加也不调地"，与直接问"你是否赞成未来不再调地"，农户对前者回答"不赞成"的比例会高于后者（Kung，1995；Kung & Liu，1997；廖洪乐，2002；Deininger & Jin，2003）。因为前者的问题设计具有较强的引导性，即一方面强调土地调整是解决人口增加的重要手段，禁止调地可能导致人口增加的矛盾无法解决（而实际上土地市场可能是一种更好的手段）；另一方面，强调土地调整的"公平"性，即如果人口增加了也不允许调地，那即使是有效率的，也是不公平的。当然，如果将问题设计为"不得调地政策是一项重要的中央政策，请问你是否支持"，那么选择"支持"的比例可能就会偏高，因为让农户明确表示"不支持"中央政策会比较困难。由于该问题的敏感性，我们认为尽量不做任何引导，直接询问"是否赞成不调地"或者"是否支持不调地的政策"是一种好的问法。

总之，对上述 17 省农地调查以及其他主要调查的比较分析发现，中国农户对中央"30 年不变"以及"不得调地"政策的态度可总结如下：首先，大多数农户（约 70％）对中央农村土地承包经营权"30 年不变"政策是支持的，明确表示"不支持"的比例仅为约 10％。其次，表示"支持"的农户大致分为两类：一类是正确地理解了"30 年不变"（"不得调地"）并仍然表示支持的农户，也可以说是明确支持"即使人口增加也不得调地"政策的农户，这个比例大约为 40％；另外约 30％的农户可能是按照自己的理解支持"30 年不变"的政策，即可能是将"30 年不变"误解为"30 年承包期内政府、村集体不得拿走自己已经分到的土地，但是如果自己家里有人口增加，还是能够继续分地"，或者误解为不得调地同时也禁止土地流转，因而支持"30 年不变"但却不支持"不得调地"政策。最后，有近 30％的农户表示不支持"不得调地"政策，对这部分农户为什么反对中央政策作进一步分析是有必要的。

（三）农户对地权稳定性的预期

如表 4 - 19 所示，农户地权稳定性的信心在 2001—2008 年逐年增强，认为"肯定还会调整"的比例由 2001 年的 45.2％降至 2008 年的 27％；认为"肯定不会调整"的比例由 2001 年的 12.9％上升至 2008 年 17.1％。认为"中央政府（或上级）说了算"的比例在 1999—2010 年变化不大，但认为"村干部说了算"的比例由 1999 年的 15％降至 2010 年的 5.4％。这是中央稳定地权政策特别是"不得调地"政策逐步实施的结果，还可能是由于 2004—2006 年取消了农业税费，导致村集体或村干部在土地调整决策中的影响力下降。此外，还需要注意的是，2010 年农户对未来地权稳定性的信心较之前几年下降，认为"肯定还会调整"的比例增至 39.8％，而认为"肯定不会调整"的比例降至 10.2％。这很可能是由于诸如政策变化、征地和土地调整等不确定因素增多而影响了农户的信心。

表 4 - 19　农户对未来 30 年土地承包期内是否还会进行土地调整的预期（％）

	1999 年	2001 年	2005 年	2008 年	2010 年	平均
肯定还会调整	34.0	45.2	32.6	27.0	39.8	35.3
肯定不会调整	12.8	12.9	19.0	17.1	10.2	14.7
村干部说了算	15.0	9.6	4.7	4.4	5.4	7.5
中央政府（或上级）说了算	24.2	28.1	24.3	24.9	22.4	24.7
不知道	14.0	4.2	19.4	26.6	22.2	17.8

农户对未来地权稳定性的信心也具有显著的地区差异。吉林（28.5%）、广西（24.6%）、浙江（24.2%）和黑龙江（21.1%）认为"肯定不会调整"的农户比例最高，即最有信心；江苏（7.7%）、河南（9.5%）、山东（9.6%）和四川（10.7%）认为"肯定不会调整"的农户比例最低，即信心最低。贵州（41.2%）和安徽（40.5%）认为"中央政府（或上级）说了算"的农户比例最高；而山东（13.3%）和河北（11.1%）认为"村干部说了算"的农户比例最高（见图4-10）。

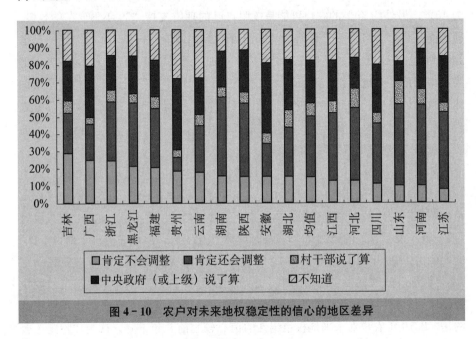

图4-10　农户对未来地权稳定性的信心的地区差异

二、影响农户态度的因素分析：理论假说的提出

上述分析表明，伴随着中央"30年不变"、"不得调地"以及确权颁证等稳定地权政策的实施，二轮承包后中国农村的土地调整次数已显著减少。政策的有效实施显然离不开农户的支持，首先，"30年不变"政策得到了大多数农户（约70%）的支持；其次，农户对"不得调地"政策的态度是复杂的，但明确表示支持的比例（约40%）明显高于反对的比例（约30%）。为进一步分析农户支持或反对"不得调地"政策的影响因素，我们主要基于新制度经济学的制度变迁理论（North，1990；Lin，1989），并结合相关学者（Kung，2000，2002；Deininger & Jin，2003；Wang et al.，2011）对农户态度的分析，进行简要的理论分析，并提出可用于计量检验的理论假说。

农户在面对"不得调地"政策时，会同时考虑公平和效率两个方面：一方面，农户基于"土地均分"和"人人有份"的观念，会考虑土地调整内在的"土地均分"效应以及由此带来的社保问题的部分解决方案；另一方面，农户会考虑土地调整直接造成的地权不稳定损失以及由于行政调整取代市场交易可能带来的效率损失。需要强调的是，土地调整的公平和效率两方面的影响并非完全割裂的，重要的是始终将农民视为"经济人"与"社会人"的结合体，至少在分析农户态度时应该如此。也就是说，农户面对土地调整以及中央"不得调地"政策时，并非"完全理性"而是"有限理性"的（Simon，1955，1956；North，1990）。农户的这种"有限理性"还突出表现为，在对土地调整的公平与效率二者复杂的动态权衡过程中，农户会根据资源禀赋、制度约束以及政策冲击等外部环境因素的变化调整自己的认知、观念和态度，形成新的有关土地调整的"主观模型"（North，1990），这种影响可称为"学习效应"。以下分别从公平、效率以及学习效应三个方面进行具体分析，并提出相应的假说。需要说明的是，这里有关农户态度的三个假说也是对上一章假说3的具体细化。

（1）公平假说。西蒙（Simon，1956）的"有限理性"假说认为，生物有足够的本领进行"寻求满意"的适应，但一般并不"寻求最优"。斯科特（Scott，1976）进一步发展了"互惠理论"，认为在大多数"前资本主义的农业社会"里，农民占主导地位的观念是出于对食物短缺的恐惧所产生的"生存伦理"和"安全第一"的原则。也就是说，当生活接近生存的边缘线时，农户对于新古典经济学的收益最大化计算并没有多少考虑的机会，他们首要考虑的是生存需要。这种"生存伦理"和"安全第一"的原则是农户政治和经济活动的中心原则，农户由此产生的社会平等观并不意味着绝对平均主义，仅仅意味着所有人都有权依靠本村的资源而活。

由于巨大的城乡差异，中国农户普遍的低收入以及基本的社会保障的缺乏，导致其生活在类似斯科特所说的"前资本主义的农业社会"。土地调整作为一种可能缺乏效率也并非绝对公平的资源再分配机制，确实为农户提供了最低限度的生存保障。也就是说，农户会将农村土地视为养老、医疗和失业保险以及最低生活保障等社保项目"互惠式交换"的对象。作为"社会人"的农户在面对土地调整以及中央政策时，往往是"不求最好，但免最坏；不求利益最大化，但求风险最小化"（Scott，1976；折晓叶，2008）。并且趋同性压力被证明是最有说服力的人类倾向，如果个体简单地采纳他们认为是最普遍的行为，那么该行为特点在个体群中出现的频数就会上升，即出现所谓的"遵循习俗范式"（Boyd & Richerson，1985；Bowles，2004）。在中国农村，长期以来"均贫富"的乡村传统文化特征又被近期的"集体所有制"约束所强化，从而形成了"土地均分""人人有份"的观念。

因为人口数量不断增加，所以直接产生土地调整需要的农户更倾向于支持土地调整而反对中央"不得调地"政策。由于人口增加变量较难获得，我们采用"土地转入"作为代理变量，因为一个有人口净增加但缺乏相应非农收入的家庭可能会被迫租赁其他农户的土地（Kung，2002）。反之，原来已分配的农地越多，越没有直接调地需要的农户，则越倾向于支持中央"不得调地"政策。类似地，我们采用人均耕地面积作为原分配耕地变量的代理变量（Wang et al.，2011）。地区经济越发达，意味着农民对土地社保功能的依赖越少，则农户越倾向于支持中央"不得调地"政策。

基于上述分析，提出以下假说：

公平假说：农民所在地区经济越发达，农户家庭人均耕地越多，则农户越倾向于支持中央"不得调地"政策；反之，人多地少从而需要转入土地的农户，则倾向于反对中央政策。

（2）效率假说。根据诱致性制度变迁假说（Hayami & Ruttan，1971；Ruttan & Hayami，1984；North & Thomas，1973；North，1981，1990），如果由于人口增加、地理条件变化、经济增长及产业结构升级等导致土地相对稀缺程度增加，土地相对价格提高，则土地调整的交易成本增加，农村土地制度会朝着土地调整减少、土地承包期延长等产权明晰的方向发展。进一步地，由于制度本身的规模报酬递增性质以及制度变迁过程中的"路径依赖"或"锁定效应"，导致仅依靠诱致性制度变迁形成的新制度安排的供给不足，则需要国家干预或政府介入，进行强制性制度变迁（Lin，1989；North，1990）。"30年不变""不得调地"等中央政策的制定和实施就是如此，进一步强化了中国农地产权个体化和清晰化的制度演进路径。

在这一过程中，作为"经济人"的农户会认识到土地调整带来的交易成本和效率损失。首先，土地调整会对已进行农地投资的农户造成负面影响。有学者认为农村集体在进行土地调整收回承包地时会考虑农户投资并给予补偿（姚洋，2002），且不论实际中有多少调地会进行补偿以及补偿的比例又是多少[1]，即使给予补偿增加了测度和衡量投资的成本。其次，土地调整会产生直接的交易成本，如协调农户不同意愿特别是不同利益的协调成本（龚启圣等，1999），调查计算各农户人均耕地量的测量成本，以及切分或合并地块以进行重新分配的匹配成本等，这些成本会由于地理条件的不同而不同，例如山区和丘陵地区的土地调整成本比平原地区更高（Kung & Bai，2011）。

基于上述分析，提出以下假说：

---

[1] 如 Brandt et al.（2004）认为，在土地调整过程中农户的投资一般得不到补偿。

效率假说：与未进行土地或副业投资的农户相比，进行土地或副业投资的农户更倾向于支持中央"不得调地"政策；村庄地理条件越差（山区、丘陵等）意味着调地成本越高，则农户越支持中央"不得调地"政策。

（3）学习假说。影响中国农村土地调整制度演进的非正式约束主要包含两个方面：一是长期以来"均贫富"的乡村传统文化特征以及近期集体所有制约束所形成的"土地均分""人人有份"的观念；二是农户个体以及农村集体组织对市场功能和产权作用的认知不足，以及对中央政策和相关法律的认知不足，进一步强化了"土地均分"的传统观念。当各种外部冲击导致资源禀赋条件改变，从而产生减少土地调整、延长土地承包期限的诱致性制度变迁需求，进而中央政府出台"不得调地"的正式规则，实施方向一致的强制性制度变迁时，农户个体以及农村集体由于其"主观模型"的作用（North，1990），即以现有的对市场功能和产权作用认知不足的"心智建构"来辨识和处理复杂的土地再分配问题，则可能无法认识到采用土地市场方式解决人地不均问题或许是更好的选择，从而仍然偏好土地调整。

然而，通过某种"学习"过程，农户个体会增强对产权作用和市场功能的认识，加深对相关法律和中央政策（如"30年不变""不得调地"等政策）的正确认识，从而形成与外部客观世界更趋一致的"主观模型"，提高对中央政策的支持度，减少农地制度变迁的成本，有利于中央政策的有效实施。① 农民学习的"知识"至少包括有关产权和市场作用的知识，以及对中央政策和相关法律的认知等两大类，两者同时具有"可沟通知识"和"默会知识"的特点。② 首先，不管是有关产权和市场作用的知识，还是对相关政策法规的正确认知，都具有"可沟通知识"的特征，即容易在不同个体之间进行传递，比如受教育程度越高，对该类知识的掌握就越充分。其次，两类知识又都具有"默会知识"的特点，即需要通过实践才能获得或加深认识。例如如果某地区对中央"不得调地"政策严格执行，则当地的土地调整少，而农地租赁市场更发达，则农户一方面对政策法规的认知更充分，另一方面参与市场的实践经验也更丰富，农户个体对市场和产权作用的认知也就更加深刻。总之，农户受教育程度的提高，

---

① 在这一过程中，学习的主体既可以是农户个体（即"个体学习"），也可以是农村集体经济组织（即"组织学习"）。实际上，学习主体的具体设定可以根据研究的具体需要进行。由于我们重点探讨的是农户态度，因此这里的学习主体明确为农户个体，而不探讨农户个体之间的互动如何影响集体意识以及集体决策的形成。学习客体（对象）则是指与农村土地调整有关的法律法规、中央政策、市场知识、产权规则等。

② 在新制度经济学和行为经济学的文献中，知识可大致分为"可沟通知识"（communicable knowledge）和"默会知识"（tacit knowledge）两大类，前者容易在不同个体之间进行传递，后者则需要通过实践获得，即具有"干中学"（learning by doing）的特征（North，1990）。

有助于增进其"可沟通知识"；同时，给予农户相应的环境和机会，则有助于其通过实践增进"默会知识"。也就是说，随着农民受教育程度的提高，以及随着正式规则的逐步实施，农民对有关产权和市场知识的认知程度不断提高，则会逐渐改变其对正式规则的态度，从"不支持"转向"支持"。进一步地，信息和知识的一个最基本特征是其具有公共产品的性质，人与人之间的交流会产生正的外部性，学习效应所反映的实际上是人与人之间的交流密度、思想开放度和知识接收能力。那些乐于合作、思想开放、鼓励创新的地区，其学习效应强度可能更大（李君华，2009）。[1] 因此，在中国农地调整制度变迁中，农户所在的村与县城越接近，表明其所在区域越开放，学习的信息成本越低，知识交流的外部性越大，则学习效应可能越大。

基于上述分析，提出以下假说：

学习假说：以农户受教育程度、村庄距县城的远近作为农户对市场和产权作用认知程度的代理变量。农户受教育程度越高，村庄距离县城越近，则越倾向于支持"不得调地"政策；同样地，农户认知（对中央稳定地权政策的理解）越正确，则越支持"不得调地"政策。

三、计量检验

（一）变量及模型设定

本部分计量检验所使用的数据主要来自"17省农地调查数据库"（2005、2008、2010年），由于土地调整及农户态度受区域经济发展水平的影响，本部分计量模型中还包含县级人均GDP变量，数据来自国家统计局《中国区域经济统计年鉴》（2006、2009、2010年）。表4-20中列出了各变量的名称、说明及主要描述统计分析结果。

表4-20　变量名称、说明及主要描述统计分析结果

类别	名称	说明	均值	标准差
因变量	农户态度	农户对"不得调地"政策的态度：支持=0，中立=1，反对=2	0.79	0.80
公平假说自变量	人均GDP	该村所在县人均GDP（万元）	1.56	1.65
	人均耕地面积	家庭耕地面积/家庭人口数（亩/人）	1.51	1.82
	是否转入土地	农户转入过土地=1，其他=0	0.18	0.38

---

① 类似地，在开放的经济中，由于国际贸易等因素，世界上其他国家的技术对发展中国家产生溢出效应，发展中国家可以接触和学习到更多的知识，因此，开放经济中的技术知识生产力水平高于封闭经济中的技术知识生产力水平（潘士远，2007）。

续表

类别	名称	说明	均值	标准差
效率假说自变量	是否进行投资	农户在自家耕地上进行土地或副业投资： 进行过＝1，其他＝0	0.27	0.45
	丘陵	丘陵＝1，非丘陵＝0	0.28	0.45
	山区	山区＝1，非山区＝0	0.36	0.48
学习假说自变量	与县城距离	该村与最近乡镇或县城的距离（公里）	9.66	8.89
	受教育程度	农户受教育年限（年）	7.49	3.27
	农户认知	农户对"不得调地"政策的认知： 正确＝1，其他＝0	0.75	0.43
年份虚拟变量	2008 年	2008 年＝1，其他＝0	—	—
	2010 年	2010 年＝1，其他＝0	—	—
观测个数		3 436		

由于因变量"农户态度"（Y）有三个取值（0 代表支持，1 代表中立，2 代表反对），属于限值因变量，我们选择常用的 Ordered-Probit 模型（Wooldridge，2010；Wang et al.，2011）进行估计，模型设定如下：

$$Y^* = equi \times \beta_1 + effi \times \beta_2 + learn \times \beta_3 + \varepsilon,\ \varepsilon\ |\ equi\ effi\ learn \sim$$
$$Normal(0,\ 1)\ Y=0,\ Y^* \leqslant \alpha_1$$
$$Y=1,\ \alpha_1 < Y^* \leqslant \alpha_2 \tag{4-2}$$
$$Y=2,\ Y^* > \alpha_2$$

其中，自变量 $equi$ 包括人均 GDP、人均耕地面积、是否转入土地 3 个变量以及 2008 年、2010 年等 2 个年份虚拟变量；$effi$ 包括是否进行投资、丘陵、山地 3 个变量；$learn$ 包括与县城距离、受教育程度以及农户认知 3 个变量。β_1、β_2 和 β_3 为待估计的回归系数向量；α_1 和 α_2 表示未知的割点，ε 为独立同分布的随机误差。此外，由于 ε 存在异方差，在模型估计时标准误的计算采用 Huber-White 异方差一致估计量（Deininger & Jin，2003）。

（二）估计和检验结果

我们分别估计了仅包含公平假说变量的模型Ⅰ、包含公平假说和效率假说变量的模型Ⅱ以及包含三个假说变量的模型Ⅲ，估计检验结果见表 4-21。各变量的系数和显著性在三个模型中基本一致，变化很小，这说明模型的估计结果是稳健的。除了山区变量和 2008 年虚拟变量不显著外，其他变量均在 10% 的显著性水平上统计显著。

表 4－21　Ordered-Probit 模型估计检验结果

类别	变量	模型 I	模型 II	模型 III
公平假说自变量	人均 GDP	$-2.78E-06^{**}$ $(1.16E-06)$	$-3.21E-06^{***}$ $(1.18E-06)$	$-2.71E-06^{**}$ $(1.18E-06)$
	人均耕地面积	-0.047^{***} (0.012)	-0.048^{***} (0.012)	-0.047^{***} (0.012)
	是否转入土地	0.097^{*} (0.052)	0.112^{**} (0.053)	0.115^{**} (0.053)
效率假说自变量	是否进行投资		-0.161^{***} (0.044)	-0.154^{***} (0.044)
	丘陵		-0.091^{*} (0.050)	-0.099^{**} (0.050)
	山区		-0.042 (0.048)	-0.065 (0.048)
学习假说自变量	与县城距离			0.006^{***} (0.002)
	受教育程度			-0.012^{**} (0.006)
	农户认知			-0.122^{***} (0.044)
年份虚拟变量	2008 年	-0.012 (0.050)	-0.016 (0.050)	-0.029 (0.050)
	2010 年	0.178^{***} (0.047)	0.172^{***} (0.047)	0.162^{***} (0.047)
观测个数		3 436	3 436	3 436
LR chi^2		43.532 ($p=0.000$)	60.412 ($p=0.000$)	78.577 ($p=0.000$)
Pseudo R^2		0.006	0.008	0.011

注：模型包含截距项但未汇报；*、**、*** 分别表示在 10％、5％、1％的显著性水平上统计显著；括号中为经异方差调整的标准误。

首先，公平假说得到了验证。一方面，所在地区人均 GDP 越高，农户家庭人均耕地面积越多，意味着农民对土地社保功能的依赖越小，则农户越支持中央"不得调地"政策，这与一些学者（Deininger & Jin，2003；Wang et al.，2011）的结论一致。① 另一方面，与未转入土地的农户相比，转入土地的农户倾向于反对"不得调地"政策，即转入土地的农户更加依赖土地的社保功能，所以更倾向于支持土地调整，这与龚（Kung，2002）以及迪宁格和金（Deininger & Jin，2003）的结论一致。此外，学者们也采用其他变量检验农地的社保功能对农户态度的影响，如有学者采用农户家庭人口净增加变量（Wang et al.，2011），也有学者采用子女独立成家人数以及可非正式借款 1 000～5 000元的人数变量（Deininger & Jin，2003），还有学者直接采用农户是否享有医疗保险和养老保险变量等（张三峰和杨德才，2010），其计量检验结果都是显著的，这些结论为农户态度的公平假说提供了进一步的证据。

其次，效率假说得到了验证。进行农地或副业投资的农户更倾向于支持中央"不得调地"政策，这说明，理性的农户会认识到土地调整可能对投资激励造成的负向影响，以及土地调整实际带来的交易成本。这一研究结论是其他文献所没有的②，这一实证结论具有重要意义，即在研究土地调整与农户投资的关系时，作为地权稳定性代理变量的土地调整会对农户投资产生影响，研究结论表明，土地调整本身是内生的，即村庄的调地决策也会受农户投资以及农户态度的影响。此外，丘陵变量的符号与预期相符且统计显著，说明与平原地区的农户相比，丘陵地区的农户由于认识到土地调整所带来的更高的交易成本，从而更倾向于支持中央"不得调地"政策，这进一步验证了效率假说。③

---

① 人均耕地面积变量在 Deininger & Jin（2003）和 Wang et al.（2011）两篇论文中均显著；Deininger & Jin（2003）采用家庭人均收入而非人均 GDP 变量反映经济发展水平，影响方向一致且显著，此外，Kung & Liu（1997）采用农户人均纯收入变量也得到同样的结论。

② 很可能是由于难以获取数据的缘故，目前所见的其他文献的计量模型中均未考虑农户投资变量。Deininger & Jin（2003）和 Wang et al.（2011）的模型中都包含了"农业收入比例"（即农业收入占农户家庭总收入的比例）变量，检验结果均显著，即农业收入比例越高，农户越支持中央"不得调地"政策。两篇论文都将该结论解释为：由于"不得调地"政策所带来的地权稳定性会提高农户的投资积极性，因此农业收入比例越高的农户（意味着越依赖于农业生产）越支持中央政策。这表明两篇论文都将"农业收入比例"作为农户土地投资的代理变量。但问题在于：一方面，农业收入比例高，确实意味着农户更依赖于农业生产，但并不表明农户倾向于或已进行农地投资；另一方面，也是更为重要的，农业收入比例越高，非农收入比例就越低，表明农户更依赖于农地的社保功能，而根据"公平假说"，农户更倾向于反对中央政策。也就是说，农业收入比例或非农收入比例变量的含义复杂，与其把它作为农户投资的代理变量，不如直接采用投资变量。事实上，与 Deininger & Jin（2003）和 Wang et al.（2011）的结论不同，Kung & Liu（1997）的计量检验结果是非农收入比例越高，农户越支持中央政策，而在他的另一篇论文中，非农收入比例变量不显著（Kung，2002）。

③ 山区变量虽然符号与预期相符但不显著，需进一步分析。我们在另一篇论文中构建以"土地调整"（是否调整以及调地次数）为因变量的模型，检验结果表明，山区和丘陵两个变量均显著，且影响方向符合预期，说明村庄在进行土地调整决策时会合理地考虑由于地理条件变化带来的交易成本的增加，该结论与 Kung & Bai（2011）的结论一致，也可视为是对这里的"效率假说"的验证。

最后，学习假说得到了初步验证。检验结果表明，村庄距离县城越近，农户受教育程度越高，表明农户对产权和市场功能的认知程度越高，则农户越倾向于支持中央"不得调地"政策。同样地，农户对中央政策的理解越正确，表明农户对自己所拥有权利的认知越充分，就越倾向于支持中央政策。其中，受教育程度变量对农户态度以及中央政策能否得到有效实施的影响至关重要。受教育水平的提高不仅使农民更了解土地调整带来的交易成本（Kung，2002），而且也增强了农民对自己所拥有的土地权利的认知（陈胜祥，2009），这都有利于提高农户对中央"不得调地"政策的支持率，有利于中央政策的有效实施。[①]此外，教育的影响又是动态持续的，农户父母受教育程度会显著影响其子女受教育程度（Knight & Li，1996；Deininger & Jin，2003）。因此，努力提高农村总体教育水平，不仅是提高农户素质，同时也是保证有关政策得到良好实施的重要手段。

（三）分析和讨论

综上所述，二轮承包以来中国农村土地调整次数的显著下降与中央稳定地权政策的有效实施是分不开的，而中央的这些政策得到了大多数农民的支持。研究表明，现实中不太可能存在一个未获得大多数农民支持，却实施良好的政府主导的产权改革，这与迪宁格和金（Deininger & Jin，2003）的观点一致。具体来说，理性的农户由于认识到内生于土地调整的地权不稳定性所带来的交易成本和效率损失，因而支持中央"不得调地"政策。农户对土地调整效率损失的认知显然是不完全（即"有限理性"）的，并且还持有"土地均分"和"人人有份"的传统观念，这会导致其反对中央"不得调地"政策。但是，随着资源禀赋、制度约束以及政策冲击等外部条件的变化以及农户受教育程度的提高，农户的观念会逐步变化，对产权和市场功能的认知程度也会提高，从而会更加支持中央"不得调地"政策。

成文规范、法律条文等正式规则往往与传统规范、习俗惯例等非正式约束不一致，但是正式规则的有效实施必须考虑非正式约束的影响，减少二者的矛盾冲突，逐步相互融合适应。正式规则在很大程度上是对非正式约束的认可和规范，而非正式约束又是对正式规则的延伸、补充和修正（North，1990）。因

---

① 我们的实证分析验证了"学习效应"的存在，这与 Deininger & Jin（2003）的结论一致。不过，Deininger & Jin（2003）论证"学习效应"时采用的是农地调整变量，即作为外生引入的地权越稳定的地区，农户越支持"不得调地"政策。这种"学习效应"的影响是否显著仍存在争论，即使同一学者在其不同论文中观点也不一致，例如：Kung（2000）认为农户地权稳定性更多是受其信念（beliefs）——根深蒂固的"人均地权"的信念的影响而非受"是否调地"的实际情况的影响；但是，Kung（2002）又提出农民的受教育程度越高，可能越能认识到土地调整带来的成本，也就是说，农民受教育程度的提高可能会有助于其根深蒂固的"人均地权"观念的改变。因

此，如果正式规则完全是"外来的"（如部分国家的激进式改革以及众多非洲国家的产权正规化项目等），由于未能有效解决与当地的非正式约束的矛盾冲突，最终也会导致失败。中国农地调整制度改革的经验表明，尽管中央"不得调地"的正式规则与农民"土地均分"的观念不一致，但由于该政策的实施采用了渐进的方式，农民对中央政策有一个逐步认识和接受的过程，从而得到了大多数农户的支持，保证了该项政策的有效实施。

　　值得进一步探讨的问题至少有以下两个。一是为解决"人地不均"问题，可替代土地调整的其他方式的选择。人口变化导致的土地与劳动的不匹配（即"人地不均"）直接引起了土地调整的需要，17省农地调查表明，约70%的受访者在被问到该村调地的主要原因时选择了该项，这一结论也在其他文献中体现出来（Brandt et al.，2004；Wang et al.，2011）。土地-劳动的不匹配是长期存在的，如果不允许土地调整，是否还有其他更好的替代方式？有学者认为，农地租赁市场无论从效率角度还是公平角度都是替代土地调整的更好方式（Deininger & Jin，2005；Jin & Deininger，2009），并且土地调整的不确定性所带来的风险阻碍了农地租赁市场功能的发挥（Kimura et al.，2011）。但是龚（Kung，2002）并不认为土地调整制度阻碍了农地租赁市场的发育，而是坚持认为，土地市场的发育需要较高的经济发展水平，在这些"客观条件"成熟之前，任何"揠苗助长"的社会经济政策都不可能成功（龚启圣等，1998）。这一结论部分得到了维迪肯（Vidican，2009）的支持，该研究指出，与政策制定者的预期不符，在迅速的非集体化和私有化后，到1993年罗马尼亚有超过40%的土地返回到集体性质的农业协会（farming associations），这种情况在其他东欧国家和独联体国家等转轨国家也非常普遍，个体农业和土地市场虽有一定的发展，但土地市场的参与者非常有限。总之，土地市场是否是土地调整的更好替代目前尚无定论。实际上，土地调整（包括大调整、小调整）和土地市场（包括买卖市场、租赁市场）以及其他可能的方式都是配置土地和劳动资源的不同方式，在交易费用大于零的现实世界里，具体采用哪种组织形式要看交易成本的相对高低（Coase，1960）。重要的是，在进行这种权衡时，农民应该有选择的自由。而在比较选择不同的组织形式时，交易成本的衡量及测算可能是一个重点和难题，农民的意愿以及不同组织形式对农民福利的影响也是重要的研究题目。

　　二是农户对农地产权的认知、态度以及预期三者之间的互动关系。17省农地调查表明，随着中央政策的实施以及时间的推移，农户认知、态度和预期等变量的变化是复杂的、非线性的。例如，农户对当前地权稳定性认知（死亡、搬迁、婚嫁等因素的影响）的正确程度总体上是上升的，但对于"不得调地"认知的正确程度却是下降的（见表4-16）。类似地，2001—2008年农户对"不得调地"政策的支持度是上升的（由 42％增至 45.3％），反对的比例大大下降（由 42％降至 21.4％）；但是 2010 年的支持度（38.2％）却明显低于 2008 年（45.3％），反对的比例则上升（由 21.4％增至 28.6％）。三者的互动关系值得进一步研究。一个基本的逻辑是，农户认知（当前的地权稳定性）影响农户态度（是否支持正式规则），农户认知和农户态度又进一步影响农户预期（未来的地权稳定性），因此可尝试构建包含农户认知、态度和预期变量的联立方程模型，研究其决定因素。这对于深入探讨正式规则与非正式约束的"内在关联"以及"个性化知识"在制度变迁中的关键作用都有价值（周业安，2001）。

综上，中国农村土地调整制度变迁的一个典型特征是，中央政府主导进行了产权明晰的市场取向的改革。一些研究者认为这一改革并未取得预期效果，土地调整仍然广泛存在而农地租赁市场发育不足，其中一个重要原因是"不得调地"政策不符合农民利益因而未得到农民的广泛支持。我们的结论与之不同。首先，随着中央稳定地权政策的渐进式实施，特别是二轮承包以来，中国农村的土地调整已显著减少；同时，尽管农地租赁市场总体上仍然处于初级阶段，但发展趋势是越来越好，也越来越规范。[①] 其次，中央稳定地权的政策得到了农民的广泛支持，大多数农户（约 70％）明确支持"30 年不变"政策，"反对"的仅有约 10％，明确支持"不得调地"政策的农户比例（42.5％）也显著高于反对的比例（28.2％）。看来，现实中不太可能存在一项未获得大多数农户支持，却实施良好的政府主导的产权改革。

农户在面对土地调整和中央"不得调地"政策时，会同时考虑公平和效率两方面，并表现出明显的"学习效应"。农户能够认识到内生于土地调整的地权不稳定性所带来的交易成本和效率损失，因而支持中央"不得调地"政策。因此，进行过土地或副业投资的农户，以及处于地理条件相对更差地区的农户更倾向于支持中央政策。农户的这种对土地调整效率损失的认知是不完全（"有限理性"）的，农户持有"土地均分"和"人人有份"的传统观念，所以十分看重农地的社保功能。因此，由于人多地少而不得不转入土地的农户倾向于不支持中央政策。人均 GDP 的提高和人均耕地面积的增加，会降低农户对土地社保功能的依赖，从而提高农户对中央政策的支持率。这些资源禀赋条件的变化，以及中央稳定地权政策的逐步实施，再加上农户受教育程度的提高，将会提高农

---

① 17 省农地调查表明：（1）农地租赁市场规模在扩大：农户转出土地的比例从 2005 年的 15.6％上升至 2010 年的 22％。（2）农地租赁市场更加规范：农户转出土地获得现金补偿的比例显著提高，由 2001 年的 26.1％增至 2008 年的 42.9％，未补偿的交易比例则大大降低；约定超过 10 年期限的交易比例也显著增加，2008 年转出和转入的比例分别为 18.4％和 15.9％，2005 年则只有 6.1％和 9.8％（叶剑平等，2010）。

户对产权和市场功能的认知程度，农户的传统观念也会逐步发生变化，从而更加支持中央政策。

我们的研究结论有助于探讨正式规则与非正式约束之间复杂的互动关系。正式规则的有效实施必须考虑非正式约束的影响，二者逐步融合相互适应，如果正式规则完全是"外来的"，不能有效解决与当地的非正式约束的矛盾冲突，最终将导致失败。现实中，政府主导的产权改革中失败的案例太多，而成功的案例又太少，搞清楚成功的原因，尤为可贵。中国农地调整制度改革的经验表明，尽管中央政府"不得调地"的正式规则与普通农户"土地均分"的观念不一致，但由于该政策的实施采用了渐进的方式，农户对中央政策有一个逐步认识和接受的过程，从而得到了大多数农户的支持，保证了该政策的有效实施。

"不得调地"之后，是否有其他更好的替代方式？农地租赁市场能否担负重任？目前尚存争论。然而，土地调整纵有千般好，也抵不过给予农户更多选择。因此，除了中央主导的市场取向的农地制度改革外，还应鼓励地方制度创新，以提供更多的配置农村土地和劳动资源的可能选择。还需要强调的是，任何一项产权改革不仅影响配置效率，同时还影响分配和公平。稳定地权的市场取向改革的一个重要目标是促进农业增长和土地利用效率，但根本目标还是提高广大农民的福利水平。如果一项政策不能得到农户的广泛支持，也许短期内可以强制推行，但最终不可能成功。政府对社会经济的影响太大，政府能做什么、不能做什么，需要谨慎考虑和应对。对于我国来说，政府在加大全民教育投入的同时，还要调整投入结构，加大对农村教育培训的投入，提高农民的知识文化水平，增进农民对产权和市场功能的认知以及对法律政策的正确认识，这将提高农民对中央政策的支持率，有助于中央政策的有效实施。

第六节　农户行为：农地流转与决策偏差[①]

一、问题的提出

非市场价格（non-market price）通常指交易价格明显偏离理性市场价格（rational market price），这一现象在农地流转市场中十分常见（Janvry et al.，1991；Khantachavana et al.，2013），主要表现为以下两个方面：一是农地出租人与承租人的差异，即出租人愿意接受的最低价格通常显著高于承租人愿意支

---

① Feng L, Zhang M, Li Y, et al. Satisfaction principle or efficiency principle?: decision-making behavior of peasant households in China's rural land market. Land Use Policy, 2020 (99).

付的价格（Khantachavana et al.，2013）；二是农地流转的租金支付方式的多样性，零租金、实物支付等方式在农村地区广泛存在（Choumert & Phélinas，2017）。例如，2018年"千人百村"调查表明，农地流转中的平均转出年租金（约700元/亩）大幅高于平均转入年租金（约450元/亩），两者均显著偏离市场价格（约600元/亩）。农民在土地流转中的支付方式差异也很大，除了现金支付方式以外，零租金、实物支付（大米或小麦）以及倒贴（向租户支付）的比例分别占16％、6％和0.4％。那么是什么导致这两种类型的决策偏差？这些不完美的理性决策（imperfect rational decisions）来自何种类型的决策原则？农户在进行土地流转决策时，影响决策原则选择以及决策偏差的因素又有哪些？

新古典经济学认为，非市场价格主要来自市场失灵和政府干预（Anderson et al.，2013；Lv，2014）。然而，如果是这两个原因导致零租金，那么土地承租方就是得到政府大力支持的垄断者，但在现实中这种情况却非常少见。事实上，多数承租人与土地出租人有密切的社会关系，如熟人、亲戚等。对于转出租金高于市场租金的现象，如果是由市场失灵或政府干预导致，那么土地承租人要么是在卖方市场进行交易，要么就是获得了政府的额外补贴。然而现实中，农地市场的垄断（买方或卖方市场）并非普遍现象，而政府的农地补贴多是发放给土地出租人而非承租人。因此，上述两个原因很难解释为何非市场价格在农地市场中广泛存在。我们尝试基于行为经济学，从农户个体微观决策行为的角度进行分析。

西蒙的有限理性和决策理论（Simon，1955，1979）是行为经济学的基础（Schwartz，2002）。新古典经济学强调人是理性的，并且追求帕累托最优。个人通常根据效率原则作出决策，因为他们的目的是实现利润最大化（Clempner & Poznyak，2017），并最终以市场价格进行交易。行为经济学则认为，个人是根据满意原则作出决策的调整适应者（adaptive parties）。在满意原则下，人们追求自身利益的相对改善，即"足够好"，而不是"最优"（帕累托效率），这导致了定价中的系统性偏差。具体来说，由于外部环境的风险和不确定性、信息的不完全性以及相关成本计算的复杂性，个体在决策过程中表现出有限理性（Simon，1972），这些外部因素及其相关成本是导致个体非理性行为的直接原因。而根本原因在于，个体无法准确计算这些成本，因此选择存在一定偏差的次优策略（Pingle，2015）。如果个体是完全理性和具有出色计算能力的"理性人"，那么他就很容易通过成本收益分析作出最优决策。但这种假设并不现实，个体往往依据他们认为理性的方式权衡成本收益并作出决策，其评估能力有限，所以在受到相同或类似的外部冲击时却可能形成不同的解释（Mahon et al.，2004）。多数情况下，由于社会规范和道德价值观会塑造个人信念并影响定价

(Nadler，2018)，期望价格将偏离市场价格，即个体仍会表现出决策偏差。可见，对非市场价格存在的一个关键解释在于，个体是有限理性的，并基于满意原则进行决策（Simon，1972；Kahneman，2003；Gigerenzer & Gaissmaier，2011）。

本节所讨论的决策偏差常被称为新古典经济学无法解释的"异常"（anoma-lies）（Schwartz，2002）。行为经济学家卡尼曼和特沃斯基以新古典主义经济学为基础，将这些偏差定义为对理性价值的偏离（Kahneman，2003；Sent，2005；Kunreuther et al.，2013）。我们借鉴该观点，将决策偏差定义为实际价值与完全信息和完全理性下的最优价值之差。

决策偏差根本上源于个人有限的计算能力，影响这一偏差的因素可大致归纳为两类。第一类因素影响相关成本。如果成本降低，则个人计算的准确度就会提高，偏差就会减少。市场化程度是影响成本的一个重要因素，一般来说，市场化程度提高，信息流动性上升，交易风险和不确定性会降低，成本也会降低（Jin & Deininger，2009）。产权明晰也会影响相关成本，根据科斯定理，明晰的产权有利于降低交易成本。例如有案例表明，土地登记会显著降低发展中国家农民的失地风险，并控制信息不对称，从而降低土地交易过程中的交易成本和不确定性（Besley，1995；Holden et al.，2007）。第二类因素影响个人计算能力。这类因素也就是多数文献中提出的"训练"（train），能够直接提高个体的信息获取和计算能力（Simon，1997；Bornstein & Emler，2001）。也有研究表明，即使对有经验的专业人士，决策偏差也不可避免（Kaustia et al.，2008；Pope & Schweitzer，2011）。但是大量文献表明，竞争、规则以及经验对降低偏差程度具有一定影响（Kahneman et al.，1990；Epstein，2006；Kunreuther et al.，2013；Thaler，2016），个人特征（年龄、经验等）也会影响偏差程度（Taylor，1975；Tong et al.，2016）。

西蒙的有限理性和满意原则理论主要应用于对一些组织的案例研究（Si-mon，1979），我们进一步探讨这一理论是否适用于农村土地市场的研究。目前对决策偏差的研究主要集中于股票市场和房地产市场，这些市场相对成熟，具有更接近完全竞争市场的标准化交易模式。这些市场上的个体倾向于追求自身利益最大化，基于效率原则进行决策。相比之下，农村土地市场是一个典型的不完全竞争市场，市场交易行为与互惠行为并存。因此，农村土地市场是研究个体决策原则，特别是满意原则的理想对象。

总之，已有研究表明，农村土地市场的卖方要价与买方预期价格之间存在显著差异，非货币性交易方式广泛存在，而相关研究并未充分考虑农民的心理倾向，基于行为经济学的解释十分有限（Khantachavana et al.，2013；Le et al.，

2013；Chen et al.，2017）。有学者应用损失厌恶和禀赋效应解释了房地产市场中卖方与买方平均要价间的差距（Bokhari & Geltner，2011；Bao & Gong，2016），但这些研究多基于实验方法而非实证分析，限于实验条件与实际情况间的差距，其准确度往往不高。因此，我们在行为经济学基础上对农村土地市场的决策偏差进行实证分析，重点关注以下问题：导致农地流转过程中的决策偏差的根本原因；这些决策偏差所基于的主要决策原则；影响农户决策原则的选择和产生决策偏差的主要因素。

二、影响农户决策偏差的因素分析：理论假说的提出

这里讨论的农村土地非市场价格即决策偏差分为两大类：一是交易方式的决策偏差，例如零租金，这种情况主要是由于社会关系等原因，导致土地没有以签订租赁协议的形式出租给他人，因此与竞争性均衡市场相比，存在很大的偏差。二是交易租金大于零，但是平均转出租金显著高于平均转入租金，这种情况下的偏差较小并更为普遍。

根据提出的决策偏差定义，农地市场的交易价格偏差（DB）可通过交易价格与市场均衡价格之间的差额进行量化，具体等于实际卖方/买方价格（$Rent$）与理性价格（$\bar{Rent}$）之差的绝对值，如式 4-3 所示。

$$DB = | Rent - \bar{Rent} | \tag{4-3}$$

我们主要研究农户的农地转出行为（卖方行为）。$Rent$ 为卖方价格（土地转出租金），$\bar{Rent}$ 为市场价格（平均流转租金）。决策偏差的建模具体包括来源以及影响因素两方面。首先，决策偏差的来源模型阐述了满意原则和效率原则的定义——我们认为决策偏差的根本原因是农户采用满意原则进行决策（见图 4-11a）。其次，影响因素模型阐述了影响因素对决策偏差的影响（见图 4-11b）。具体阐述如下。

（一）决策偏差的来源

图 4-11a 说明了农地转出租金、决策原则以及决策偏差之间的关系。如图所示，农户越倾向于采用效率原则，即追求实现利润最大化，则卖方价格就越接近市场价格。相应地，农户越倾向于采用满意原则，即仅追求实现福利改善，则卖方价格与市场价格的差异就越大，这一差异即为决策偏差（图 4-11a 中阴影部分）。

个体的有限理性决定了其是否会采用满意原则，从而导致决策偏差，并最终表现为非市场价格（见图 4-12）。我们将偏差来源进一步分为外部因素和内部因素。

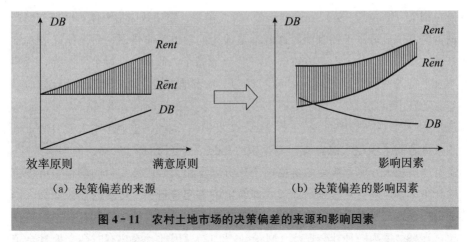

图 4-11　农村土地市场的决策偏差的来源和影响因素

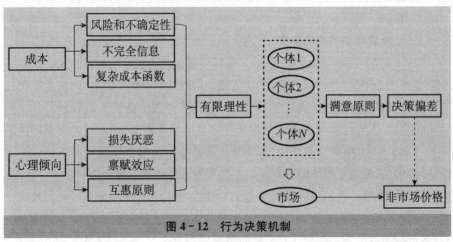

图 4-12　行为决策机制

外部因素包括各类成本，行为决策机制与新古典经济学主要有三方面不同：风险和不确定性、不完全信息和复杂成本函数（complex cost functions）（Simon，1972）。具体来说，成本计算中的许多参数都是未知的，这增加了个体决策的不确定性。同时，个体无法获取完整信息，因此只能基于有限选择作出决策。此外，即使所有信息都可获取且足够清晰，具体成本测算也非常复杂，个体也无法实现精确的计算。农村土地市场（特别是在发展中国家）存在着信息不对称、制度不健全、农民知识不足等诸多问题（Janvry et al.，1991；Jin & Deininger，2009），并且交易成本高，农民难以实现精确计算。因此，价格制定主要取决于农户的意愿/愿望（aspirations），即遵从满意原则，从而导致决策偏差的出现。

具体来说，与个体心理倾向有关的内部因素有三个。第一，损失厌恶指个体更倾向于避免损失而非获取客观上的等值收益，从而忽视一定利润来尽可能避免损失（Tversky & Kahneman，1991）。第二，禀赋效应指个体对已拥有财产的价值评价显著高于拥有前，这既不是人为的，也绝非错误，而是偏好的基本特征（Kahneman et al.，1990）。第三，互惠指个人倾向于奖励公平行为，惩罚不公平行为（Falk & Fischbacher，2006）。在农地市场上损失厌恶和禀赋效应导致农地转出租金偏高。由于不愿失去土地，农户失地时的失落感将大于得到等值收益时的获得感（Genesove & Mayer，2001）。因此，土地出租人索要的金额通常显著高于承租人愿意支付的金额（Inder & O'Brien，2003），即禀赋效应；卖方（出租人）愿意接受的价格高于买方（承租人）愿意支付的价格，市场价格介于二者之间。互惠原则导致农地转出的零租金行为。传统的乡村社会（当下仍然存在）是熟人或宗族社会，与土地息息相关，成员之间具有强烈的信任感，互惠被视为一种社会规范（Mattos，2012）。因此，农户有时会交换社会资本而非金钱。

（二）决策偏差的影响因素

图 4-11b 说明了农地转出租金、影响因素和决策偏差之间的关系。横轴表示与转出租金相关的所有影响因素（负相关均被转化为正相关），两条上升曲线表示转出租金因影响因素而发生的变化；上方较平缓的曲线为卖方价格（土地转出租金），下方较陡峭的曲线为市场价格（平均流转租金），二者之差即决策偏差（图 4-11b 中阴影部分）。如果个体采用完全的效率原则，两条曲线将重合。因此，决策偏差曲线向右下倾斜，在无穷远处的渐近线 $DB=0$。

为简化模型，我们进行了线性近似。在农村土地流转市场上，卖方价格可表示为式 4-4。同样地，市场价格可表示为式 4-5。决策偏差受个体因素和乡村/地区因素的影响，在估计时不能简单地表述为式 4-3，而是式 4-6。

$$Rent_i = \alpha_0 + \sum_{j=1}^{n} \alpha_j x_{i,j} + \varepsilon_i \tag{4-4}$$

$$\overline{Rent}_k = \beta_0 + \sum_{l=1}^{m} \beta_l X_{k,l} + \nu_k \tag{4-5}$$

$$DB_i = \gamma_0 + \sum_{j=1}^{n} \gamma_j x_{i,j} + \sum_{l=1}^{m} \gamma_{j+l} X_{k(i),l} + \sigma_i \tag{4-6}$$

式 4-4 中，$Rent_i$ 是第 i 个个体的转出价格（租金）；$x_{i,j}$ 是第 i 个个体的第 j 个影响因素（如教育年限和农业收入占比）；n 是个人影响因素的数量。式 4-5 中，$\overline{Rent}_k$ 是第 k 个土地市场价格（以村庄为单位）；$X_{k,l}$ 是村/地区层面的第 l 个影响因素（如地区人均可支配收入）；m 是地区影响因素的数量。式 4-6 中，DB_i 是第 i 个个体的决策偏差，$k(i)$ 是第 i 个个体所属的村庄，ε_i、ν_k 和 σ_i 为误差项。

如上所述，某些因素可以通过降低交易成本使农户的决策更接近效率原则，从而减少决策偏差；而某些因素则可以通过提高农民能力和认知理性来减少决策偏差。具体来说，经济水平与市场化程度呈正相关，发达地区和成熟市场的交易成本相对较低（Jin & Deininger，2009），因此经济发展水平和市场化程度会影响决策偏差。此外，个人经验可以提高个体认知，使其更加理性（Tong et al.，2016），因此农民的市场交易经历以及耕作经验等可能会减少决策偏差。政策工具可以改变个人期望，影响行为动机，从而导致较低水平的偏差（Madrian，2014）。例如，土地产权的正规化可以显著降低交易成本（Holden et al.，2007），改变农民的地权稳定预期（Tella et al.，2007；Ma et al.，2015），最终影响农民决策行为。因此，在式4-6的基础上提出以下三个假说：

假说1（经济发展与市场条件假说）：经济发达和市场成熟地区的农户决策偏差较小，更倾向于采用效率原则而非满意原则。

根据式4-6，不能量化的决策偏差部分采用支付方式的离散值作为因变量进行回归分析，若经济和市场因素的系数为正且显著，则假说1得以验证。若直接使用量化的决策偏差作为因变量，经济和市场因素的系数为负且显著，那么这一假说也得以验证。

假说2（个人经验假说）：个人经验较多的农户决策偏差较小，更倾向于采用效率原则而非满意原则。

根据式（4-6），若个人经验变量对决策偏差的影响显著为负，则可以验证假说2。

假说3（正式规则假说）：土地确权登记颁证也可以减少决策偏差，拥有土地承包经营权证书的农户更倾向于采用效率原则，而不是满意原则。

根据式（4-6），若土地承包经营权证书对决策偏差的影响显著为负，则可以验证假说3。

总之，如果假说1、2和3都得到检验，图4-12中所阐述的理论框架就能得到验证。下面先对中国农村土地流转的现状特点以及制度背景进行描述分析，然后再进行严谨的计量检验。

三、中国农村土地流转的制度背景、现状和特点

（一）中国农地流转制度背景

首先需要指出的是，中国农村土地和城市土地采用集体所有和国家所有两种不同的公有制形式。农村土地属于集体所有，不得进行买卖，但可以由集体承包给农村家庭且允许在农户间进行流转（转让）。1978年家庭联产承包责任制实行以来，中国出台了一系列"农民土地承包关系长久不变"的相关规定（见表4-22）。

表4-22 中国农村土地承包和农地流转的典型政策文件（1984—2018年）

领域	时间	规定	相关政策文件
土地承包	1984年	农村土地承包期限仍为15年（即一轮承包）	《中共中央关于农村工作的通知》
	1993年	农村土地承包期限再延长30年不变（即二轮承包）	《中共中央、国务院关于当前农业和农村经济发展的若干政策措施》
	2008年	现有土地承包关系要保持稳定并长久不变	《中共中央关于推进农村改革发展若干重大问题的决定》
	2013年	稳定农村土地承包关系并保持长久不变	《中共中央关于全面深化改革若干重大问题的决定》
	2017年	保持土地承包关系稳定并长久不变，第二轮土地承包到期后再延长30年	《决胜全面建成小康社会 夺取新时代中国特色社会主义伟大胜利——在中国共产党第十九次全国代表大会上的报告》
土地流转	1988年	农村土地租赁市场正式开放	《中华人民共和国宪法修正案》《中华人民共和国土地管理法》
	2002年	（1）农户承包权得到保障；（2）依法规范农村土地租赁市场	《中华人民共和国农村土地承包法》
	2005年	（1）正式提出土地承包经营权流转；（2）正式提出相应的管理办法	《农村土地承包经营权流转管理办法》
	2007年	认为农村土地承包经营权为用益物权，采取转包、互换、转让等方式流转	《中华人民共和国物权法》
	2008年	农村土地市场的建立和完善受到重视	《中共中央关于推进农村改革发展若干重大问题的决定》
	2013年	通过土地确权登记颁证正式化农村土地产权	《中共中央、国务院关于加快发展现代农业进一步增强农村发展活力的若干意见》
	2014年	土地所有权、承包权、经营权三权分置	《关于引导农村土地经营权有序流转发展农业适度规模经营的意见》

续表

领域	时间	规定	相关政策文件
	2018 年	(1) 落实农村土地承包关系稳定并长久不变政策； (2) 土地承包经营权的确权登记颁证工作基本完成； (3) 土地经营权应得到平等保护	《中共中央、国务院关于实施乡村振兴战略的意见》

　　土地使用权的个体化不可避免地导致了农村土地租赁市场（即农村土地使用权交易市场）的出现，尽管这一市场直到 1988 年才正式被法律所允许。2002 年，为保障农户承包权，中央政府出台《中华人民共和国农村土地承包法》，用一章的内容专门规范农村土地租赁市场。此后，中央政府进一步出台了一系列促进农地流转、实现规模经营的相关政策，农地流转比例不断上升（见表 4-23）。

表 4-23　农村土地流转情况时序变化

年份	农地流转面积占比（%）	流转农户占比（%）	转出农户占比（%）	现金交易		实物交易比例（%）	零租金比例（%）
				比例（%）	年租金（元/亩）		
2001	—	33.8	17.4	26.1	150	18.0	55.9
2005	4.50	32.9	15.9	33.6	133	14.0	52.4
2008	8.07	30.5	15.0	42.9	248	16.7	40.4
2010	14.70	27.5	15.6	55.7	400	13.5	30.8
2016	35.10	31.9	20.3	75.5	600	9.6	14.9
2018	—	34.9	22.1	78.2	609	6.3	15.5

　　资料来源：农地流转面积占比数据来自国家统计局和农业农村部；其他变量（流转农户占比、转出农户占比、现金交易比例及租金、实物交易比例和零租金比例）数据来自历年 17 省农地调查以及 2018 年"千人百村"调查。
　　注：农地流转面积占比为农地流转面积占总承包地面积的比例；流转农户占比为农地流转农户占总农户的比例；转出农户占比为农地转出农户占总农户的比例。

　　2013 年以来，农地市场进入快速发展阶段。在此期间出台了两大政策：一是 2013 年实行农村土地确权登记颁证，实现农村土地产权正规化；二是 2014 年实行土地所有权、承包权和经营权的三权分置（见表 4-22）。在上述中央政策的基础上，近年来中国坚持农地流转市场化改革，农地市场的发展主要呈现出以下两个特征：

　　第一，近年来中国农村土地市场发展迅速。2007 年前，农地市场流转率较低，农地流转面积占比不足 5%。但从 2007 年开始，农地流转面积的年均增长率近 3％（见图 4-13）。据中华人民共和国农业农村部统计，截至 2017 年底，我国承包农地流转面积已达 3 400 万公顷，占承包农地总面积的 37％。2001—2018 年，虽然农地流转农户占比波动不大，但同期农地转出农户占比从 17.4％ 上升至 22.1％（见表 4-23）。

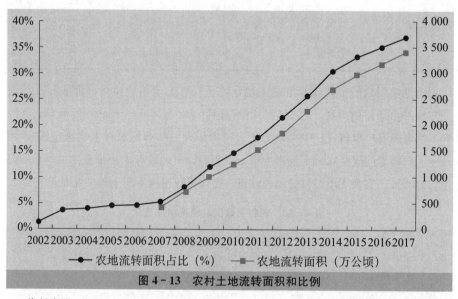

图 4-13　农村土地流转面积和比例

资料来源：https：//www.tuliu.com/data/nationalProgress.html；https：//www.tuliu.com/read-13877.html；http：//www.moa.gov.cn/gk/jyta/201809/t20180914_6157385.html.

第二，中国农村土地市场正在兴起，但尚不成熟。2001 年 17 省农地调查数据显示，多数流转农户（73.9％）以实物支付或不支付租金，以现金支付租金的农户不足三成（26.1％），平均租金为 150 元/（亩·年）。至 2008 年，仍有 82.6％ 的流转农户未签订流转合同，52.4％ 未明确流转期限，38.6％ 未收取任何实物或现金，而平均租金已上升至 248 元/（亩·年）。这种情况随着市场发展有所改善，至 2016 年，无论是流转给种植大户还是企业，多数农户都签订了合同（68.4％ 和 65.5％），且多数直接签订单独合同（64％ 和 61.4％）（叶剑平等，2018）。支付方式也不断转变，农户更愿意采用市场化的土地流转方式。2000 年以来，现金支付的比例不断提高，实物支付的比例逐渐降低（Chen，2018）。具体而言，2018 年收取现金租金的农户比例上升至 78.2％，平均租金为 609 元/（亩·年），而未收取实物或现金租金的农户比例下降至 21.8％（见表 4-23）。

（二）中国农地流转现状和特点

本节主要应用 2018 年"千人百村"调查数据进行描述分析。农地流转中的非市场价格可以通过比较农地流转租金（见图 4-14）以及交易方式（见图 4-15）

进行分析。约有 22％的被调查农户转出了土地，14％转入了土地，1％两者兼有，故约有 35％的被调查农户发生过土地流转行为。剔除异常值和缺失值后，有效问卷数为 2 774。农户平均转出租金约为 704 元/（亩·年），远高于平均转入租金［441 元/（亩·年）］，且二者均偏离平均流转租金［约 609 元/（亩·年）］。在支付方式上，大多数（78.2％）农户选择现金支付，少数农户收取实物租金（6.3％）或零租金流转（15.5％）。

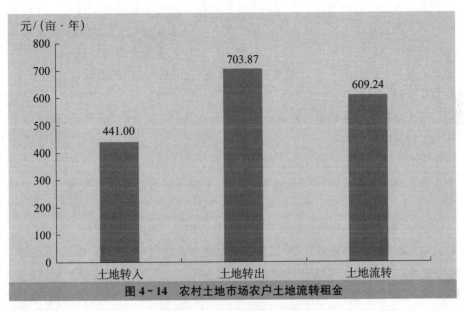

图 4-14　农村土地市场农户土地流转租金

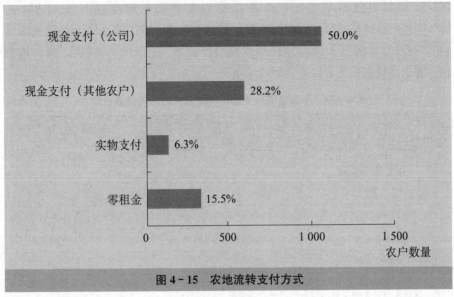

图 4-15　农地流转支付方式

在农村土地流转市场中，交易方式一般分为零租金、实物支付和现金支付（包括转让给农业公司和其他农户）。多数情况下，零租金是互惠交易模式（Chen et al.，2017）。在传统农业社会中，经营和耕种是维持土地所有权的基本方式（Janvry & Emerick，2015）。如果农户由于兼业或健康问题无法耕种土地，则会将土地转让给亲戚或朋友耕种，而不收取任何租金。这种安排既有利于转出土地的农户维护自身土地权利，又有利于新的"保管人"（custodians）从土地中获得收益，从而形成了互惠关系。货币的使用意味着市场的存在。农村土地市场有两种货币形式：粮食和钞票（现金）。粮食租金可兑换的现金金额通常低于现金租金。在市场化程度较低的熟人社会中，土地价值难以确定，信息收集成本过高，因此一些农户愿意接受粮食支付。同时，正式的转让合同很少，而口头合同普遍存在，这也使实物支付更为流行。相比之下，现金作为法定货币，对土地价值的衡量更为精确。随着农地市场的不断扩大和完善，信息不对称程度逐渐降低，农户与陌生人交易的机会增加。加之现行政策对土地规模经营的大力支持，现金支付逐渐占据主导地位。综上，从零租金、实物支付到现金支付，交易的市场化导向日益明显，越来越接近效率原则，决策偏差逐渐减少。

表4-24比较了两种类型的决策偏差在不同经济水平地区的差异。较发达地区采用现金支付的农户比例（79.57%）高于欠发达地区（75.61%）。此外，较发达地区将土地流转给公司的农户比例（56.09%）也明显高于欠发达地区（47.86%）。实物支付的农户在不同经济区域的比例特征与现金支付的农户的比例特征相似但频数较小，零租金交易的农户比例则相反，欠发达地区（20.23%）显著高于较发达地区（12.30%）。此外，较发达地区的量化决策偏差（149.10）也小于欠发达地区的量化决策偏差（150.90）。可见，经济越发达，非市场价格和决策偏差现象就越少。

表4-24 不同经济水平地区样本农户的决策偏差比较

农地流转相关变量	较发达地区（高）		欠发达地区（低）	
	频数	比例	频数	比例
现金支付（公司）	497	56.09%	414	47.86%
现金支付（其他农户）	208	23.48%	240	27.75%
实物支付	72	8.13%	36	4.16%
零租金	109	12.30%	175	20.23%
样本总量	886	100%	865	100%

注："高"表示该县人均可支配收入大于或等于中位数；"低"表示该县人均可支配收入低于中位数。量化决策偏差表示转出租金与该村平均租金之差的绝对值。

土地确权颁证是指政府对土地进行登记，向财产所有者颁发正式的资格文件（如"土地承包经营权证书"），以证明和确认其合法权利（Deininger，2003）。土地确权一方面有利于降低农民失地风险，提高农民对土地重视程度（Wang et al.，2018），另一方面有利于改善农地市场交易成本高、信息不对称等问题（Holden et al.，2007）。因此，土地确权颁证可以降低农地市场的风险和交易成本，使农民容易获得更多信息，从而减少决策偏差。

表 4 - 25 比较了两类决策偏差在不同土地确权率地区的差异。土地确权率较高的地区现金支付的农户比例（76.34%）略低于土地确权率较低的地区（78.93%），但在土地确权率较高的地区，与公司进行现金交易的农户比例（57.62%）大大高于土地确权率较低的地区（46.22%）。土地确权登记颁证更有利于降低农户与公司交易过程中的非市场价格影响，从而促进农户与公司进行交易。此外，土地确权率较高的地区零租金交易的农户比例（17.49%）高于土地确权率较低的地区（14.90%），该现象可用其他影响因素进行解释，具体将在后续计量检验部分进行讨论。土地确权率对实物支付的农户无显著影响。最后，土地确权率高的地区的量化决策偏差（126.22）显著小于土地确权率低的地区（173.86）。可见，土地确权登记颁证有利于减少偏好现金支付的农户的决策偏差。

表 4 - 25 不同土地确权率地区样本农户的决策偏差比较

农地流转相关变量	高		低	
	频数	比例	频数	比例
现金支付（公司）	514	57.62%	397	46.22%
现金支付（其他农民）	167	18.72%	281	32.71%
实物支付	55	6.17%	53	6.17%
零租金	156	17.49%	128	14.90%
样本总量	892	100%	859	100%

注："高"代表土地确权率（以省为单位，用已完成或正在进行农地确权的被调查村的数量除以该省被调查村总数）高于 50% 的省份的样本；"低"代表土地确权率低于 50% 的省份的样本。量化决策偏差表示转出租金与该村平均租金之差的绝对值。

四、计量检验

（一）变量测度和模型设定

上述描述性分析可以初步验证我们的假说，本部分进一步运用计量模型对假说进行更严谨的检验，所用数据仍然来自 2018 年"千人百村"调查数据。

如何量化测度农地市场中的农户决策偏差是计量分析的关键。我们选用两

种方法测度因变量 DB_i：（1）支付方式（Payment）的二元变量；（2）现金支付农户的量化决策偏差（ DB_{-out} ）。

上一部分已经讨论了支付方式的二元变量，这里重点讨论采取现金支付的农户的量化决策偏差。对于偏差为正的流转交易（卖方价格＞市场价格），决策偏差等于实际转出价格与市场价格之差。根据调查数据，实际转出价格已知，而市场价格是一个潜在变量，需要使用其他可观测变量进行衡量。我们将其定义为平均流转价格，之所以这样做有以下两点原因：第一，这一方法已被多数学者采用，在当前最为有效和常见。在有效市场中，大量交易会使商品价格长期稳定在当前市场价格附近（Kyle，1985）。因此某商品市场价格可定义为市场上所有类似商品的平均价格（Jacobson & Obermiller，1990；Aaker，1996）。例如，研究表明，预期价格是受历史和近期可获得信息影响的潜在变量，被定义为历史价格和确定价格（correct price）的加权平均值（Bao & Gong，2016）。潜在变量可以用其临近区间内的均值计算。第二，我们会进一步通过相关实证检验其稳健性。与多数行为经济学者研究使用的实验方法不同，我们使用问卷调查方法获取实际数据以反映真实情况。考虑到市场价格本身很难衡量，我们使用不同年份的调查数据和不同形式的误差测量模型检验其稳健性。结果表明，采用流转均价为农地市场价格的代理变量是一种较为准确和稳健的方法。由于村庄特征对农地流转价格影响显著但村内差异较小，且农地流转范围一般仅限于行政村内（Hong，2009），所以我们以行政村为单位计算平均值，将某行政村农地流转的平均租金作为其市场价格。

在自变量方面，我们重点关注经济条件、市场化程度和土地承包经营权证书对农户决策原则和决策偏差的影响。当地经济状况可用该县人均可支配收入的对数及其平方项衡量；市场化程度可用村内从事规模经营的农户和公司数量衡量，农村地区的社会网络和熟人（如亲戚和邻居）交易是非市场交易存在的重要原因，而规模经营的组织形式更加市场化，非熟人交易的参与比例较高；此外，交易的频率和规模可以反映土地市场的发展水平，其与规模经营者的数量呈正相关性。因此，村内规模经营者的数量越多，市场化程度越高（Jia et al.，2003；Wang et al.，2016）。村是否完成了土地承包经营权登记颁证会影响该村正式规则的实施情况。

计量模型的设定如下。首先，根据流转过程是否发生租金支付行为将农户分为两类，此时模型因变量（Payment）为 0-1 变量，属于限值因变量，我们选择Probit模型。其次，通过实际租金与平均租金之间的差额计算以现金支付农户的量化决策偏差，由于因变量是连续的，我们使用 OLS 模型。估计模型见式 4-6，两模型的关键自变量相似。表 4-27 为因变量和相关自变量的描述性统计。

表 4-26　变量描述性统计

类别	变量名称	变量定义	样本量	均值	方差
支付方式 - Probit					
因变量	Payment	如果土地流转租金为正（现金或实物支付），则为 1，否则为 0	1 751	0.84	0.37
解释变量	Reconomy	该县人均可支配收入的对数	1 751	9.55	0.35
	Vcertificate	该村已完成土地确权登记取 1，否则为 0	1 751	0.44	0.50
	Vcer × PAI	Vcertificate 和 PAI 的交叉项	1 751	0.06	0.23
	Vcompany	村里从事大规模经营的农户和公司的数量	1 751	4.85	3.52
	Age	户主年龄	1 751	58.48	12.84
地理特征	Hill	如果村庄位于丘陵地带，则为 1，否则为 0	1 751	0.09	0.29
	Mountain	如果村庄位于山地，则为 1，否则为 0	1 751	0.18	0.38
	Distance	到县城距离（公里）	1 751	27.59	22.19
农户特征	Education	户主受教育年限	1 751	7.54	3.63
	PAI	农业收入占比	1 751	0.21	0.31
土地转出特征	Time	如果土地是在 2016 年及以后转出的，则为 1，否则为 0	1 751	0.47	0.50
	Areas	转出土地面积（亩）	1 751	4.93	8.77
量化决策偏差 - OLS					
因变量	DB_out	土地转出量化决策偏差〔元/（亩·年）〕	1 352	150.00	209.63
解释变量	Reconomy	该县人均可支配收入的对数	1 352	9.57	0.36
	Reconomy^2	Reconomy 的平方	1 352	91.71	7.01
	Vcertificate	如果该村已完成土地确权登记发证任务，则为 1，否则为 0	1 352	0.44	0.50
	Vcompany	村里从事大规模经营的农民和公司的数量	1 352	5.38	3.35
	Age	户主年龄	1 352	58.34	12.93

续表

类别	变量名称	变量定义	样本量	均值	方差
地理特征	Hill	如果村庄位于丘陵地带，则为1，否则为0	1 352	0.24	0.43
	Mountain	如果村庄位于山地，则为1，否则为0	1 352	0.15	0.36
	Distance	到县城距离（公里）	1 352	26.88	22.07
农户特征	Education	户主受教育年限	1 352	7.49	3.67
	PAI	农业收入占比	1 352	0.21	0.31
土地转出特征	Outlar	如果土地转出给农民或公司，则为1，否则为0	1 352	0.67	0.47
	Outime	如果土地是在2016年及以后转出的，则为1，否则为0	1 352	0.43	0.49
	Outareas	土地转出面积（亩）	1 352	5.19	9.61
区域变量	West	西部12个省级行政单位	1 352	0.42	0.49
	East	东部10个省级行政单位	1 352	0.26	0.44

（二）支付方式的 Probit 回归结果

表4-27显示了Probit模型的估计结果，这里因变量代表的两种支付情形差异巨大，因变量取0时表示农户几乎完全按照满意原则进行决策，其对应的农村土地市场是高度扭曲的。结果显示：第一，经济发展水平和市场化程度的系数均为正且分别在1%和5%的显著性水平上显著，即二者对决策偏差具有显著负向影响。经济发展水平越高、市场越成熟的地区，交易成本较低，农户更易于与陌生人进行交易，因而更倾向于选择现金交易，减少决策偏差。第二，土地承包经营权证书系数在1%显著性水平下显著为负，而其与农业收入占比的交叉项则在1%显著性水平下显著为正。这一结果表明，土地承包经营权证书只能有效减少以农业收入为主的农户的决策偏差。因此，在广泛采用零租金的地区，可以通过土地确权登记颁证有效解决农业农民的决策偏差问题。而对于非农收入占比较高的农户，市场的进一步规范化和标准化将更加有效。第三，解释变量（年龄）对农户决策偏差没有显著影响，这表明在一个高度扭曲的市场中，个人经验不能有效减少决策偏差。可见，提供能够提高市场化程度、促进土地产权明晰的农村土地制度，对我国农村传统交易方式向市场方式的转变十分必要。

表 4 - 27　支付方式模型估计结果

因变量	支付方式（1＝实物租金，0＝零租金）	
类别	自变量	Probit
经济发展水平	Reconomy	0.348 7**
市场化程度	Vcompany	0.080 1***
个人经验	Age	−0.001 7
正式规则	Vcertificate	−0.366 4***
	Vcer×PAI	0.806 9***
控制变量	Hill	−2.105 8***
	Mountain	−0.757 0***
	Distance	−0.006 9***
	Education	−0.031 7**
	PAI	−0.126 8
	Time	−0.605 3***
	Areas	0.003 5
常数项	—	−1.149 3
观测个数	—	1 751
LR Chi^2	—	515.81（p＜0.01）
Pseudo R^2	—	0.332 3

注：*、**、***分别代表 10％、5％、1％显著性水平。

（三）量化决策偏差的 OLS 回归结果

表 4 - 28 显示了 OLS 模型的估计结果，因变量衡量的是采取现金交易的农户的决策偏差，即此情形下的农村土地市场具有一定的市场交易基础。在模型 Ⅰ～Ⅳ中分别放入四个关键解释变量（经济发展水平、市场化程度、个人经验、正式规则）的估计结果，模型 Ⅴ 包含所有四个关键变量。结果显示：第一，经济发展水平的系数显著为正，而二次项系数显著为负，其对决策偏差的影响呈倒 U 型。在欠发达地区，决策偏差随经济增长而增大。到达拐点后（人均可支配收入约为 16 000 元/年），随着经济的持续增长，决策偏差开始减小。市场化程度的系数显著为负，这与 Probit 模型的估计结果一致，即市场化程度可以有效减少农户决策偏差。第二，土地承包经营权证书的系数显著为负，完成承包地确权登记颁证的村庄，农户的决策偏差较小。与 Probit 模型估计结果不同，土地承包经营权证书能有效减小所有采取现金交易的农户的决策偏差，这也支持了多数学者的研究结论，即足够发达的经济和市场条件是土地证书生效

表 4 - 28 农户量化决策偏差模型估计结果

因变量：量化决策偏差

类别	自变量	模型 I	模型 II	模型 III	模型 IV	模型 V
经济发展水平	Reconomy	4 297.861 0***	—	—	—	3 977.974***
	Reconomy²	−221.923 3***	—	—	—	−204.516***
市场化程度	Vcompany	—	−4.884 7***	—	—	−3.434 4*
个人经验	Age	—	—	−1.618 4***	—	−1.388 4***
正式规则	Vcertificate	—	—	—	−19.345 1*	−24.201 6**
控制变量	Hill	−23.342 6*	−20.175 4	−18.157 5	−15.786 8	−29.099 4**
	Mountain	14.434 9	−16.069 9	−20.001 9	−16.529 4	6.614 5
	Distance	0.023 4	−0.240 5	−0.813 3	−0.228 8	0.011 7
	Education	1.864 7	1.058 9	−0.792 9	1.033 5	−0.941 5
	Outlar	−38.405 9***	−35.260 6***	−42.695 2***	−41.717 1***	−33.570 6***
	PAI	25.805 3	22.588 8	28.523 2	25.947 9	25.714 2
	Outime	−0.125 8	2.492 6	4.934 6	0.573 9	1.451 9
	Outareas	−0.859 7	−0.461 8	−0.463 6	−0.429 5	−0.857 3
常数项		−20 602.53	285.49	187.63	−19 017.87	—
观测个数		1 352	1 352	1 352	1 352	—
F值		5.67 (p<0.01)	3.17 (p<0.01)	2.25 (p<0.01)	5.66 (p<0.01)	—
R^2		0.040 5	0.020 8	0.014 9	0.052 1	—

注：*、**、*** 分别代表10%、5%、1%显著性水平。

的先决条件（Manji，2003；Deininger & Feder，2009）。第三，解释变量（年龄）的系数显著为负，说明经验对减少现金支付的农户在农地市场的决策偏差有一定帮助。已有研究表明，经验通常可以影响个体计算能力和决策偏差，但关于这一影响是积极还是消极的，目前尚无定论。有学者认为，经验可以减少甚至消除心理倾向（Kunreuther et al.，2013；Thaler，2016；Ton et al.，2016），但也有学者指出，即使是专业人士也会存在心理倾向，且有时可能比门外汉更甚（Kaustia et al.，2008；Pope & Schweitzer，2011）。

（四）稳健性检验

为保证实证结果在有可能受到市场价格潜在的测量误差以及未观测到的遗漏变量等因素的影响下仍然稳健，需进一步对结果进行稳健性检验。具体而言，我们在原始回归中加入了区域控制变量，并运用不同年份调查数据重复上述回归，以排除未观测到的其他因素的影响。

（1）对测量误差和区域变量的检验。首先，我们估计市场价格测量误差对回归结果的影响。我们将真实市场价格表示为 P^*，观测市场价格表示为 P，测量误差表示为 ξ。因此，$P-P^*=\xi$ 且 $DB\_{out}-DB\_{out}^*=\xi$。然后得出真实市场价格下的估计方程（式（4-7））和观察市场价格下的估计方程（式（4-8））。

$$DB\_{out}^* = \gamma_0 + \sum_{j=1}^{n} \gamma_j x_{i,j} + \sum_{l=1}^{m} \gamma_{j+l} X_{k(i),l} + e \tag{4-7}$$

$$DB\_{out} = \gamma_0 + \sum_{j=1}^{n} \gamma_j x_{i,j} + \sum_{l=1}^{m} \gamma_{j+l} X_{k(i),l} + e + \xi \tag{4-8}$$

若 ξ 与自变量不相关，则测量误差不会对回归结果有显著影响，即 $e+\xi$ 仍应满足零条件均值假定。因此，我们以残差项 $e+\xi$ 为因变量进行回归。所有的系数都接近于 0，F 检验和 t 检验的 P 值接近 1，故残差项与自变量不相关。因此，尽管 DB_{out} 存在一定测量误差，回归结果依然是稳健的。

进而探讨区域分布对模型稳健性的影响。根据国家统计局标准划分为东部、中部、西部、东北四个区域，将东部和西部地区作为虚拟变量分别纳入模型进行控制，如表 4-29 所示，回归结果同样稳健。

表 4-29　考虑区域变量的模型估计结果

类别	自变量	因变量：量化决策偏差	
		模型 I	模型 II
经济发展水平	Reconomy	3 684.290 0***	3 323.365 0***
	Reconomy²	−188.647 0***	−169.359 5***
市场化程度	Vcompany	−3.483 2*	−3.913 4**

续表

		因变量：量化决策偏差	
个人经验	Age	−1.392 8***	−1.355 3***
正式规则	Vcertificate	−26.784 2**	−18.014 3*
控制变量	Hill	−34.139 1**	−29.431 7**
	Mountain	5.726 1	−13.966 1
	Distance	−0.036 3	0.024 9
	Education	−0.854 2	−1.075 7
	Outlar	−32.192 2***	−31.536 5**
	PAI	26.921 3*	32.505 4*
	Outime	3.369 7	0.816 4
	Outareas	−0.982 1*	−0.877 0
区域变量	West	−22.791 3*	
	East		77.622 6***
常数项		−17 651.01***	−15 998.78***
观测个数		1 352	1 352
F 值		5.44 (p<0.01)	7.67 (p<0.01)
R^2		0.053 9	0.074 4

注：*、**、*** 分别代表10%、5%、1%显著性水平。

（2）使用其他样本数据进行检验。我们使用2019年"千人百村"调查数据检验稳健性。此次调查在128个样本村共收集了4 471份有效问卷。基于该数据对表4-28中模型Ⅴ重新进行回归，估计结果如表4-30所示。模型Ⅰ为原始模型，模型Ⅱ进一步控制了地块质量变量（2019年"千人百村"调查），回归结果与2018年基本一致，除年龄变量显著性不稳定外，其余解释变量与决策偏差之间均存在显著负相关关系，因此表明前面的估计结果是稳健的。

表4-30 基于2019年"千人百村"调查数据的模型估计结果

		因变量：量化决策偏差	
类别	自变量	模型Ⅰ	模型Ⅱ
经济发展水平	Reconomy	−509.466 5**	−428.987 4*
	Reconomy²	32.779 9***	28.444 2**
市场化程度	Vcompany	−7.376 6***	−5.454 8**

续表

		因变量：量化决策偏差	
个人经验	Age	−0.706 9	−0.434 8
正式规则	Vcertificate	−75.281 6***	−71.893 2***
控制变量	Hill	−27.363 5	16.604 9
	Mountain	162.674 7***	168.213 0***
	Distance	−0.187 5	−0.184 9
	Education	−4.793 3*	−3.576 3
	Outlar	22.939 1	34.696 4*
	PAI	−5.282 5	−12.728 0
	Outime	−4.644 3	−16.559 7
	Outareas	−0.164 6	−0.151 9
	Landtype		−98.438 8***
	Plotslope		93.667 3***
	Soil		−25.975 4
	Irrigation		67.534 4**
常数项		2 292.53**	1 798.85*	—
观测个数		755	755	—
F 值		10.08（p<0.01）	10.27（p<0.01）	—
R²		0.150 3	0.191 5	—

注：*、**、*** 分别代表 10%、5% 和 1% 显著性水平。2019 年的调查增加了关于土地质量的新问题，我们进一步考虑地块质量是否对结果有扭曲作用（见模型Ⅱ），涉及的变量有土地类型（1为水田，否则为 0）、地块坡度（1 为平地，否则为 0）、土壤（1 为壤土，否则为 0）、灌溉（1 为容易灌溉，否则为 0）。

　　综上，非市场交易在转型经济体中十分常见，往往表现为交易价格与市场价格之间的偏差。新古典经济学难以对其进行充分解释。因此，在有限理性理论的基础上，我们从个人决策行为角度讨论了这一偏差产生的原因。具体而言，我们建立了一个基于决策原则的理论框架，解释农村土地市场中农户的决策偏差，并探索这些偏差背后的影响因素，据此提出了三个假说，并进行实证检验。具体结论如下。

　　首先，农户采用满意原则进行决策是造成决策偏差的主要原因。新古典经济学认为，个体追求利润最大化，基于效率原则进行决策。而西蒙提出，个体是有限理性的，通常采取满意原则进行决策。考虑到个人无法准确计算交易中的各项成本，也难以消除自己的心理倾向，人们更加追求满足自身期望的结果，因此产生了对最优的偏离。其次，在经济发达、市场成熟、土地确权颁证登记水平较高的地区，农户的决策偏差通常较小。这些因素可以降低交易成本，提高农户成本计算的准确性，从而减少决策偏差。最后，相关经验丰富的农户具有更高的能力和理性水平，更有可能采取效率原则。因此经验有助于减少农户决策偏差。

可以从上述分析中获得三点政策启示。第一，应积极实施相关政策，促进农村市场发展和农户市场参与。农村土地市场以熟人社会为主导，农户缺乏与陌生人交易的机会。因此，应提供更广阔的平台、更规范的环境和更完善的制度，促进农户进入土地市场。土地确权颁证登记是最迫切需要的政策工具之一。农地确权是农户进入土地市场的关键步骤。因此，土地确权颁证登记亟待全面细化推广。第二，政策的实施需因地制宜，充分考虑当地的实际情况。一些影响因素需要具体的前提条件才能发挥作用。例如要使土地承包经营权证书有效发挥作用，需要足够高的经济发展水平和市场化程度。因此，充分考虑当地禀赋条件，对政策进行相应调整十分必要。第三，需要为农户提供更丰富的市场交易相关知识的学习机会。农户年龄对量化决策偏差具有显著负向影响，这解释了农村地区的长者一般有更多土地耕种和交易经验。因此，提高农户对市场交易相关知识的了解程度有利于其进行更为理性的定价和决策。

当然，本部分是关于决策偏差及其影响因素的探索性研究，有些问题还需要进一步探讨。第一，决策偏差的测度仍待进一步精确。其中最困难的是市场价格的衡量。以往研究多使用实验方法直接确定市场价格，而我们则通过问卷调查数据进一步了解现实状况，将平均交易价格作为市场价格的代理变量。由于这种方法包含一定误差，未来研究中仍要寻求更好的替代方法。第二，经验的作用有待进一步探讨。经验有利于减少农村土地市场的决策偏差，这与部分相关研究结论一致（Kunreuther et al.，2013；Thaler，2016）。而有的学者坚持认为，有经验的人事实上可能比没有经验的人表现出更多的决策偏差（Bokhari & Geltner，2011；Reyna et al.，2014）。因此，经验对决策偏差产生不同影响的原因及机制仍需进一步探究。

本章主要探讨农地转让权改革。首先，构建一个"效率-公平"不可分的农地转让权改革分析框架，对农地使用权改革和农地转让权改革进行实证分析，指出效率-公平的权衡是导致农地转让权改革困难的重要原因。其次，以中国农村土地制度改革"三项试点"为例，分析中央主导的地方试验（试点改革）的特征以及中央行为逻辑。最后，以"三项试点"改革中的 33 个试点地区的集体经营性建设用地入市改革（简称入市改革）为例，研究农地转让权改革中的一个关键——土地增值收益分配的测算分析，特别是对入市改革中的土地增值收益调节金比例及影响因素进行测算分析。

第一节 农地转让权改革：效率-公平权衡难题[①]

一、问题的提出

改革开放以来，随着社会主义市场经济体制建设的深入，为解决农村土地细碎化、农业兼业化等问题，农村土地流转改革提上日程。1984 年中央一号文件"鼓励土地逐步向种田能手集中"，标志着农村土地使用权流转改革的开启，特别是经济发达地区通过租赁制、两田制、股份制等多种形式尝试承包地流转。20 世纪 90 年代后期，国家强调在"坚持土地集体所有和不改变土地用途"的前提下，鼓励进一步繁荣农村土地流转市场，以解决农村土地撂荒、生产效率低下等问题。2001 年《中共中央关于做好农户承包地使用权流转工作的通知》

---

① 丰雷，胡依洁，蒋妍，等. 中国农村土地转让权改革的深化与突破：基于 2018 年"千人百村"调查的分析和建议. 中国农村经济，2020（12）；本节的实证分析部分已增补 2021 年"千人百村"调查数据分析。

和 2002 年《中华人民共和国农村土地承包法》对农村土地使用权流转的主体、形式作出了具体规定和立法，进一步加速了农村土地流转的速度并扩大规模经营程度。集体建设用地使用权的流转在农户间时有发生，国家法律法规将宅基地使用权的受让范围局限于"本集体经济组织内部"（高圣平，2019）。改革开放以来，法律一直规定征地是农村土地非农化的唯一合法途径，政府是主导地类转换的唯一合法主体。进入 21 世纪，鉴于征地矛盾日益突出，关于农村土地非农化市场交易，政策经历了从全面禁止到允许有条件流转的转变（钱忠好等，2013）。目前农村土地使用权流转市场已初步建立，但是依然存在活力不足、规模不大、结构不协调等问题（刘守英，2014），其中涉及用途转换的农村土地转让权改革举步维艰。尽管国家开始"逐步建立城乡统一的建设用地市场"，推进国有建设用地与农村土地同权同价，但是农村土地依然不能直接进入土地一级市场进行交易，尚未突破向非农用地的转换限制。

党的十八大以来，农村土地制度改革进入全面深化阶段。在进一步推进使用权改革的基础上，开始进行转让权改革的突破与创新，尤其加大了涉及用途转换的农村土地流转改革的力度。使用权改革是转让权改革深化的前提和基础。2014 年中共中央明确提出，用 5 年左右时间基本完成土地承包经营权确权登记颁证工作；党的十九大报告再次提出，保持土地承包关系稳定并长久不变，第二轮土地承包到期后再延长 30 年。

在农村土地转让权改革方面，2013 年 11 月十八届三中全会通过的《中共中央关于全面深化改革若干重大问题的决定》明确提出：建设城乡统一的建设用地市场，建立兼顾国家、集体、个人的土地增值收益分配机制，合理提高个人收益；赋予农民更多财产权利，保障农民公平分享土地增值收益。2014 年 12 月，中共中央办公厅和国务院办公厅联合印发了《关于农村土地征收、集体经营性建设用地入市、宅基地制度改革试点工作的意见》（中办发〔2014〕71 号，即"71 号文"），明确提出：以建立兼顾国家、集体、个人的土地增值收益分配机制为关键，以维护农民土地权益、保障农民公平分享土地增值收益为目的，建立兼顾国家、集体、个人的土地增值收益分配机制，合理提高个人收益。2015 年 1 月《国土资源部关于印发农村土地征收、集体经营性建设用地入市和宅基地制度改革试点实施细则的通知》（国土资发〔2015〕35 号，即"35 号文"）进一步明确了土地制度改革"三项试点"各自的实施细则。2015 年 2 月，经全国人民代表大会常务委员会授权批准，北京大兴等 33 个试点县（市、区）开始了农村土地征收、集体经营性建设用地入市、宅基地制度改革的试点工作。2016 年 4 月财政部和国土资源部联合印发了《农村集体经营性建设用地土地增值收益调节金征收使用管理暂行办法》（财税〔2016〕41 号，即"41 号文"），落实并细化了土地增值收益分配的制度框架。"71 号文"、"35 号文"和"41 号文"这三个文件构成了中国农村土地制度"三项试点"改革的纲领性框架。随着试点改革的深入，2018 年 2 月中央一号文件《中共中央、国务院关于实施乡村振兴战略的意见》明确提出宅基地"三权分置"，促进宅基地使用权有限度地进入市场。2020 年 1 月新修订的《中华人民共和国土地管理法》正式施行，尽管宅基地流转的"口子"并无实质性的松动（只是"鼓励农村集体经济组织及其成员盘活利用闲置宅基地和闲置住宅"），但是新修订的《中华人民共和国土地管理法》删除了"从事非农业建设使用土地的，必须使用国有土地或者征为国有的原集体土地"的旧规定，在集体经营性建设用地入市和征地程序规范等方面也有所完善。

当前，有关农村土地使用权改革的政策演变（冀县卿等，2013；叶剑平等，2018）及其与经济绩效关系的研究（黄季焜等，2012；程令国等，2016），与农村土地转让权改革的相关研究（周其仁，2004；谢冬水，2014）大多是分开进行的。在农村土地转让权改革的研究中，保持原用途的农村土地流转改革（康雄华等，2008）与改变原用途的农村土地转让权改革（严金明等，2018）的研究也未纳入统一分析框架。对农村土地产权制度变迁中产权结构进行细分，建立中国农村土地制度综合改革的研究框架，有助于理解与把握改革的内部关系，探讨实践中的复杂问题（李宁等，2017）。

本节主要基于中国人民大学 2018 年和 2021 年"千人百村"调查数据，并对比 1999—2016 年 17 省农地调查以及 2016 年 5 省农地确权调查结果，尝试构建一个"效率-公平"不可分的农村土地转让权改革分析框架，对农村土地使用权改革（如确权登记颁证等）与农村土地转让权改革（包括不转用途的承包地流转和规模经营，以及转用途的农村土地制度"三项试点"改革等）进行实证分析，探讨产权明晰与经济绩效的关系、程序正义和收益分配与农民满意度的关系，呈现农村土地制度改革的成效、问题和挑战，并为进一步深化农村土地转让权改革提供理论和实证依据。

二、"效率-公平"不可分的农地转让权改革分析框架

（一）综合的中国农村土地制度改革框架

产权一般由资源的排他使用权、收益权和转让权三部分构成，转让权是指通过出售或其他方式转让资源给他人的权利。清楚界定的转让权一定包含清晰的使用权和收益权，因此也起着更为关键的作用（周其仁，2004）。目前农村土地制度改革已进入深水区和关键期，与相对成功的土地使用权改革相比，以征地制度为代表的农村土地转让权改革大大滞后（周其仁，2004；张曙光，2007；

丰雷，2018）。转让权制度改革及其强调对"不转变用途"和"转变用途"进行区分，是当前深化农村土地制度改革的关键（周其仁，2004；刘守英，2014；李宁等，2017；丰雷，2018），涉及农户是否被排除在农村土地的非农用使用权之外、决策权是否受到限制以及收益权是否得到保障的问题（张曙光，2007），决定了土地制度改革乃至国家整体改革的成败。

尽管现行法律制度尚未对转让权进行十分清楚的界定，但可以明确的是，我国《农村土地承包法》等关于农户土地承包权和转让权的界定，全部以"土地的农业用途"为限（周其仁，2004；丰雷，2018），对于农村土地流转特别是用于非农业经营权的限制，在一定程度上加强和固化了土地权利的二元分割（张曙光，2007）。换言之，在现行农村土地制度下，由于农业用途的限制，土地转让权并不完全：农村承包地经营权流转大部分限于农业用途下的本地区内部交易，仍有部分流转行为属于无充分竞争价格的非市场化交易；农村宅基地暂不能出售，仅允许在试点地区进行抵押，更不能在城乡居民之间和不同集体组织成员之间自由流转（周其仁，2004；刘守英，2014；丰雷，2018）。

完整的土地转让权可以分为不转变用途的流转和转变用途的流转。前者是维持农地的原用途不变，改革内容侧重在相对成功的使用权改革基础上，赋予农户有限度的不转变用途的转让权，涉及农用地流转制度改革和非农用地流转制度改革。在不改变用途的前提下，农村土地资源在农村土地使用者之间流转的实质是权利的转移，又被称为农村土地"内部流转"（康雄华等，2008）。后者则是更为深入和广泛的农村土地转用制度，可称为农村土地"外部流转"，主要涉及用途转换问题，包括农转非的改革（如农村土地通过征收转为国有建设用地，以及盘活宅基地和集体经营性建设用地直接进入市场等）以及非农用地之间的转换（宅基地向集体经营性建设用地转换等），即目前开展的农村土地制度"三项试点"改革。

综上分析，农村土地制度改革可以分为使用权改革和转让权改革两大部分，成功的使用权改革是进一步深化转让权改革的基础和保障。转让权改革则可根据是否发生用途的转换，进一步划分为内部流转与外部流转两大类。一个初步构建的综合的农村土地制度改革分析框架见图 5-1。

（二）"效率-公平"不可分的农地转让权改革框架

进一步研究农村土地转让权改革的深化和突破问题，则"效率-公平"问题不可分立而谈，即产权界定和制度安排、经济绩效、收益分配和程序正义之间密切关联，需要联立分析（见图 5-2）。

首先，在效率问题上，产权界定和制度安排是决定经济绩效的关键（North，1990；Soto，2000）（见图 5-2 路径 a）。这一新制度经济学的核心观点在中国农村土地制度改革领域得到了初步验证。家庭联产承包责任制及其后

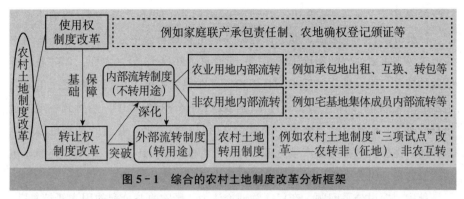

图 5-1 综合的农村土地制度改革分析框架

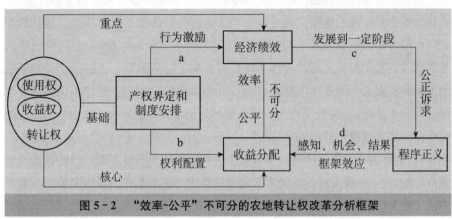

图 5-2 "效率-公平"不可分的农地转让权改革分析框架

续一系列农村土地制度改革稳定了农村土地使用权，提升了产权人的信心，进而增加了土地长期投入，促进土地流转和规模化经营，并获得信贷支持，从而提高了农业生产率，促进了农业增长（Lin，1992；黄季焜等，2012）。农村土地制度改革也促进了农业剩余劳动力迁移，从而加速了工业化和城镇化的进程（Lin，1992；Binswanger et al.，1995；游和远等，2010）。以农村土地制度改革为基础形成的独特的土地制度安排为中国经济转型和发展提供了动力，成为中国经济高速增长和结构变革的发动机（刘守英，2018）。

其次，转让权改革的核心是土地增值收益分配，涉及经济学中的效率与公平不可分的问题，体现在以下两个方面：一方面，产权界定和制度安排通过权利的重新配置影响了收益分配的公平性（见图 5-2 路径 b）。也就是说，产权界定不仅提供了影响经济绩效的行为的激励，而且决定了谁是经济活动的主角，并因此决定着社会财富的分配（周其仁，2004）；制度安排也从来不只是一个"全社会"的效率问题，还有一个"对谁的"效率问题，其在决定资源配置的同时也决定了不同群体的经济优势和机会的重新分配（Bowles，2004；Bromley，1989）。地权对于农户来说，并非单纯的经济问题，还包含了政治社会文化的更广泛的含义（Barrows & Roth，1990；Sjaastad & Cousins，2009），具有生产要素、社会分工、收入来源、养老保障以及满足农户对公平公正和稳定发展的内在诉求等多重属性（胡新艳等，2013；黄鹏进，2014）。另一方面，伴随着经济绩效的提升，民众的公正诉求与日俱增，并在很大程度上体现在对程序正义的追求上（见图5-2路径c）。具体来说，政治经济学研究表明，当达到一定的富裕程度时，人们通常会主张更多的政治自由与社会公平，普遍的富裕也会造就新群体，在公共选择方面产生更多社会公平诉求（Lipset & Martin，1960），包括结果公平、机会公平以及程序公平等多维度（孟天广，2012）。

最后，探讨公平问题。产权缔约理论认为，影响收益分配的因素错综复杂，包括制度变化带来的期望总收益的大小、谈判各方的数目和异质性、现有的和拟议中的分配扭曲或集中程度以及信息问题等（Libecap，1989）。讨价还价理论表明谈判程序安排及其规范性不仅直接影响了公平感知，还进一步导致了谈判结果和实质公平的差异（穆素，2005；晋洪涛等，2010）。程序正义的重要性（见图5-2路径d）得到了行为经济学家的支持，人们的反应还取决于引致这些反应的情境和过程，即"框架效应"（Tversky & Kahneman，1981；威尔金森，2012）。实际上，行为主体在公平与效率的动态权衡中不断调整自己的认知（丰雷等，2013），制度变迁不仅受客观环境的影响，也受主观因素的影响，后者又取决于社会的正义标准和公平定义。

接下来，有关"效率"问题的分析将侧重于产权明晰（农地确权）对经济绩效的提升（直接促进土地流转和规模经营、租金显化、投资增多、信贷发展，甚至间接作用于农业转型、产业升级和农户增收等）。关于"公平"问题，则聚焦在公平感知（农户的确权、征地和居住满意度）、机会公平（确权是否进行土地测量和签字确认、征地是否与农户商量补偿安置办法、农户是否参与听证会等）和结果公平（征地补偿、入市和宅基地改革的增值收益分配）等。

本部分的实证分析所使用的数据主要来自2018年"千人百村"调查数据，对一些主要的关键变量采用最新的2021年"千人百村"调查数据进行补充，同时应用1999—2016年17省农地调查以及2016年5省农地确权调查数据进行比较分析。

三、效率视角：农地确权、产权明晰与农地流转

基于"效率"视角，本部分通过梳理农地确权进展及其与农地流转、规模经营、投资、信贷等多方面的关系，侧重验证产权界定对经济绩效的促进作用（见图5-2路径a），探讨不转用途的农村土地内部流转改革的主要成效。

(一) 农地确权登记颁证

首先，新一轮农地确权工作进展顺利，初显成效，各省新证颁发进度与中央试点批次的推广进度基本一致，基本实现村级的确权工作开展全覆盖，证书大部分都是在近 10 年颁发的，农户实际拿到证书的比例增加。深化农村土地制度改革的核心在于产权明晰，通过农地确权实现土地承包经营权权能完善，依法保障农户对承包土地的占有、使用、收益等权利，是产权明晰的基本内涵（党国英，2010）。

截至 2018 年 8 月份，从省级层面上来看：2014 年第一批的 3 个试点省份山东、安徽、四川的新证颁证比例均位列全国前 10，其中安徽最高（96.8%）；2015 年第二批的 9 个试点省份中，河南、贵州、湖北、甘肃、江苏、江西的新证颁证比例位列前 10，新证颁发比例均在 80% 以上；由于开展时间相对较晚，2016 年和 2017 年的第三批试点省份大多颁证进度滞后，尤其是内蒙古、浙江、福建、山西等，新证颁发比例不足 20%。从村级层面上来看：被调查的 295 个村庄中，确权登记颁证工作全部完成，拥有新的承包经营权证书的村庄比例约 4 成（39.66%），大多数农户都在最终公示结果上签了字的村庄约占一半（47.46%），初步完成且已公示、但还未签字和正在开展还未进行公示的情况均较少，多数村庄确权工作已接近尾声。与 2016 年 5 省农地确权调查时仅"15.8% 的村庄全部完成确权并颁发了新证"和"36.8% 的村庄大多数农户都在最终公示结果上签了字"相比，2017—2018 年村级层面的确权工作推进速度加快。从农户层面来看：被调查的 9 596 个农户中，所在村庄所有人都拿到证的比例（36.64%）比 2016 年 17 省农地调查结果（15.9%）高出 20 多个百分点；多数人都拿到证的比例（11.60%）比 2016 年 17 省农地调查的比例（5.5%）高出约 1 倍。在未发证的村庄中，告知农户将要发证的村庄比例超过半数（57.89%）。从颁证时间上来看：证书大部分都是在近 10 年颁发的（70.88%），1998—2000 年[①]和 2013—2018 年（新一轮确权登记颁证）出现了两次证书颁发的高峰期（见图 5 - 3），与 2005 年 17 省农地调查结果（土地证书的发放率为 48.2%，大多数证书是在 1998—2000 年这 3 年间发放的）一致。

其次，新一轮农地确权工作流程规范，新版证书内容完整。确权登记颁证工作主要包括土地测量、结果公示、确认签字以及颁发证书等几个核心环节。在已开展土地确权的村庄中，超过半数的村庄（60.65%）进行了土地测量，但

---

① 在 1997 年的国务院"16 号文"中，中国政府要求向农户发放书面证明文件以确定 30 年土地使用权。

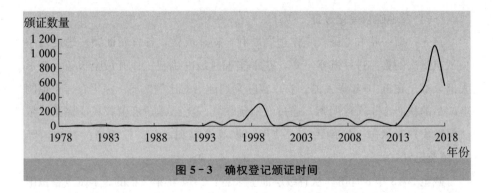

图 5-3 确权登记颁证时间

是低于 2016 年 5 省农地确权调查以及 2016 年 17 省农地调查中进行过土地测量的村庄比例（77.9％ 和 80.8％）；调查结果在村里张榜公示的比例较高（70.97％），与 2016 年 5 省农地确权调查的公示比例基本持平（72.6％）；2018 年大多数村的农户（75.18％）对结果进行了正式的书面签字确认，公示和确认环节工作到位，比 2016 年 5 省农地确权调查和 17 省农地调查的公示比例高（58％和 61.5％）；拥有土地证书的农户比例为 56.48％，实际上能拿出证书的有 29.26％，与 2016 年 17 省农地调查中"有 65.8％的农户表示拥有土地承包经营权证书，其中实际能拿出证书的占 30％"的结果接近。值得一提的是，本轮调查持新证书的比例高达 77.53％，为 2016 年 17 省农地调查结果（37.7％）的 2 倍以上。此外，新证书内容规范完整，大多数新证上记载的土地信息包含了所有承包地总面积（79.82％）、地块数目（77.10％）、每块承包地的面积（73.75％）、关于地块四至的完整信息（59.60％）、每块承包地的具体位置图或地图（50.09％）。

最后，大多数农户听说过农村土地确权登记颁证政策，且认可证书的作用，对本次确权登记颁证工作大体满意。77.09％的农户表示听说过农村土地确权登记颁证工作，与 2016 年 17 省农地调查结果（59.9％）相比高出近 20 个百分点，本次确权宣传工作有效。绝大多数农户（88.32％）明确表示土地证书是有作用的，仅有 1 成左右的农户（11.68％）认为确权"没什么作用"。农户较强烈的产权意识和认知态度为后续农村土地制度改革的开展提供了良好的民意基础，同时也反映出改革方向与民众需求相互契合。对此次确权工作表示满意和非常满意的农户占大多数（59.63％）；表示不满意或非常不满意的仅占11.15％，还有 25.62％的农户表示"无所谓"。事实上，在发展中国家，为资产确立正式的法律保护文书，最大的受益者是低收入人群。赋予土地"一纸证书"，不仅能提供借款所需的抵押物，增加获取信贷的可能性，而且能扩大潜在交易者范围，提高要素自由流动的效率，使正式产权获得的收益"内部化"，从而盘活农户手中僵化的资产，甚至转化为用于在城市生存、发展和融入城市社会的资本（Soto，2000）。

（二）农地流转与规模经营

首先，农地流转市场稳步发展，流转规模逐年增加，近几年承包地流转频率有所增加。从土地流转面积比例来看，2001 年以来土地流转面积占总承包地面积的比例逐年稳步增加，由 2001 年的 1.4％增至 2018 年的 37.0％，2021 年稍有回落，为 36.2％；从流转农户比例来看，流转农户和转出农户占总农户数的比例在 2001—2010 年略有下降，2010 年分别降至 27.5％和 15.6％，2016 年后恢复增长态势，分别为 31.9％和 20.3％，2018 年进一步增至 34.9％和 22.1％，2021 年分别为 32.2％和 22.5％（见表 5-1）。农村人口流动带来人地分离的情况加剧，土地承包者与实际耕作者发生错位（桂华，2017）。在此背景下，2014 年国家提出"引导农村土地经营权有序流转、发展农业适度规模经营"和"用 5 年左右时间基本完成土地承包经营权确权登记颁证工作"，改革至今已经初具成效，农地流转市场呈发展态势，在一定程度上提高了土地配置效率。

表 5-1　农村土地流转时序变化

年份	土地流转面积占总承包地面积比例（％）	流转农户占总农户的比例（％）	转出农户占总农户比例（％）
2001	1.4*	33.8	17.4
2005	4.5	32.9	15.9
2008	8.1	30.5	15.0
2010	14.7	27.5	15.6
2016	35.1	31.9	20.3
2018	37.0*	34.9	22.1
2021	36.2*	32.2	22.5

资料来源：2001—2021 年"土地流转面积占总承包地面积比例"的数据来自农业农村部；2001—2016 年"流转农户占总农户的比例"和"流出农户占总农户比例"的数据来自 17 省农地调查；2018、2021 年"流转农户占总农户的比例"和"转出农户占总农户比例"的数据分别来自 2018 年和 2021 年"千人百村"调查。

注：* 表示由于 2001、2018 和 2021 年的"土地流转面积占总承包地面积比例"缺少相关数据，故分别用 2002、2017 和 2020 年数据替代。

其次，流转行为和交易方式逐步市场化和规范化，承包地流转质量逐年提升。一方面，从支付方式来看，2001 年以来通过现金交易方式的比例大幅提高，由 2001 年的 26.1％增至 2021 年的 89.5％；零租金或实物交易（如约定给粮食）等非市场化、熟人社会的交易方式逐年减少，现金交易已成为当前最普遍的交易方式（见表 5-2）。一般而言，发展中国家的农村土地市场相对不完善，零租金、实物交易等支付方式较为常见（Choumert & Pascale，2017；Chen et al.，2017），随着农村土地市场逐步发展成熟，农户在流转交易的定价方式上也愈发理性，更多地倾向于采用效率原则（Clempner & Poznyak，2017）而非满意原则（Tversky & Kahneman，1974）作出决策。另一方面，从合同签订来看，无论是流转给大户还是公司，绝大部分农户都采用签订书面合同的形式（83.21%和93.48%），两个比例均明显高于2016年17省农地调查结果（68.4%和65.5%），进一步反映出流转行为的规范化和流转质量的提升。此外，平均成交租金也由2001年150元/（亩·年）逐年递增至2021年625元/（亩·年），反映出农村承包地的市场价值进一步显现。

表 5-2　农地流转交易方式时序变化

年份	现金交易				实物交易比例（%）	零租金比例（%）
	比例（%）	名义租金[元/（亩·年）]	实际租金[元/（亩·年）]	CPI指数		
2001	26.1	150.0	149.6	101.4	18.0	55.9
2005	33.6	133.0	132.3	101.6	14.0	52.4
2008	42.9	248.0	234.1	107.1	16.7	40.4
2010	55.7	400.0	393.0	102.9	13.5	30.8
2016	75.5	600.0	595.3	101.9	9.6	14.9
2018	78.2	609.0	604.2	101.9	6.3	15.5
2021	89.5	625.0	625.0	101.1	2.2	4.7

资料来源：2001、2005、2008、2010、2016年的数据来自17省农地调查；2018、2021年数据来自"千人百村"调查；CPI指数来源于国家统计局官网。
注：名义租金与实际租金的换算公式：当年实际租金＝当年名义租金×基期CPI指数／当年CPI指数。由于调查多在年中开展，故CPI指数取当年6月的数据，基期CPI指数为2021年6月的数据。

再次，随着大户、公司等新型农业经营主体的出现，农地规模化经营程度不断提高。调查表明，超过半数的农户（52.88%）表示其土地流转对象是大户、公司，比2016年17省农地调查结果"37.3%的农户表示有大户或公司到村里租用耕地"高出近15个百分点，可见目前农村承包地已经向专业租户集中，农业规模化经营已逐步成为常态。大户或公司租地规模远远高于普通农户。农户个体户均转出土地面积的中位数为3亩，转入土地面积的中位数为5亩。而村里包地最多的大户、公司的租地规模大多在100亩以上。具体来说，2018年租地100亩以上的大户以及租地200亩以上的公司分别占69.64%和69.29%，该比例明显高于2016年17省农地调查数据（分别为46%和35.7%）（见表5-3），这说明近年来大户、公司等新型农业经营主体的租地规模逐渐扩大。

表 5 - 3 大户、公司的租地面积

大户租地面积	2016 年比例（%）	2018 年比例（%）	公司租地面积	2016 年比例（%）	2018 年比例（%）
100 亩或以下	41.70	28.82	200 亩或以下	50.30	27.43
100～500 亩	36.40	49.26	200～500 亩	19.20	34.49
500 亩以上	9.60	20.38	500 亩以上	16.50	34.80
不清楚	12.30	1.54	不清楚	14.00	3.28

资料来源：2016 年数据来自 17 省农地调查；2018 年数据来自"千人百村"调查。

最后，农地规模经营和新型经营主体的形成进一步显化了地价。相关分析表明，"农地租金"高低与"是否转出给大户、公司"在 1% 的显著性水平下正相关。将农地租给大户、公司的年租金（600 元/亩）明显高于出租给普通农户（300 元/亩）；曾与大户、公司有交易经验的农户，其转入年租金（400 元/亩）也高于其他农户（315 元/亩）（见图 5 - 4）。大户、公司具有规模经营的优势，不仅有能力以更高的土地报价从农户手中转入土地，也进一步显化了地价，提高了农户对于土地资产属性的认识。

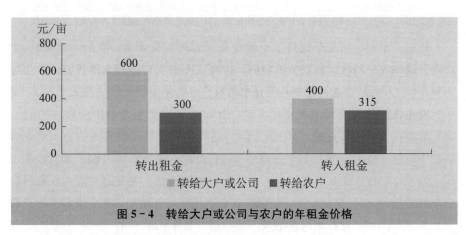

图 5 - 4 转给大户或公司与农户的年租金价格

（三）产权明晰对农地流转、投资和信贷的促进作用

调查表明，农地确权登记颁证不仅显著提高了农户土地流转的积极性，而且为农地规模经营创造了条件。卡方分析表明，农户"是否持有证书"与其"是否进行流转"在 1% 的显著性水平下相关。列联分析表明，持有证书的农户进行土地流转的比例（23.72%）明显高于没有证书的农户（0.57%），对于转出和转入也是如此（见表 5 - 4）。由此可见，农地确权改革对于降低农户信息不对称、提高农户交易积极性、扩大农地流转规模、激活农地市场起了正向作用，

特别是为新型农业经营主体的形成及其土地连片规模经营创造了条件。在农户个体层面，持有证书的农户的平均租地面积（5.18 亩）高于未持证的农户（4.73 亩）。一纸证书起到了"定心丸"的作用，确权颁证会强化农户的承包地转让意愿，持证农户将农用地流转出去的面积相对较大。村级层面的相关分析表明，"村庄颁证比例"与该村的"大户数量""大户包地面积"均在 5% 的显著性水平下呈正相关。与 2006 年 17 省农地调查中"发过 30 年土地承包经营权证书的农户更倾向于参与土地流转市场（有证农户流转比例 17.2%，无证农户流转比例 14.7%）"的结论一致。

表 5-4 土地证书与农地流转

变量	频数	转出		转入		流转	
		频数	比例（%）	频数	比例（%）	频数	比例（%）
颁证	4 890	709	14.50	504	10.31	1 160	23.72
未颁证	3 309	14	0.42	6	0.18	19	0.57
合计	8 109	723	8.92	510	6.29	1 179	14.54

资料来源：2018 年"千人百村"调查。

注：该表格识别出了"流转土地在前、确权颁证在后"的样本并进行剔除，保证农地流转发生在确权之后；其中，有 54 个受访农户在农地确权登记颁证之后既有农地的转入也有农地的转出。

同时，农地确权改革促进了土地投资和农村信贷发展，有利于农业转型、产业升级和农户增收。列联分析表明，持有证书的农户进行土地投资的中位数为每年 5 000 元，显著高于未持有证书的农户（每年 4 000 元）（见表 5-5）。购买过农用机械等农业技术投资的农户，其农地转出年租金的中位数（500 元/亩）显著高于未购买过的（400 元/亩）；进行过农业技术投资的农户，农业收入的中位数（每年 10 000 元）远高于未进行过的（每年 4 000 元）。确权改革增进了地权稳定性，提高了农户进行土地投资的积极性，尤其是对农业长期投资（应瑞瑶等，2018）的积极性，使家庭农业现代化程度更高，进而增加了农户收入。与 2005 年 17 省农地调查结果一致：持有证书的农户在 1998 年或 1998 年以后进行过土地投资比例（23%）也明显多于没有证书的农户（7.3%）。卡方分析表明，农户"是否采用信贷方式获取资金"与"是否颁证"在 1% 的显著性水平下正相关。持有证书的农户不论是进行副业投资还是农地投资，通过信贷方式获得资金的比例（分别为 57.67% 和 69.14%）都明显高于未持有证书的农户（分别为 42.33% 和 30.86%），总体信贷水平结果也是一样。证书作为可靠的权利凭证以及抵押或信贷的担保，增加了农户与贷款方的谈判能力和获取贷款的可能性。

表 5-5　土地证书与投资、信贷

变量	信贷比例（%）			农地投资（元）
	副业信贷	农地信贷	总体信贷	
持有证书	57.67	69.14	65.18	5 000
未持有证书	42.33	30.86	34.82	4 000

资料来源：2018年"千人百村"调查。

总之，新一轮农地确权已进入收尾阶段，成效显著。产权的明晰不仅促进了农地流转市场繁荣、农业规模经营扩大、农户投资增加以及农村信贷市场发展，而且有利于农业转型、产业升级、农户增收以及乡村振兴。

四、公平视角：程序正义、收益分配与农户满意度

从公平视角出发，本部分重点对转用途的农村土地"外部流转"进行分析，指出农村土地制度改革中程序规范与收益分配的内在关联及不足之处。首先，剖析深化农村土地制度改革中的程序正义问题，包括确权改革中的土地测量、实际颁证等环节和征地改革中商量补偿安置办法、公开征收补偿费收入等程序。其次，探讨农户对于程序规范性、完整性与日俱增的公正诉求，及程序正义与满意度的关系（见图5-2路径c）。最后，探究农村土地制度"三项试点"改革中的程序正义与收益分配问题，一方面论证制度安排的改变对收益分配格局的调整（见图5-2路径b），另一方面着力阐明程序正义对于收益分配的公平感知、机会公平和结果公平的影响（见图5-2路径d）。

（一）深化农村土地制度改革中的程序正义

首先，新一轮确权整体上流程规范完整，但是土地测量、实际颁证等环节尚待进一步推进。在已开展确权的村庄中，60.65%村庄进行了土地测量，仅56.48%的农户拥有土地证书，实际上能够拿出证书的农户比例仅为29.26%，确权流程上存在重要环节落实不佳的问题。土地测量对专业技术人员的要求较高，偏远落后地区的山村往往技术人员匮乏、操作不规范。实际颁证环节存在滞后性的问题，其主要原因是：历史遗留问题较多且难以处理，如农户之间、家庭内部、代际的冲突和矛盾；农户外出务工与发证时间存在客观矛盾；村干部的懒政、拖延和基层组织工作效率低下等。事实上，程序公平就是为了限制权力的恣意、专断和裁量（季卫东，1993）。"明确土地权属、颁发土地证书"等环节若非遵循预先设定的步骤严格执行，将成为各种权属纠纷时有发生的根源，违背了确权改革的初衷和立法目的。

其次，征地程序总体上不断得到规范，但在商量补偿安置办法和公开征收补偿费收入等环节上存在缺失，用于纯公共利益项目的征地比例仍有待提高。

从征地流程来看：2018 年，提前通知公告的村庄比例约 7 成（71.87％），村委会提前与农户商量了补偿安置办法的村庄仅 6 成（60.61％），公开征收补偿费收入状况环节的比例更低（44.04％）；2021 年，上述比例均有明显提升，分别为 98.55％，80.30％和 97.06％。[①] 上述几个数据都是对村干部的调查结果，2021 年的调查又进一步补充了农户层面的征地程序调查，超八成（85.01％）农户表示政府会提前发布通知公告，但是政府与农户商量补偿安置办法和公开征收补偿费收入状况的比例则相对较低，分别为 65.96％和 64.20％（见表 5-6）。因此，如何在征地补偿的磋商调解中提升农户的谈判地位仍是一大挑战。从本次行政村调查的征地用途来看：尽管大部分征地（70.63％）用于纯公共利益项目（包括交通 50.79％、水利 5.56％、学校 4.76％、其他公共设施 9.52％），高于 2016 年 17 省农地调查结果（59％），但仍有 15.88％用于一种或多种商业用途（包括工厂 5.56％、住宅 8.73％、商业 1.59％），与"千人百村"调查结果基本一致。截至 2018 年 12 月，33 个试点县（市、区）已按"三项试点"改革之后的新办法实施征地 1 275 宗、18 万亩。[②] 程序权益以程序性规范为基础，农户在征地过程中的公平感知除了受到安置补偿等物质因素的影响外，还会受到信息透明度和程序规范度等"无形"因素的影响（王亚坤等，2019）。程序权益得到保障的农户会有更高的实质性获得（征地补偿）（刘祥琪等，2012a）以及更高的征地满意度（刘祥琪等，2012b）。

表 5-6　征地过程中的程序正义

行政村层面	提前通知公告比例（％）		商量补偿安置办法比例（％）		公开征收补偿费收入状况比例（％）	
	2018 年	2021 年	2018 年	2021 年	2018 年	2021 年
有	71.87	98.55	60.61	80.30	44.04	97.06
没有	16.91	1.45	24.19	19.70	31.94	2.94
不知道	11.22	0	15.20	0	24.02	0
农户层面（2021 年）	提前通知公告比例（％）		商量补偿安置办法比例（％）		公开征收补偿费收入状况比例（％）	
有	85.01		65.96		64.20	
没有	14.99		28.22		22.22	
不知道	0		5.82		13.58	

资料来源：2018 和 2021 年"千人百村"调查。

---

①　需要指出的是，这里对征地程序规范性调查所得的比例很可能均高于实际状况，原因如下：（1）这里的数据主要来自对村干部的调查，2018 年的问卷缺少对农户的调查，2019 年在农户问卷增补该问题后发现农户问卷比例显著低于村干部问卷；（2）2019 年的调查范围与口径与 2018 年有较大差异，因此，2019 年村干部问卷中该比例这么高的原因尚需进一步分析。

②　http://www.npc.gov.cn/npc/c12491/201812/3821c5a89c4a4a9d8cd10e8e2653bdde.shtml.

（二）农户的公正诉求：程序正义与农户满意度

一方面，确权登记颁证环节的完整规范特别是最后环节的证书颁发，能够显著提高农户的确权满意度。颁发证书是确权登记颁证工作的最后一环，它提供了一种程序和规则，使人们围绕资产的保存、使用和交换达成共识（Soto，2000），是保证程序正义的关键。列联分析表明，持有承包经营权证书的农户对于确权工作表示满意（55.84%）和非常满意（8.93%）的比例均高于未持证的农户（分别是44.58%和6.32%）。这与2016年5省农地确权调查的满意度评估结果一致，即确权登记颁证工作的参与执行都对农户满意度有显著影响，证书的拥有比例影响尤其显著。从宅基地确权工作来看，持有宅基地证书的农户的居住满意度（85.97%）也高于未持证的农户（80.37%）（见表5-7）。

表5-7　证书与农户满意度

	农户的确权满意度（%）					
	非常不满意	不太满意	无所谓	满意	非常满意	不清楚
持有承包经营权证书	1.88	7.85	22.91	55.84	8.93	2.59
未持有承包经营权证书	2.54	11.04	30.22	44.58	6.32	5.30
总计	2.12	9.03	25.62	51.67	7.96	3.60
	农户的居住满意度（%）					
	非常满意		基本满意		不满意	
持有宅基地证书	22.19		63.78		14.03	
未持有宅基地证书	16.03		64.34		19.63	
总计	20.02		63.98		16.00	

资料来源：2018年"千人百村"调查。

另一方面，征地程序的完整性和规范性也提高了农户的征地满意度。相关分析表明，"是否提前通知或公示""是否与农户商量补偿安置办法""是否公开征收补偿费收入状况"等均与农户的征地满意度显著相关。2018年调查数据的列联分析表明，政府提前通知或发布公告，农户表示满意（36.17%）和非常满意（3.31%）的比例均高于未进行通知或公示的比例（14.86%和0.62%），不太满意（22%）和非常不满意（6.87%）的比例则远低于未公示的比例

（36.84％和20.13％）；在"是否与农户商量补偿安置办法"环节，政府与农户之间商议程序完整的，农户满意度（43.81％）也明显高于未进行协商的比例（18.09％），不太满意（21.95％）和非常不满意（4.84％）的比例远低于未协商的比例（37.20％和22.56％）。2021年的调查数据的列联分析显示了同样的结果：政府提前通知公示以及与农户商量补偿安置办法的，农户满意度（35.89％和41.98％）均高于未公示或未协商的比例（17.65％和11.88％），表示不满意（33.40％和27.00％）远低于未公示或未协商的比例（63.53％和63.74％）。进一步地，2021年调查数据还表明，村里公开征收补偿费收入状况的，农户表示满意（34.07％）和非常满意（7.14％）的比例均高于未公开的比例（13.49％和1.59％），不太满意（20.88％）和非常不满意（6.87％）的比例远低于未公开的比例（33.33％和26.19％）（见表5-8）。

（三）制度安排、程序正义与农地增值收益分配

以"三项试点"改革为代表的转用途的外部流转改革于2015—2019年在全国33个地区进行，改革卓有成效，同时也暴露出程序规范不足和收益分配机制不健全等问题。下文将依次探讨入市改革突破和增值收益分配格局调整、"征地"改革中的程序正义对农户补偿预期和实质获得份额的影响，以及"宅基地"改革中的增值收益分配比例和办法的新探索。

首先，入市试点改革破除了农村集体建设用地进入市场的障碍，制度安排的改变显化了土地价值，从而推动各试点地区加快调整国家、集体和个人之间的收益分配机制；同时，农户参与机制及合理公平的增值收益分配格局有待形成和完善。从改革实践来看，截至2018年12月，集体经营性建设用地已入市地块1万余宗，面积9万余亩，总价款约257亿元，收取调节金28.6亿元，调节金平均占比约11.13％，试点地区共获得入市收益178.1亿元。[1] 尽管在试点推动下，各地区都努力探索更公平的国家-集体分配办法，但是土地增值收益分配缺乏科学依据，分享比例差异很大，利益分配方案都存在各种问题（严金明等，2018；何芳等，2019），如调节金的征收基数仍然采取双轨制（总价或增值收益），土地增值收益的测算及土地成本的确定存在困难等（见表5-9）。同时，"入市"制度安排的调整进一步明确了土地增值收益在农村集体经济组织内部的分配机制原则——从"留归集体"到"壮大集体"，在进行实践的试点中，留在村集体的收益比例在20％～35％。

---

[1] http：//www.npc.gov.cn/npc/c12491/201812/3821c5a89c4a4a9d8cd10e8e2653bdde.shtml.

表 5 - 8 程序正义与征地满意度

农户的征地满意度（%）

		非常满意		满意		一般		不太满意		非常不满意	
		2018年	2021年	2018年	2021年	2018年	2021年	2018年	2021年	2018年	2021年
是否提前通知公示	是	3.31	5.81	36.17	30.08	31.65	30.71	22.00	23.65	6.87	9.75
	否	0.62	3.53	14.86	14.12	27.55	18.82	36.84	40.00	20.13	23.53
是否与农户商量补偿安置办法	是	3.60	7.22	40.21	34.76	29.40	31.02	21.95	19.79	4.84	7.21
	否	1.22	0.63	16.87	11.25	22.15	24.38	37.20	40.63	22.56	23.11
是否公开征收补偿费收入状况	是	—	7.14	—	34.07	—	31.04	—	20.88	—	6.87
	否	—	1.59	—	13.49	—	25.40	—	33.33	—	26.19
总计		2.61	5.47	30.63	27.69	33.19	28.92	24.82	26.10	8.75	11.82

资料来源：2018年和2021年"千人百村"调查。

表 5-9 15 个入市土地增值收益在国家与集体之间的分配情况

地区分布	试点地区	集体向国家缴纳的比例（土地增值收益调节金政策规定）
东北部	黑龙江安达	土地出让总价款×（20%～50%）
	吉林九台	土地纯收益×50%
	辽宁海城	土地纯收益×（10%～40%）
东部	北京大兴	引入竞争环节：北部镇 12%，南部镇 8%； 协议出让、自主开发：北部镇 15%，南部镇 10%； 依法取得的使用权进行转让：转让收入总额×5%
	上海松江	商服用地：入市成交总价×50%；工业用地：入市成交总价×20%
	浙江德清	县城规划区内：工业用地 24%，商服用地 48%； 县城规划区外、乡镇规划区内：工业用地 20%，商服用地 40%；乡镇规划区外的其他土地：工业用地 16%，商服用地 32%
	广东南海	非城市更新、综合整治项目：10%～15%； 农村集体经营性建设用地使用权转让：2.5%～3.5%
	广西北流	工业用途：土地增值收益调节金每亩 0.83 万元，占出让价款 10%； 商住用途：土地增值收益调节金每亩 15.31 万元，占出让价款 48%
	海南文昌	住宅用地：土地成交总价款（租金）×25%； 商服用地：土地成交总价款（租金）×20%； 旅游用地：土地成交总价款（租金）×15%； 其他用地：土地成交总价款（租金）×10%； 二级市场：不再收取
中部	山西泽州	土地增值收益调节金按照总价的 20% 收取，但与实际协商情况略有差异
	河南长垣	商服：1～2 级 30%，3～4 级 20%，5～7 级 15%； 住宅：1～2 级 20%，3～4 级 15%，5～7 级 10%； 公共 1 类：1～2 级 15%，3～5 级 10%； 公共 2 类：1～2 级 10%，3～5 级 5%； 工业：5%
西部	甘肃陇西	一比例：一个均数比例（20%～50%）； 三区域：城市规划区内、乡镇规划区内、乡镇规划区外； 两用途：商服用地、工矿仓储用地
	重庆大足	土地增值收益部分×（20%～50%）
	四川郫县	工矿仓储用地：土地成交价×（13%～23%）； 商服用地：土地成交价×（15%～40%）； 入市后再转让、出租：土地收入×3%
	贵州湄潭	工业用地：20%； 综合用地：22%； 商服用地：25%

资料来源：根据各试点地区人民政府门户网站公开政策文件整理。

"千人百村"调查显示，从农村基层干部的态度来看，大部分认为应该"谁流转，谁收益"（58.29%），也有部分农户认为应该在集体和个人之间，或在国家、集体和个人三者之间进行分配。对于具体的分配比例，农户表示国家、集体和个人平均来看应该分别占 12.69%、7.84% 和 79.47%，农户个人占最大份额。对于流转价格应该如何制定，认为应该"双方当事人协议"的占近一半（43.73%），认同"参考村里其他土地流转价格"的市场化方式的占 22.03%。

其次，在征地制度改革中，公平合理、落实到位的征地程序能够显著提高农户实质获取增值收益分配的份额；而征地程序的不完整则导致征地补偿水平低于农户预期。2018 年调查表明，最近一次征地中，被征地农户获得补偿的中位数为每亩 20 000 元。接近半数（45.08%）的农户认为，实际补偿款远低于心理预期；认为补偿款比其他村水平高一些的农户仅占 3.10%，而认为比邻村低的农户占了约 1/3（31.23%）。征地程序是否规范完整不仅影响征地满意度（公平感知），而且也决定了农户的参与权和谈判权（机会公平），进而导致了征地补偿额度（收益分配）的高低（结果公平）。2018 年调查数据的列联分析表明，政府是否提前通知或发布征地公告、是否与农户商量补偿安置办法，极大影响农户的补偿额度：进行了公示村庄的农户补偿额度为每亩 21 600 元，没有公示的仅为每亩 10 000 元；协商补偿安置办法的补偿额度为每亩 23 250 元；未协商的仅为每亩 9 000 元。2021 年调查问卷进一步完善了农户层面的相关数据。通过列联分析表明，政府是否提前通知或发布公告、有无和农户商量补偿安置办法、有无公开征收补偿费收入状况，极大地影响农户实际收到的补偿金额：政府提前通知或发布公告的被征地农户实际收到的补偿金额均值为每亩 22 076 元，未公示的仅为 16 209 元；政府和农户商量补偿安置办法的被征地农户实际收到的补偿金额均值 24 184 元，未商量的仅为 16 073 元；村里公开征收补偿费收入的被征地农户实际收到的补偿金额均值为 23 646 元，未公开的仅为 15 174 元（见图 5-5）。

最后，由于相关改革要求提出较晚，宅基地的增值收益分配的探索处于初步阶段，33 个试点地区中除了少数试点规定了宅基地增值收益分配比例或办法外，大部分试点的分配程序不明；同时，农户对宅基地使用流转相关政策了解十分有限，认知程度有待提升。截至 2018 年 12 月，宅基地改革已腾退出零星、闲置的宅基地约 14 万户、8.4 万亩，办理农房抵押贷款 5.8 万宗、111 亿元。① 但是，这一改革相对滞后，困难重重。一方面，宅基地的增值收益分配机制的

① http：//www.npc.gov.cn/npc/c12491/201812/3821c5a89c4a4a9d8cd10e8e2653bdde.shtml.

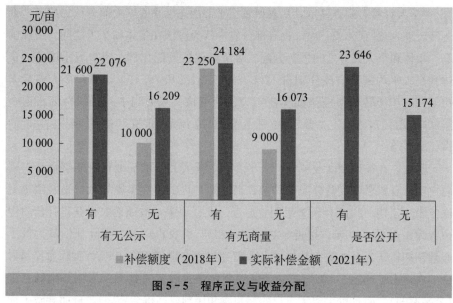

图5-5　程序正义与收益分配

资料来源：2018年和2021年"千人百村"调查。

改革探索缓慢。截至2018年，仅云南大理制定了较详细的调节金比例，仅天津蓟县、江西余江、四川泸县、云南大理等4个试点地区规定了宅基地流转或退出整治产生的增值收益在集体与农户之间的分配比例。2021年"千人百村"调查表明，受访的村干部对宅基地流转后收益分配方式的看法差异较大，约半数（50.93%）认为应该"谁流转，谁收益"，不到1/3（30.56%）认为应该在国家、集体、个人间按照一定比例分配。宅基地的流转退出政策落实情况不容乐观，受访行政村中制定宅基地退出相关政策的不足4成（36.11%），村内有农户申请退出宅基地的仅有8.30%（见表5-10）。由于宅基地制度改革中涉及权利主体最多，历史遗留问题最突出，利益关系也最复杂，直到2017年11月（比入市、征地改革进入"试点联动"统筹阶段滞后1年），中央才决定将宅基地制度改革试点扩展至33个试点县（市、区）。从2019年新修订的《中华人民共和国土地管理法》来看，宅基地流转的"口子"并无松动，详细改动和实质措施并未在本轮修订中出现。

表5-10　村干部以及行政村对宅基地流转退出政策的认知及落实情况

宅基地流转后合理收益分配方式	频数	百分比（%）	累积百分比（%）
谁流转，谁受益	55	50.93	50.93
国家、集体和个人按照一定比例分配	33	30.56	81.49
集体和个人按照一定比例分配	18	16.67	98.16
国家和个人按照一定比例分配	2	1.84	100.00

续表

村内是否制定宅基地退出相关政策	频数	百分比（%）	累积百分比（%）
否	69	63.89	63.89
是	39	36.11	100.00
村内有无申请退出宅基地的农户	频数	百分比（%）	累积百分比（%）
无	99	91.70	91.70
有	9	8.30	100.00
合计	108	100.00	—

资料来源：2021年"千人百村"调查。

另一方面，农户对宅基地使用流转相关政策了解十分有限，希望未来改造利用宅基地特别是希望退出的农户比例较低。2021年"千人百村"调查表明，近7成（68.20%）农户表示"不了解"宅基地使用和流转的相关政策，表示"了解"的不到1/5（仅占15.24%）。"不希望任何方式改造利用"的农户比例最高（51.34%），其次是"希望政府补贴原址翻新，长期自己居住"（31.74%），而"希望政府拆迁，搬到楼房小区""希望出租，获得租房收入""希望以宅基地入股，赚取分红收益""希望卖掉，放弃宅基地并一次性获得卖房款"的农户比例合计也仅有13.42%（见表5-11）。鉴于农户对宅基地政策的了解如此有限以及希望未来改造利用宅基地的农户比例这么低，宅基地流转政策的推行困难重重，亟待深入研究。进一步的列联分析发现，"了解"政策的农户中不期望任何改造利用的比例（44.21%）远低于"不了解"的比例（54.57%），而希望以各种方式如拆迁（9.07%）、出租（5.98%）、入股（1.35%）或者直接出售（1.16%）的比例均高于不了解的比例（分别为7.64%、2.16%、0.91%和1.04%）。可见，加强宅基地相关使用流转政策的宣传力度，提高农户的政策了解程度，对我国宅基地制度改革的推进意义深远。

表5-11　农户宅基地政策了解情况以及期望未来利用方式

		期望宅基地未来利用方式（%）							
		不希望任何方式改造利用	希望政府补贴原址翻新，长期自己居住	希望政府拆迁，搬到楼房小区	希望出租，获得租房收入	希望以宅基地入股，赚取分红收益	希望卖掉，放弃宅基地并一次性获得卖房款	其他	总计
是否了解国家农村宅基地使用和流转相关政策法规	了解	44.21	33.20	9.07	5.98	1.35	1.16	5.02	15.24
	一般	44.58	35.17	7.99	4.62	2.49	1.42	3.73	16.56
	不了解	54.57	30.59	7.64	2.16	0.91	1.04	3.11	68.20
总计		51.34	31.74	7.91	3.15	1.24	1.12	3.50	100.00

资料来源：2021年"千人百村"调查。

　　总的来看，"三项试点"改革中土地增值收益分配格局逐步形成，但是在参照何种程度的农户意愿进行分配，允许哪几类身份的农户分享收益，国家、集体和个人三者分配比例多少等方面仍存在分歧。当农村农户、城市居民、专家学者、行政官员等群体内和群体间缺少关于土地增值收益分配公平共识时，反复博弈将极大地增加政策实施的社会成本（姜海等，2019）。因此，赋予农户实质性的参与权和谈判权，建立民主的听证和协商渠道，将会降低由于群体分歧带来的交易成本，从而有利于合理公平的土地增值收益分配机制的建立。

　　综上，我们围绕农村土地转让权改革深化和突破难题，初步构建一个"效率-公平"不可分的农村土地制度改革综合分析框架，对农地确权、承包地流转和规模经营、"三项试点"改革等进行实证分析，并重点探讨产权明晰、程序正义和收益分配等问题。主要结论如下。

　　第一，当前农村土地制度改革已进入全面深化阶段，其中以承包经营权流转为代表的不转用途的内部流转改革进展顺利，而以"三项试点"改革为代表的转用途的外部流转改革尚处于探索阶段。进一步深化改革的关键在于真正赋予农户参与权和谈判权，特别是处理好程序正义和收益分配难题。以家庭联产承包责任制改革为开端，市场取向、明晰产权的农地使用权改革取得了很大成功，新一轮确权和三权分置改革又赋予农户相对更有保障的不改变用途的部分农地转让权。而以"三项试点"改革为代表的转用途的转让权改革，由于涉及更复杂、更巨大的利益分配、程序正义以及国家战略调整等问题，所以改革难度大、进展滞后。产权和制度不是一个单纯的资源配置问题，还涉及收益分配问题；改革不仅要提高"全社会"效率，还要特别关注"对谁的"效率。程序的规范和完整不仅直接影响农户的公平感和满意度，还进一步决定了包括征地补偿、入市增值收益分配等谈判结果和实质公平。目前改革进程中存在着有意模糊、客观缺环以及执行不到位等问题，进一步深化改革的关键是给予农户参与权和谈判权，建立一个清晰、合理、公平、共享的土地增值收益分配机制。只有农户实质性参与谈判并真心支持，所形成的收益分配格局才是稳定、可持续、有适应性以及节约交易成本的。

　　第二，农地确权改革明晰产权，促进了农地流转和规模经营，也为进一步的转让权改革奠定了基础。通过农地确权实现产权明晰是全面深化改革的前提。2018年"千人百村"调查正值农地确权的"收官之年"。调查表明，本轮确权工作已取得很大进展，主要存在实际颁证比例偏低、土地测量不到位等难题。农业农村部于2019年在全国范围内开展了承包地确权"回头看"工作。建议各地结合该项工作，由公安、司法、档案、信访等多个部门联合组建矛盾调解小组和监督小组，重点排查确权证书未发放到户以及对确权有争议的户的情况。

调解组纳入一定比例的乡贤士绅和宗族长者，着力协调好本土人地关系，尤其是地权交叠、权属不清的历史遗留和矛盾纠纷问题；监督组与乡镇、村干部密切配合，实地走访，确认外界勘测及数据录入工作是否开展，为外出务工不在家的农户按规定办理委托手续并发放证书。逐户检查发放到户的证书登记信息是否正确、完整，确认登记信息录入有无漏人漏地、面积四至不准等问题，全面提高确权质量。

第三，深化农村土地转让权改革的关键是落实农户的有效参与，在建立兼顾国家、集体、个人增值收益分配机制的过程中，采取多样化、可选择、可持续的分配办法，保障农户土地转让的合法权益。党的十八届三中全会明确提出建立城乡统一的建设用地市场，标志着转用途的农村土地转让权改革已实质性开始。"三项试点"改革进一步落实这一顶层设计要求，取得了初步成效。2019年新修订的《中华人民共和国土地管理法》体现了上述改革成果，破除了集体经营性建设用地入市的法律障碍，首次明确界定征地的公共利益范围，倡导安置补偿不降低农民原有生活水平且使农户长远生计有保障。同时，转让权改革依然存在诸多困难，包括征地补偿费收入的公开不足、征地补偿安置方案的农户满意度不高、增值收益分配机制尚未形成等。建议认同农户个体在非公益性征地中的拒绝权；鼓励农户组成良性合作组织，增加集体与地方政府、开发商的议价能力；完善听证商议、信访举报渠道，降低农户向上级政府反映情况和信息的成本；将程序性资料留档保存，杜绝程序履行不到位以及强行和暴力征地情况；采用企业-政府联合提供年租金作为补偿费，农户以获取利息解决最低生活保障，用补偿款入股分红等方式，保证收益分配的长期性和可持续性；鼓励用地单位把合适岗位优先安排给中老年被征地农户，支持年轻失地农户自主创业，提高征地补偿安置措施的精准性和多样性。

第二节　农地制度改革"三项试点"：中央主导的政策试验[①]

一、问题的提出

作为中国独特的治理改革方式，政策试点（或称政策试验）在众多经济、社会政策的制定和推广过程中起到了实质作用，成为中国几十年来制度创新、结构变迁和经济腾飞的重要手段（Heilmann，2008a，2008b；杨宏山，2013；

[①] 丰雷，胡依洁. 我国政策试点的中央政府行为逻辑探析：基于我国农村土地制度改革"三项试点"的案例研究. 中国行政管理，2021（8）.

Ko & Shin，2017)。

党的十八大以来，中国的政治环境发生了重大变化，一系列的改革使制度创新的结构条件和制度基础显著改变。"凡属重大改革都要于法有据"的提出，一定程度上限制了地方政府自主探索的空间。"更加注重改革的系统性、整体性、协同性"，进一步体现了高层及政府逐渐将改革权限上收，"更加注重改革顶层设计和总体规划"（郁建兴等，2017；刘然，2020）。"在新的历史起点上全面深化改革"，当代中国的政策试点也呈现出了新的实践样态，试点的运行模式与改革初期的"摸着石头过河"已大不相同，自上而下的整体性"设计试验"成为近些年改革的基本模式，中央政府的顶层设计发挥了关键作用（郁建兴等，2017；刘然，2020）。

学界开始关注中央政府在"设计试验"中的选择性控制和决定性作用（韩博天，2009；梅赐琪等，2015；杨宏山等，2019），也有文献多从央地互动的视角分析中央行为，强调其对地方政府所产生的影响。研究表明，在分级制的环境中开展试点，中央政府拥有垂直指挥权和干部任免权，通过调整政治动员、晋升激励机制，划分央地事权、财权等做法，不仅有效地激发了地方政府的创新热情，而且能够矫正地方政府的越轨行为（韩博天，2008；Zhu & Zhao，2018；杨宏山等，2019）。具体来说，中央或是通过授权、命令、指导、直接干预等手段直接介入地方政府运作，或是选择观察式、旁观式的立场，通过各种途径控制改革的范围、方向、时机、速度和形式（杨宏山，2013；周望，2013）。

在韩博天提出的中央扮演"提问者"和"推广者"的基础上，学者们集中分析了中央在后试点阶段的作用机制。改革后期，只有当基层经验得到上级肯定才可能合法化为国家政策，经中央批准后才可能在全国范围内进行推广（刘伟，2015），中央扮演了"把关者"角色（韩博天，2008；Mei & Liu，2014）。

然而，已有研究不仅对中央行为本身的规律、背后的逻辑探索不够，而且忽略了中央在试点其他阶段的重要作用。一方面，仅仅笼统地说试验是基于上级控制的，不能说明中央政府控制的是什么，为什么控制，是否有统一的行为逻辑和客观的取舍标准。另一方面，对于试点启动阶段，学者们只是简单提及上级政府的默许为基层政府留下试点空间；对于试点开展阶段，学者们甚至忽略了中央行为，认为以地方政府在结合实际情况自行探索解决方案为主（韩博天，2010；刘伟，2015；杨宏山等，2019）。事实上，全面深化改革以来，中央政府除了发挥上述作用，还致力于全局谋划、全程统筹"深化型试点"（刘然，2020），已有研究未能清晰完整地刻画中央政府在试点全过程中的差异化行为。

政策制定究竟是源于有意设计，还是国家和非国家行为者的无意的政治过程？已有文献对于中央政府在试点过程中是否有明确的意向性存在争议。无意结果派认为，"实验主义"的要义在于不断适应新环境，并没有目的性的终点（Ansell，2016）。除了维护政治权力秩序的意识非常清晰之外，中央政府对于试点改革并不预设基本原则和政策目标（刘培伟，2010）。鉴于中国地域辽阔，存在地区发展不平衡问题，任何来自中央政府的政策建议都应该是"方向性的，而不是操作性的"（Millar et al.，2016）。有意设计派则认为，渐进改革不应被视为"自由的试错或自发的政策扩散"的结果，而应把试点看作"有目的的和协调的活动"（Heilmann，2008a）。换言之，任何政策变革都是中央政府有意设计的结果，试点则是中央精心计划之后用以衡量或观察政策实施具体影响的有效手段（Mei & Liu，2014）。总之，试点过程是否受到中央意向性的影响、当代中国国家治理背后的逻辑究竟是实验主义范式还是设计主义范式等问题值得进一步探讨（李文钊，2019）。

总之，已有研究尚未清晰描述试点改革中政治权威的显著影响，对中央的行为逻辑缺乏深入剖析，一些问题没有得到很好的回答：中央作为试点的发起者、组织者和政策的制定者、决策者，在不同阶段都做了什么？在成功实现改革目标的试点中做对了什么？试点改革究竟是中央的有意设计还是不确定情况下的无意结果？中央有何行为特征、决策逻辑和判断标准？本节在理论层面上重点关注当代中国政策试点的中央行为逻辑，提出中央政府更精细化的行动策略，并以新一轮中国农地制度改革"三项试点"为例展开实证分析，以期对中国农地制度改革的重大创新及相关领域的全面深化改革带来启示。

二、理论框架：设计试验中的中央行为逻辑

我们尝试构建一个"设计试验中的中央行为逻辑"理论框架，在自上而下推行的"设计试验"过程中，中央是有明确意向性的，作为组织者不仅要直接设计整体的试验方案，更要全面、科学地控制地方的试验进程，在不同阶段采取不同的策略化行动，以保证试点机制达到应有效果，从而保障自己的政策决策往正确的方向发展。

（一）设计试验与设计主义治理范式

政策试点有双重建构体系，不论是根据发起方、主导方、授权方、试验工具的设计者还是改革的动力源，均可明确将其区分为中央主导的"设计试验"和地方自发的"自主探索"两大类。"设计试验"是指有权威的中央政府进行顶层设计，在全面推行新政策之前，由不同层级的政府在全国范围层面进行协调实施的"试错"，在多元备选方案中寻找普遍性的政策目标实现方案（Xu，2011），强调的是目标性、控制性和设计性。"自主探索"试验特指基层发起，自发将创新

意愿付诸实践，在局部地区自主实施和灵活进行的政策试验，尽管也需要中央的支持、默许，但是更强调地方的自主性和能动性（石晋昕等，2019）。

"政策是否能被设计"这一问题一直存在"演化理性"与"建构理性"两派观点。其中，设计主义强调理性建构，即政策制定是由权力主体有意（deliberately）设计、计划、组织、推行的结果，主动的设计对于加速制度均衡的转换和制度的合理化变迁是有必要的。能够合法行使强制性权力的国家组织、体现威权性质的政治强势人物等公共权力主体是最重要的政策供给方（田国强等，2018）。换言之，国家应指导社会发展，应该在必要的时候对社会系统的大规模的试验进行设计和干预，当中央政府的角色迅速扩大，理性规划模式将非常流行（Van Gunsteren，1978）。

2013年全面深化改革以来，中国的治理范式已经实现从实验主义向设计主义治理的转变（李文钊，2019）。在这一阶段，我国政策试点多是在中央政府的主导下完成的，试点目标已经从实现政策方案的"从无到有"转为在顶层规划和科学统筹基础上，在多种政策方案中择优。新时代背景下，改革需要更高层级的政府主导顶层设计，统筹呈分割态势的地方发展，合理划分不同层级政府的责任，提高立法层级以解决实际问题（鲁全，2018）。"设计试验"已经成为当代中国改革主流和基本模式，中央政府更偏好直接设计整体的试验方案，严格把控地方试验进程。

总之，自上而下的顶层设计贯穿了当代中国试点改革的全过程，中央政府绝非无意识、盲目行动的次要角色，在认识到中央政府的意向性能够对试点结果产生积极影响的前提下，研究设计试验中的中央行为逻辑具有十分重要的理论价值和现实意义。

（二）设计试验中的中央行为逻辑

在当前的政治经济环境下，中央政府通过主导"设计试验"的方式，目的十分明确，即为全国性公共事务持续不断地提供新的有效政策工具，将有益的地方经验和自主创新上升为正式法律规章，为全国性的法律法规的修改提供实践依据。然而，"设计试验"能否成功实现政策的制定和推广，很大程度上取决于中央政府是否对试点进行了有效治理（governing experimentation），是否能设计好、规划好、管理好试点的全过程（McFadgen & Huitema，2018）。

有学者提出政策试验有效性的三个标准，在"显著性、可信性和合法性"上得分较高的试点结果被认定为更加有效，被政策制定者采纳和推广的可能性也更高（Cash et al.，2003；Huitema et al.，2018）（见表5-12）。其中，显著性（salience）涉及政策改革与决策者需求的相关性，即政策制定者和决策者在某一时刻能否感知到试验具有突出的价值和意义。可信性（credibility）指的是效度（validity），即在证据、论点和科学上是否具备充分性，改革结果能否让人信服。合法性（legitimacy）反映政策的制定是否将利益相关者的不同价值观和信仰纳入考虑，是否公平对待持有不同观点的利益群体和普通公民。

表 5－12　有效性评估标准

有效性标准	定义
显著性	与某一时期的政策需求密切相关
可信性	具有权威性、高质量，结果值得信赖
合法性	充分融合不同行动者的价值观、关注点

我们认为，一方面，中央政府组织开展试点改革自然是希望能够找到解决现实难题的有效政策工具和治理方案，对于国家的政治决策和政策改革有所裨益；另一方面，中央对于试验的设计会影响试验的质量，即"显著性、可信性和合法性"水平。因此，中央把事情做"对"的策略与推动试点有效性的标准是一致的，在很大程度上同样遵循"显著性、可信性和合法性"的行为逻辑和决策原则。基于此，构建"设计试验中的中央行为逻辑"分析框架，分析更为精细的中央策略化行动。中央作为试点组织者，为提高试点改革的有效性，推动政策制定和创新，其行动策略随着试点的推进而发生变化。在试点的前、中、后期，针对不同阶段的治理结构、环境特点、改革重心，中央政府会基于自身治理水平、资源条件的约束，有选择性地作出差异化的行为，侧重考虑不同的有效性标准。具体来说，虽然试验有效性有"显著性、可信性和合法性"三个标准，但在前试点阶段，中央几乎是忽视了可信性和合法性，把大量的精力放在显著性上；在试点阶段，显著性的优先级迅速下降，中央的着力点投入可信性和合法性；直到后试点阶段，中央决策才将三个标准均囊括在内（见表 5－13）。

表 5－13　设计试验中的中央行为、作用机制和行为逻辑

	中央行为	作用机制	行为逻辑
前试点阶段	出台总纲文件和实施方案；有层次性的政策文件和信号	主动回应突出的改革需求、划定具体改革探索空间	显著性
试点阶段	开展专项督查和全面督导；全面统筹、协调改革内容和进度	掌握改革的成果和问题、解决政府间、国家-社会的利益分歧和信息不对称问题	可信性、合法性
后试点阶段	边试点、边研究、边总结、边提炼；渐进且有选择性地修法	政治性和科学性双重考量，吸纳地方创新，凝聚社会共识，加快制度化的速度	显著性、可信性、合法性

下文将进一步分阶段阐述，中央在试点的每个阶段是如何通过"出台有层次性的政策文件和信号、全面统筹协调改革内容和进度，以及渐进且有选择性地修法"等做法，分别体现出对"显著性、可信性和合法性"不同程度的强调。

（1）前试点阶段。在设计试验启动阶段，中央会优先考虑即将纳入政策议程的公共事务是否具有"显著性"，一旦确认某一特定领域已经是改革需求旺盛、现实矛盾激化，甚至出现了历经地方多年探索、非正规经济频发的现象，中央就会主动为该类问题划定自由探索的法律空间，旨在为社会经济发展突出矛盾和必须解决的重大问题提高制度供给。由于试点是"一种灵活的、基于证据的、临时性和可逆的政策制定方法"（Tassey，2014），试错成本较低，不会立即触及相关群体的既得利益，改革成效和问题显化尚需时日，所以仅仅在前试点阶段，中央会相对忽略"可信性"和"合法性"问题。

具体来看，在识别出某一领域具有较高"显著性"，认为其值得一试之后，中央政府的回应性和设计性是很强的，来自上级的指令不再如早期改革总是笼统性的。中央不仅出台总纲性指导文件，而且配合具体的实施方案、时间进度安排，构成有层次的中国命令式政策表述。也就是说，通过调整指令的明确程度，影响地方执行者的自由裁量权，为政策创新划定改革的边界，明确指出改革的范围（不可触碰的底线和可以自由发挥的空间），引导地方在问题最"突出"的领域寻找政策工具。中央指示可以划分为三个层次（洪源远，2018）：第一层是红色，明令禁止；第二层是灰色，允许有限试验；第三层是黑色，明确鼓励，是公开成文的法令。① 在经济转型时期，前试点阶段的法律条款"有意模糊"是得到中央的支持和推崇的，"灰色"信号的政策体现为含糊的方针、不明确的限制条件，鼓励了地方就特定问题先试、先行，基层自主探索的创新精神得以在上级允许的范围内发挥，为大量备选方案的生成、政策可行集的扩大提供了前提条件。在授权试点之前，中央政府也会设置严格的改革底线。"红色"层次的政策体现为刚性的法律文件，为改革的推进明晰了边界，形成地方探索有力的制度约束，规避地方政府的越轨行为。

（2）试点阶段。在试点开展阶段，"显著性"问题识别之后其优先级迅速下降，而由于地方探索形成了多样化的备选方案和政策工具，中央将大量时间和精力投入到了解、评判和甄别地方所反馈的信息、经验和模式上；协调、统筹和联动不同层级、不同地区、不同部门的政府间关系；处理、缓和以及优化国家与非国家利益集团、微观个体的关系。中央的行为目标转为提高试点的"可

---

① 黑色政策往往是试验结束之后，由灰色政策演变和转化而来的，黑色政策为灰色政策提供背书。前试点阶段不做探讨。

信性"和"合法性"。

"囚徒困境"表明，作为最大化自身收益的理性博弈者，对未来回报的预期和对整体利益的忽视常常使理想的合作状态无法实现。事实上，我国过多层级的行政部门分割、不同制度领域利益平衡机制的缺失正是试点有效性发挥的阻碍。权威是一种令人服从的力量，能保证相关主体的认可和支持，当需要协调的对象众多、关系复杂、信息共享状态不稳定时，权威组织的协调作用会更为关键（靳文辉，2017）。因此，中央政府对试点的开展是全过程参与的，其介入改革的行为特征是"统筹和协调"。具体来说，中央扮演了一个超级协调者的角色，进行了全方位的央地互动，开展了大量的中期评估、专项督查、全面督导和实地调研、干部下派活动。这一方面是为了相关高层部委能够了解地方试点的典型经验和现实问题，追求试点实践成果的"可信性"；另一方面，基于地方的反馈进行判断，高层部委能够站在全局的视角去统筹政策目标和改革范围，兼顾改革试点和国家修法的时间进度，联动各方资源和利益相关者，解决信息不对称难题，协调不同政府层级和政府部门，弥合不同试点地区和不同领域的利益分歧，从而提高改革的"合法性"。

（3）后试点阶段。在设计试验总结阶段，中央决策行为会将"显著性、可信性和合法性"三者综合纳入考虑。第一，中央只会重视并合法化能够满足社会经济发展迫切需求、解决突出性改革困境的地方做法，对于"显著性"不高的政策工具有选择性地忽略，一定程度上体现了中央偏好的"政治性"。第二，地方政策创新的"可信性"程度是中央渐进理性决策的关键依据，体现了中央行为具有"科学性"的一面。只有当地方经验在促进公平、提高效率方面得到了充分的论证和多轮的验证，才能进一步转变为中央信赖的、可复制的典型方案。第三，中央政府在判断试点经验是推广还是停止的时候，对于争议性较大的政策议题，在兼顾公平和效率、平衡创新和风险的过程中，往往是为了"合法性"有所让步、妥协和取舍，以加快凝聚社会共识以及非正式规则向正式规则上升的速度。

社会各界甚至政府层面围绕改什么、如何改等问题的认识并不一致，不同主体的利益、行为和意图有所冲突且都会影响政策决策过程。并非各试点探索的所有改革成果都会推广至全国范围，试点过程中的每一步改革、每一项备选方案，都经过了多方的激烈辩论、多轮的央地互动，局部性制度的改进都是"多步到位"。在这个过程中，中央政府尽管掌握最终的决策权，但其行为特征表现为"边试点、边研究、边总结、边提炼"，渐进且有选择性地将地方革新做法上升为全国性法律法规。中央出发点绝不是只为了维护自身的政治诉求和稳定偏好，事实上中央十分注重试点经验是否解决了社会主要矛盾、是否有扎实的数据、资料以证明其成效，是否满足地方政府和微观个体的发展诉求和公正诉求，具有"政治性"和"科学性"的双重逻辑。当然，作为国家层级较高的决策主体，在避免出现各方分歧严重导致的政策讨论僵局方面具有权威优势，能够加速形成和推广最适宜的几类政策目标解决方案和几种政策工具。

三、案例分析：农村土地制度改革"三项试点"

2013年，《中共中央关于全面深化改革若干重大问题的决定》出台，从全局上对征地、入市和宅基地试点改革作出了重要部署，"三项试点"改革得以启动，表现出很强的顶层设计色彩，整个过程由中央自上而下主导进行，可视为"设计试验"的集大成者，具体政策过程如图5-6所示。并且，试点成果在2019年底纳入新修订的《中华人民共和国土地管理法》中，改革的深度和广度前所未有，成效显著，被视为有效的制度变迁和相对成功的政策试点。我们选取新一轮"三项试点"改革的试点作为典型案例，验证上述分析框架的解释力度。

（一）改革启动阶段（2013—2015年）

农村的土地产权复杂多样，涉及的公共政策千头万绪，为什么在全面深化改革这个时间节点会选择"三项试点"改革作为全国性的试点？中央为何会将注意力投放到该领域而不是其他领域？这可以用"显著性"逻辑进行解释。农村"三项试点"既有改革需求（中国的经济高速发展，城市建设和产业发展的用地需求，广大农村地区农户分享土地利益增值诉求）日渐凸显，又历经多年探索（珠三角、长三角等地自发形成的建设用地开发、"增减挂钩"试点对农地非农化、城乡统一的建设用地市场的实践），甚至构成了社会重大问题（城乡二元土地制度成为城乡发展不平衡的重要原因，农村土地权能的缺失更是中国经济发展的突出矛盾）。中央有意修改《中华人民共和国土地管理法》以解决上述难题，而在这之前亟须实践经验和参考依据，因此，"三项试点"改革顺理成章进入政策议程。

在此背景下，中央既出台了关于"三项试点"改革笼统的总纲文件，也有相对具化的实施方案，形成具有层次性的正式规则，引导基层创新发生在中央所规定的具有"显著性"的改革范围之内（见表5-14）。具体来看，改革初期"红色"信号的国家正式政策法规为具有"显著性"的试点划定了范围、底线和边界。例如，2014年《关于农村土地征收、集体经营性建设用地入市、宅基地制度改革试点工作的意见》（"71号文"）①成为本轮试点改革的指导性文件，明

---

① 这里需要说明的是，一般是将2014年"71号文"的颁布作为"三项试点"改革的开启，由于本部分重点分析中央的顶层设计，因此将2013年《中共中央关于全面深化改革若干重大问题的决定》的出台（对"三项试点"改革作出全局性部署）作为分析的起点。

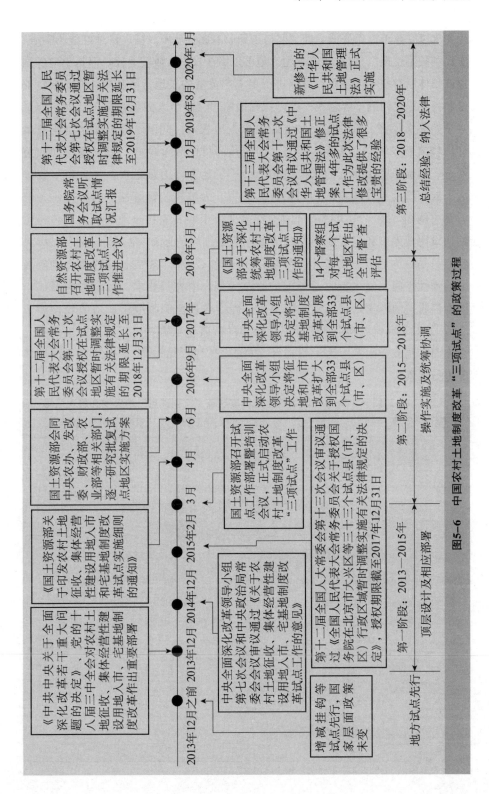

图5-6 中国农村土地制度改革"三项试点"的政策过程

确要求坚守改革三条底线，即"坚持土地公有制性质不改变、耕地红线不突破、农民利益不受损"，这意味着本轮改革可以赋予农户实质转让权，但是土地的国家或集体所有权不可侵犯；可以进行更大胆灵活的农地盘活利用，但是粮食安全和社会稳定问题不容忽视；可以探索国家-集体-个人的收益分配比例，但是必须始终实现好、维护好、发展好农户土地权益。同时，改革初始阶段政策文件释放最多的是"灰色"信号，即模棱两可的政策偏好，极其宽泛的政策规定、明确程度比较低的政策语句，给予了地方自由裁量权。中央将事权极大下放，激励地方政府的创新精神和能力，为解决"显著性"问题提供备选方案。例如，2015年出台了《国土资源部关于印发农村土地征收、集体经营性建设用地入市和宅基地制度改革试点实施细则的通知》（"35号文"），中央政府只是告诉地方"要做什么"，而"具体怎么做""做到什么程度"则有较大的弹性空间。以入市收益分配的改革为例，中央只要求"综合考虑形成土地增值收益的因素，从当地实际出发，确定合理比例收取土地增值收益调节金"，而对于究竟各地形成土地增值收益的因素包括哪些，当地实际又是哪几个方面，调节金比例应当设置在什么样的范围内，都需要各地结合自己的情况进行探索。

表5-14　2013—2020年中国农村土地制度改革"三项试点"中央发文层次信号

信号	示例	特征词
红色	坚持"土地公有制性质不改变、耕地红线不突破、农民利益不受损"三条底线	红线、控制线、不突破、不得
	界定公共利益用地范围……建设项目不属于公共利益的，不得动用土地征收权	
灰色	允许农村集体经营性建设用地出让、租赁、入股，实行与国有土地同等入市……选择若干试点，慎重稳妥推进农户住房财产权抵押、担保、转让	有关部门、有关规定、探索、暂行、选择若干、地方综合考虑
	"71号文"：鼓励试点地区结合实际，大胆探索，积累经验	
	关于印发《农村集体经营性建设用地土地增值收益调节金征收使用管理暂行办法》的通知（2016）（简称"41号文"）	
	"35号文"：试点县综合考虑土地增值收益情况……确定调节金征收比例	

资料来源："71号文"、"35号文"和"41号文"。

此外，本轮试点的特殊性在于"保密性"极强，仅在全国 33 个试点县内"小范围""封闭式"开展，改革初期的中央文件、指导意见和试点的数据、政策、经验和问题均是不对外公开的。也就是说，"三项试点"改革作为封闭的局部试验，不论改革成败，完全不会干扰全国范围内土地用地流转市场的运行，更不会立马触及相关群体的既得利益。在试错成本较低的改革初期，中央政府自然可以选择忽略其"合法性"的问题。同样地，"71 号文"定下了"鼓励试点地区结合实际，大胆探索，积累经验"的基调，加之改革成效和问题显化尚需时日，仅仅在启动试点阶段，中央没必要过于重视"可信性"问题，为地方的大胆尝试、自由探索松开束缚才是重中之重。

（二）改革实践阶段（2015—2018 年）

试点启动之后，"显著性"问题的优先级迅速下降。但是，中央政府依然保持鲜明的主动姿态，对基层农地改革实践进展进行干预——基于地方反馈之后进行"统筹和协调"，目标在于提高试点的"可信性"和"合法性"。

中央政府为了掌握和了解地方试点经验教训、得到地方信息的反馈，以确保地方做法的"可信性"，从各个层面创设了央地互动的制度捷径。中央通过"动员部署会议"（4 次），"培训"（2 次）、"现场交流会议"（4 次），"部长办公会"、"部长专题会"等，建立了权威机构统筹试点工作、央地互动的有效平台。通过"试点工作领导小组"、"干部挂职"（11 名司局级干部参与省试点工作领导小组，44 名处级干部挂职）等组织层面的干部人员直接下沉，形成了协调不同行政领域、连接不同科层层级的纽带。通过"专项督察"（2 次）、"全面督导"等突击行动，监督试点改革的全过程。①

在此基础之上，为了提高试点的"合法性"，中央采取两步走的方式，首先统筹改革的内容，其次协调改革时间进度安排。第一，中央政府了解到"三项试点"内容存在，"你中有我、我中有你"的情况，"由于一个试点地区只开展一项试点任务，难以形成改革合力，对深化改革形成了一定制约"，"试点地区群众普遍希望加大统筹协调推进力度"。于是，中央积极作出应对，重视"三项试点"改革之间的系统性、协同性和耦合性。2016 年 9 月，将征地和入市改革扩大到全部 33 个试点县（市、区）；2017 年 11 月，将宅基地制度改革拓展到全部 33 个试点。伴随着 2017 年《国土资源部关于深化统筹农村土地制度改革三项试点工作的通知》的颁发，试点进入了全口径、全内容的新阶段，"三项试点"相互打通嵌套、全面融合提速（见图 5 - 7）。事实上，中央于 2016 年便提出"深化农村改革需要多要素联动。这是由'三农'工作的复杂性和全局性所

① 上述会议、挂职、督查情况的资料来源是 2018 年 12 月《国务院关于农村土地征收、集体经营性建设用地入市、宅基地制度改革试点情况的总结报告》。

决定的"。中央站在较高的层级，以"合法性"为行为标准，较好地解决了不同要素之间的冲突和难题。

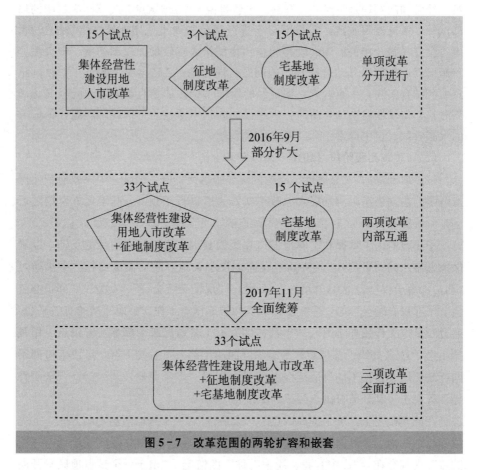

图 5 - 7 改革范围的两轮扩容和嵌套

第二，由于农地试点改革综合效益显化尚需时日，且"改革与立法相向而行、相互衔接"，因此需要进一步为《中华人民共和国土地管理法》的修改工作提供支撑，创造良好的社会氛围。中央政府作出了符合现实情况的决定：2017年和2018年，"三项试点"改革历经两轮延期。观察两轮延期的政策过程，为了增强改革的"合法性"，解决各层级、各部门信息不对称和各自为政的困境，中央积极协调了纵向层级关系，而且统筹了横向部门关系（见图 5 - 8）。

（三）改革总结阶段（2018—2020 年）

与 1996 年以来在芜湖、南京、苏州和珠三角开展的多轮的地方自发试验并未顺利实现制度化相比，"三项试点"改革的地方做法得以大量、快速实现法律化并从试点走向全国。这得益于本次试点发起机构和决策机构是由全国人大（立法机构）、国务院（最高行政机构）和国土资源部（现自然资源部，特定领域最高职能部门）等最高的权威机构联合构成，对试点经验上升为法律具有较强的话语权和推动力。中央开展试点改革出发点在于修法以促进城乡一体化的建设用地市场发展，其决策行为遵循了"显著性、可信性、合法性"三个标准。

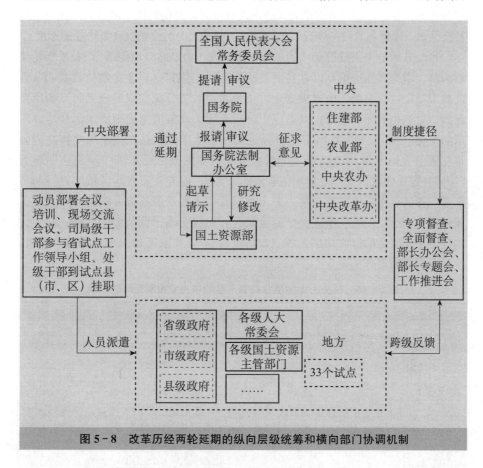

图 5-8 改革历经两轮延期的纵向层级统筹和横向部门协调机制

一方面，"三项试点"改革成果的吸纳、推广程度差异很大，可以看出中央政府更加偏好"显著性"较高的改革创新，搁置争议大、"合法性"低的改革成果。具体来看，入市改革旨在为城乡一体化发展铺路，破除农村集体建设用地进入市场的法律障碍，对经济绩效的促进自然是任何改革的重中之重。因此，《中华人民共和国土地管理法》修法的第一轮审议便肯定了农村建设用地入市的合法性。征地改革是最难啃的骨头，但给予被征地农户更多保障的公平性需求也十分突出。因此，第二次审议的修改重心放在了进一步完善征地情形及补偿标准上。第三次审议则重点探讨了如何合理规划和充分盘活利用乡村产业和宅基地用地。但是，与入市和征地改革相比，宅基地制度改革成果更多是原则性的，不具操作性，可以说宅基地流转的"口子"并无松动。究其根本，与承包地作为生产资料相比，宅基地还有民生作用，涉及居住、养老、保障等功能；

与集体建设用地相比，宅基地是落到每一个农户身上的明确产权的住宅和私产，涉及拆迁、继承等问题。宅基地涉及的切身利益相关者众多、改革风险较大，与农村稳定、农户权益保护息息相关，面临的历史遗留问题和未来挑战更加深层和久远。总之，中央渐进式的修法审议通过突破又相对稳妥的方式、注重凝聚社会共识，降低各界改革争议，加速了地方经验上升为全国性政策法规的速度。

另一方面，中央政府是"边试点、边研究、边总结、边提炼"，通过多轮政策调整、渐进理性决策，以夯实试点经验的"可信性"。以土地增值收益调节金的政策制定过程为例，中央根据地方土地增值收益分配实践的成果，不断出台新的、更细化的配套政策，以适应中央对于相关政策概念的理解加深和地方需求的变化。"71号文"提出主要目标是实现土地增值收益在国家和集体之间分享比例的大体平衡；"35号文"将该分配机制的改革要求进一步细化明确为"按照合理比例收取……土地增值收益调节金"。地方政府在本区域内进行初步探索，各试点提交的实施方案为中央制定有关土地增值收益分配的政策奠定了基础。"41号文"进一步完善了制度设计，不仅明确了调节金的内涵，而且大致设定了调节金的征收比例范围（20%～50%），要求考虑土地的用途、等级、交易方式等因素（见表5-15）。

表5-15　有关土地增值收益调节金的中央政策制定渐进过程

"71号文"	"35号文"	"41号文"	
建立兼顾国家、集体、个人的土地增值收益分配机制，合理提高个人收益	县（市、区）人民政府按照合理比例收取农村集体经营性建设用地入市土地增值收益调节金	调节金的内涵	建立按照同权同价、流转顺畅、收益共享……目标，在……入市及再转让环节，对土地增值收益收取的资金
		调节金征收比例	按入市或再转让……土地增值收益的20%～50%征收
		调节金征收比例制定的参考因素	按照大体平衡、保障农民利益等原则，考虑土地用途、土地等级、交易方式等因素，确定征收比例
	健全土地增值收益在农村集体经济组织内部的分配与监管制度	集体内部分配制度	以现金形式取得的土地增值收益……在农村集体经济组织成员之间公平分配。对以非现金形式……及时在农村集体经济组织内部进行公示
		集体内部监管制度	农村集体经济组织取得的收益应纳入农村集体资产统一管理，分配情况纳入村务公开内容

资料来源："71号文"、"35号文"和"41号文"。

综上，"试点"改革是中国改革开放以来进行政策制定、改革创新普遍采用的一种治理模式，而理解自上而下系统性开展的"设计试验"的中央行为逻辑，成为解释新时代中国改革发展的关键所在。我们初步构建"设计试验的中央行为逻辑"理论分析框架并运用农村土地制度改革"三项试点"案例进行实证检验，主要结论如下。

党的十八大以后，我国开启了"全面深化改革"的进程并提出"凡属重大改革都要于法有据"，强调顶层设计的"设计试验"逐渐成为当代中国改革的基本模式。中央政府在试点过程中有明确的意向性和目的性，直接设计整体的试验方案，全面干预地方的试验进程。"设计试验"能否成功实现政策的制定和推广，很大程度上取决于中央政府是否对试点进行有效的治理。为保证试点机制的有效性，中央政府遵循"显著性、可信性和合法性"的行为逻辑和决策原则，其策略化行动随着试点的推进而发生变化：前试点阶段侧重关注"显著性"以识别社会突出矛盾；试点阶段关注"可信性"和"合法性"，为法律的修改、政策的制定提供现实基础、实践经验和协调各方关系；后试点阶段则将三个标准均考虑在内以实现渐进理性的决策，加速地方经验制度化的进程。

第三节　农地转让权改革的关键：33个试点地区土地增值收益分配测算分析

首先，以单中心城市模型为理论基础，应用某单个试点地区入市改革的交易样点数据，构建计量模型，探索分析土地增值收益的空间分布规律；其次，汇总全部33个试点地区的入市交易样点数据，构建计量模型，探索分析土地增值收益调节金[1]的影响因素和潜在规律。

一、基于单中心城市模型的土地增值收益分析：以D试点为例

以城市经济学中典型的单中心城市模型为理论基础，构建计量模型，分析D试点入市交易样点的土地价格、增值收益以及调节金占比的空间分布规律，评价以入市价格计提增值收益调节金是否可行，并检验调节金比例设置的合理性。

（一）土地增值收益影响因素的理论分析

（1）单中心城市模型。[2] 土地市场的一个基本特征是位置较好的土地价格

---

① 按照"41号文"的相关规定：（1）国家征收土地增值收益调节金的目的是："建立兼顾国家、集体、个人的土地增值收益分配机制，保障农民公平分享土地增值收益。"（2）征收部门和管理使用："调节金由试点县财政部门会同国土资源主管部门负责组织征收；调节金全额上缴试点县地方国库，纳入地方一般公共预算管理，由试点县财政部门统筹安排使用。"（3）征收比例标准："调节金分别按入市或再转让农村集体经营性建设用地土地增值收益的20%～50%征收"；"试点县综合考虑土地增值收益情况，考虑土地用途、土地等级、交易方式等因素，确定调节金征收比例"。

② 迪帕斯奎尔，惠顿. 城市经济学与房地产市场. 北京：经济科学出版社，2002；Clonts (1970) 以及 Capozza & Helsley (1989) 等关于城市发展对土地价格影响的文献。

昂贵，而缺乏位置优势的土地价格则比较低（DiPasquale & Wheaton，1996；Wheaton，2002）。学者们认识到土地市场的这种显著特征，并找到一个根据补偿理论（地租剩余学说）来确定土地价格的方法。一些学者（如 Alonso，1964；Muth，1969；Mills，1972）先后提出了关于土地价格与位置优势之间相互影响关系的一般理论，即单中心城市模型。惠硕（Wheaton，1974）对其进行了理论性归纳和简化，形成了较完善的土地价格分析框架，并在之后数十年里得到了大量的实践验证。

单中心城市模型的假设条件如下：第一，就业中心是唯一的。居民从居住地到达就业中心的交通线为直线，每公里的年度交通费用为 k。同时家庭位置采用住所距离就业中心的直线距离 d 来指代。第二，家庭结构相同，每个家庭工作人员的数量是固定的；家庭收入 y 用于交通、其他商品和住房消费。第三，住宅供应量固定不变，而且不同地段的物业特征也完全相同。住宅的年租金为 $R(d)$，农地的租金为 $r(d)$，随着位置（交通距离 d）的不同而不同。第四，住宅是土地和房屋共同形成的组合体，其中每套住宅占用一定的土地面积 q，同时也包含了房屋建设成本 c，住宅密度就是 $1/q$。第五，住宅被能够支付最高租金的家庭租用，土地的配置使用要体现租金最大化原则。

基于以上假设，在城市边缘距离市中心为 b 的单中心城市模型中，可以推导出土地的租金 $r(d)$ 是农用地租金和土地位置租金两项之和：

$$r(d) = r^a + \frac{k(b-d)}{q} \tag{5-1}$$

式中，r^a 是单位面积用于支付其可替代用途的租金，即每亩农用地租金；$\frac{k(b-d)}{q}$ 是由于位置不同所造成的单位面积的交通费用节省额，即对于单位面积上 $1/q$ 套住宅的居民，其交通费用总量的增加所带来的土地租金的减少量。

土地价格是土地租金的资本化。在 t 时刻，折现率或利率为 i，城市边缘的扩张速率为 g，已经建造住宅的位置为 d（此时城市的边缘为 b_t），其土地价格如式 5-2 所示。该价格包含了农用地租金的现值（农用地价）、当前位置租金的现值（当前的位置地价）以及位置租金增长的现值（未来的位置地价的增长）。

$$p_t(d) = \frac{r^a}{i} + \frac{k(b_t-d)}{qi} + \frac{kb_t g}{qi(i-g)} \tag{5-2}$$

结合式（5-1）与式（5-2），土地的租金和价格随着距城市中心的距离增加而减少（见图 5-9）。

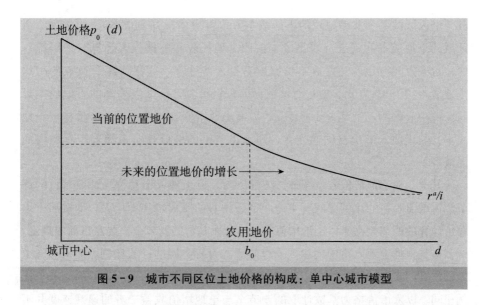

图 5 - 9　城市不同区位土地价格的构成：单中心城市模型

综上所述，单中心城市模型给出了一个土地价格与土地位置关系的理论基础。在一个单一中心的城市区域内，在家庭结构相同、住宅供应量固定不变、租金最大化原则的假设前提下，土地租金和土地价格依据土地位置的不同而不同，不同位置的差额就是家庭对位置特征价值判断的补偿额（Wheaton，1996，2002），即二者随着中心的距离增加而下降以抵消不断上升的通勤成本（Capozza & Helsley，1989）。

（2）单中心城市模型应用于土地增值收益分析。上述分析表明，土地位置是影响土地租金和价格的重要影响因素，缺乏位置优势的土地租金和价格较低，即距离城市、就业或者商业中心越远的土地租金和价格越低（Clonts，1970；Capozza & Helsley，1989；Wheaton，2002）。式（5 - 2）表明，随着城市的不断扩张，农地逐步转为城市用地，在城市边缘的土地价格即为土地的农用地价 r^a/i（Clonts，1970；DiPasquale & Wheaton，1996；Wheaton，2002）。因此，可以应用单中心城市模型分析土地位置对于农地入市价格及其产生的土地增值收益的影响。

首先，农村集体经营性建设用地入市的土地价格和土地增值收益均随着土地距区域中心的距离增加而减少。当城市边缘 b_t 扩展到农村土地时，b_t 处的农地价格升高，一部分表现为新开发农地上交通费用节省的价值，一部分表现为预计租金增长的折现，并且距离区域中心越远的农地，其土地的价格增加值越低（见图 5 - 9）。土地价格的递减规律并不能完全代表土地增值收益的变化情况，还要检验该时段土地成本的改变程度。D 试点根据"41 号文"的相关规定采用单宗地块直接核算法、模拟开发法等估算土地成本。D 试点分别核算了全县 7 个区域的 7 个典型地块的土地成本（取得成本＋开发成本），作为这 7 个区域的土地成本的代表。取得成本按照土地征收和收储投入计算（采用统一区片价 5 万元/亩），开发成本按照配套投入费计算，这样估算 D 试点的平均土地成本约为 10 万元。通过对该数据的分析可知，D 试点核算的土地成本对与区域中心的距离变化并不敏感①，因而土地增值收益（土地入市价格－土地成本）与土地入市价格同向变化，即入市产生的增值收益也随着距离的增加而减少。

其次，从土地增值收益调节金方面来看，以土地入市总价为计取基数的调节金占增值收益的比例会随着土地距区域中心的距离增加而增大，即按照土地总价计算的调节金高于以土地增值收益为计取基数的调节金。按照目前的规定，调节金是根据土地入市的用途、入市的方式设置不同的征收比例，但未考虑土地的位置因素，即土地入市用途和方式相同，不同位置的土地收取的调节金比例相同。以入市价格为基数计取的调节金与土地增值收益二者的递减速度并不会完全相同，二者的比例采用"（土地增值收益）调节金占比"来衡量，即

调节金占比＝实际征收的土地增值收益调节金÷土地增值收益

$$＝\begin{matrix} \text{以土地入市价格} \\ \text{为基数计算的} \\ \text{调节金比例} \end{matrix} × \frac{\text{土地}}{\text{入市价格}} ÷ \frac{\text{土地}}{\text{增值收益}}$$

在农地成本差异较小的情况下，土地增值收益变化率会大于土地价格的变化率。② 也就是说，在远离县政府这一中心的过程中，土地增值收益减少的速度快于土地的入市价格下降的速度，由此可以推出，增值收益减少的程度大于以入市价格为计取基数的调节金减少的程度，即按照土地总价计算的调节金会高于以土地增值收益为计取基数的调节金。

（二）变量选择与数据来源

采用 D 试点入市交易样本数据，分别建立土地价格、土地增值收益、土地增值收益调节金占比等三个多元回归模型，分析 D 试点土地增值收益的空间分布规律，对土地增值收益调节金设定的合理性进行分析。

在影响因素的选择上，借鉴已有学者的研究成果。土地价格和土地增值收益的影响因素包括地块面积、人口聚集、交通状况、规划控制力度、医疗和教

---

① 例如，距离 D 县政府 27 公里的 Y 镇土地成本为 9.2 万元/亩，距离县政府不到 10 公里的 M 镇土地价格为 10.4 万元/亩，两个镇的距离相差 10 多公里，土地价格仅相差 1.2 万元。

② 土地成本（减数）必须与土地入市价格（被减数）有着相同的变化率才能保证土地增值收益（二者之差）与土地入市价格同向变化。但是相对于以上减数变化的描述，当土地成本（减数）基本不变，土地增值收益（二者之差）将会产生比土地入市价格（被减数）更大的变化。

育公共设施等（聂俊成，2014；孙馨，2010；程雪阳，2014）；土地的纯收益水平受土地需求、土地供应量、土地供应结构、土地区位以及交易方式的具体组合策略和土地开发成本等因素的影响（王小映，2006；程雪阳，2014）。结合本次农地入市改革的实际情况，除到县政府距离变量外，本模型还选择了土地用途、入市途径、出让地块面积作为模型的控制变量。

首先，土地用途虚拟变量表示土地是否为工业、仓储用地，同时加入了土地到县政府距离与该项组合成交叉项，探究不同用地类型的土地增值收益与土地位置的变化规律。根据单中心城市模型以及相关研究，不同土地使用者对区位的敏感程度不同，愿意支付的租金也不同；对于不同的土地利用类型，其价格也不尽相同；也有学者对土地增值收益与集体土地流转用途之间的关系进行研究探索（耿槟等，2012）。①

其次，入市途径虚拟变量表示土地是否就地入市，选择该变量是根据中央改革的具体政策。"35 号文"规定集体经营性建设用地入市途径包括就地入市、调整入市和整治入市等。其中，具备开发建设所需基础设施等基本条件可以直接就地入市，对于村庄内零星、分散的土地需要先复垦后再调整入市，对于历史形成的城中村集体建设用地统一进行复垦、基础设施配套，重新划分宗地和确定产权归属进行整治入市。三种不同入市途径的前期准备工作有差异，代表了不同的价格形成机制。D 试点无整治入市。

最后，出让地块面积自变量表示土地入市地块的大小，地块大小影响土地投资活动，与土地价格和增值收益关系密切。张鹏等（2006）根据城市土地招拍挂数据的处理和分析，发现土地面积越大价格越低；罗丹（2013）认为随着地块面积的增大，耕作效率呈指数倍数提高，同时时间利用率也随着面积的增加而增大。因此将地块面积计入本模型，探索地块面积对土地入市交易价格和增值收益的影响方向和程度。

本模型通过谷歌地图 API 接口获取土地入市交易样点所在村的位置到 D 县政府的直线距离。土地成本按照 D 试点核算的 7 个典型地块价格计入，未涵盖在上述 7 个区域的其他地区的地块或者按照就近原则测算（其所在地区与 7 个区域相邻近），或者按照 D 试点的基准地价测算相应土地成本。

截至 2016 年 12 月，D 试点地区的集体经营性建设用地以出让方式入市 63 宗。表 5 - 16 列出了各变量名称、定义以及主要描述统计分析结果。

---

① 对 D 试点的交易样点数据的分析表明，例如地块面积和土地位置相近的 S 乡和 M 镇分别是以工业和商业用途入市的两块土地，成交价相差较大，分别为 18.7 万元/亩和 50.7 万元/亩。

表5-16 变量名称、定义与主要描述统计分析结果

类别	名称	定义	均值	标准差
因变量	土地出让价格（y_1）	出让的集体经营性建设用地的单价（万元/亩）	22.65	8.81
	土地增值收益（y_2）	土地出让价格减去按照基准地价计算的土地成本得出的增值收益（万元/亩）	6.34	3.81
	调节金占比（y_3）	实际征收的土地增值收益调节金占增值收益的比例	0.72	0.58
自变量	出让地块面积（x_1）	实际交易数据（亩）	6.53	9.01
	到县政府的距离（x_2）	交易发生地所在村到D县政府的直线距离（公里）	17.64	6.28
	是否是工业、仓储用地（x_3）	工业、仓储用地=1，其他=0	0.90	0.30
	是否就地入市（x_4）	就地入市=1，其他=0	0.75	0.44

（三）模型设定

分别以土地出让价格、土地增值收益、调节金占比为因变量；以到县政府的距离，出让地块面积，是否是工业、仓储用地，是否就地入市为自变量，计量模型设定如下：

$$y = \beta_1 x_1 + \beta_2 x_2 + \beta_3 x_3 + \beta_4 x_2 x_3 + \beta_5 x_4 + \varepsilon \tag{5-4}$$

式中，自变量 x_1, x_2, x_3, x_4 描述见表5-16；$\beta_1, \beta_2, \beta_3, \beta_5$ 分别代表各自变量的回归系数；交叉项 $x_2 x_3$ 表示距离和用地类型对 y 的交互影响；β_4 为交叉项的回归系数；ε 为误差项。

（四）估计和检验结果

模型的估计检验结果见表5-17。在土地出让价格和土地增值收益两个模型中，到县政府的距离变量系数分别为-0.6517和-0.5797，且在1%的显著性水平下显著，表明土地位置对土地出让价格和土地增值收益的显著影响，即其他条件不变，与县政府距离每增加1公里，土地出让价格平均下降0.6517万元/亩，土地增值收益平均减少0.5625万元/亩。在调节金占比模型中，到县政府的距离变量系数为0.0085，且在5%的显著性水平下显著，即与县政府的距离每增加1公里，土地增值收益调节金比例增加0.85%。这一结果显化了本次入市改革中存在的一个重要问题：以土地入市价格为调节金的计取基数是不合理的。距离县中心越远，土地出让价格和土地增值收益越低，但是所征收的调节金占比却并未随之降低，反倒增加。究其原因是，D试点的调节金征收并

非严格意义上对土地增值收益的分配，而是对土地总收益的分配。这种分配模式很可能会减少农户个体应得的增值收益，而且从本模型的分析结果来看，距离县中心越远，农户权益受到的侵害可能就越严重。

土地用途系数在前两个模型中显著且为负，在第三个模型中为负但不显著。这说明，工业、仓储用地的土地出让价格和土地增值收益比商业用地分别低34.21万元/亩和33.82万元/亩。不同用途的土地出让价格和增值收益虽然有差异，但是调节金占比并没有显著差异，这是由于尽管D试点已经以"按类别、有级差"的方式设定土地增值收益调节金比例，但是还是基于土地交易总价而非土地增值收益，所以按照增值收益测算的调节金比例相对于土地用途的差异并不显著。

交叉项系数在前两个模型中为正且显著，但在第三个模型中不显著，表示土地位置与县政府的直线距离每增加1公里，商业以及工业、仓储这两类用途的土地出让价格和增值收益均减少，但工业、仓储用途的土地出让价格减少得更缓慢，商业用途的土地出让价格比工业、仓储用地多减少0.5149万元/亩，土地增值收益多减少0.4942万元/亩。交叉项在第三个模型中不显著，说明两类不同用途的调节金占比对于土地位置的相对变化率差异不大。

入市途径系数在前两个模型中为负，在第三个模型中为正。这说明，就地入市的土地出让价格比调整入市的土地出让价格低1.61万元/亩，增值收益低2.59万元/亩，但是就地入市调节金占比比调整入市高3.9%，这导致就地入市的土地增值收益分配给农户的相对较少。

出让地块面积变量在本模型中不显著，这与已有文献结论不符，可能的原因是试点地区初步探索入市流程，在没有经验且未核算各地块具体的土地增值收益的情况下，借鉴了当地的基准地价，成交价格基本围绕基准地价产生。虽然对D试点入市改革的探索很多，但农村集体土地流转市场的发展并不成熟，尚未形成有效的土地竞争市场，对土地基准价格的依赖较大，仍不能通过市场机制有效调节土地出让价格和增值收益。

综上，本部分以单中心城市模型为理论基础，分析了D试点集体经营性建设用地入市土地出让价格与土地增值收益的空间分布特征及其影响因素，主要实证结果如下：D试点入市土地出让价格和土地增值收益均随着土地位置与区域中心距离的增加而减少，但是征收的调节金却没有随价格同步减少（调节金绝对值没有与土地出让价格/土地增值收益随距离增加同步减少，调节金占比反倒随距离增加而增加）；工业、仓储用途入市的土地出让价格和土地增值收益低于商业用途土地，调节金占比无显著差异；就地入市的土地出让价格和土地增值收益低于调整入市，调节金占比高于调整入市。

表 5 - 17 模型估计和检验结果

自变量	土地出让价格		土地增值收益		调节金占比	
	系数	标准误	系数	标准误	系数	标准误
到县政府的距离	−0.651 7***	0.194 7	−0.579 7***	0.204 3	0.008 5**	0.004 2
是否是工业、仓储用地	−34.212 7***	2.911 8	−33.815 8***	3.055 2	−0.021 9	0.063 0
到县政府的距离×是否是工业、仓储用地	0.514 9**	0.203 3	0.494 2**	0.213 3	−0.006 6	0.004 4
是否就地入市	−1.613 3*	0.826 5	−2.590 0***	0.867 2	0.039 9**	0.017 9
出让地块面积	0.017 7	0.036 1	0.025 5	0.037 9	0.000 040 7	0.000 8
常数项	57.687 4***	2.769 2	46.848 4***	2.905 5	0.290 2***	0.059 9
R^2	0.924		0.913		0.388	
Adjusted R^2	0.917		0.905		0.335	

注: *、**、*** 分别表示在 10%、5%、1% 显著性水平上统计显著。

上述实证分析结果具有重要的政策含义：D 试点以及其他类似试点以土地入市交易总价为调节金计取基数的做法可以理解[1]，但并不合理，距离中心越远的土地增值收益越低，但征收的调节金占比却没有随之减少。究其根本，D 试点以及类似试点计算的调节金占比并不是严格意义上对土地增值收益的分配，而是对土地总收益的分配。此外，就地入市的土地出让价格和土地增值收益低于调整入市，调节金占比却高于调整入市。

二、土地增值收益调节金影响因素分析：以 33 个试点地区为例

采用 33 个试点地区的入市交易样本数据，构建土地增值收益、土地增值收益调节金比例的多元回归模型，探索分析土地增值收益以及调节金比例制定的影响因素和潜在规律。

(一) 变量选择与数据来源

截至 2018 年 2 月，33 个试点地区共入市地块 542 宗。在选择土地增值收益 y_1 和土地增值收益调节金比例 y_2 的影响因素上，以已有研究的理论和实证为基础，从地区经济发展水平（城镇化率 x_1）、地区政府收支情况（地方公共财政收入 x_2）、地块基本特征（与区域中心距离 x_3、规划用途 x_4、地形地貌 x_5）、地块交易情况（入市途径 x_6）等四个方面进行变量的设定。

首先，地区经济发展水平方面选取城镇化率作为自变量，探索试点地区经济水平对土地增值收益调节金比例的影响。社会经济发展水平是影响土地等别的主要经济因子，而土地等别与城镇土地增值收益率存在正相关关系（张聪聪等，2013），因此土地增值的幅度随着各地区经济发展水平存在差异。为避免区域间收入差距的扩大，土地增值收益调节金比例应根据当地经济发展水平进行调整。城镇化程度与区域发展水平高度相关（王婧等，2016），较高的城镇化率和经济发展水平会增加建设用地需求量，从而产生利用农村存量集体建设用地资源来满足城镇化用地的需求（李卫红，2015）。因此，选择"城镇化率（x_1）"作为衡量地区经济发展水平的指标。

其次，政府收支方面选取各试点地区地方公共财政收入作为自变量，衡量

---

① 集体经营性建设用地入市是新生事物，科学测算土地增值收益是关键，也是难题，而测算土地增值收益的关键是对土地成本的科学合理核算。在入市改革过程中，各试点地区纷纷表示，由于行政区划调整、时间跨度长、人员变动复杂、基础资料缺乏等原因，集体经营性建设用地的成本往往无迹可寻，测算难度很大，因此大部分试点采取了以交易总价作为基数计提调节金的做法，回避了对土地增值收益测算的困难。需要说明的是，这符合中央政策文件要求，尽管"41 号文"规定，"调节金分别按入市或再转让农村集体经营性建设用地土地增值收益的 20%～50%征收"，但是同时又允许"制定按成交总价款一定比例征收调节金的简易办法，并由试点县人民政府报省级财政和国土资源主管部门批准后执行"。这是中国农地制度改革的渐进式改革方式的一个体现。

政府在制定土地增值收益调节金比例中的作用。集体建设用地直接入市，对当前地方政府的征地制度造成一定程度的冲击。集体建设用地入市可以从刺激地方政府合理安排支出、间接为政府提供财税收入两个方面减轻地方政府土地财政的路径依赖（夏慧娟，2014）。实证研究也发现不同区域间土地财政以不同程度驱动农村建设用地入市（唐莹等，2016）。因此，选择"地方公共财政收入（x_2）"作为自变量，探索地方政府在农村建设用地入市试点后公共财政水平对土地增值收益在各主体之间的分配比例的影响。

再次，地块基本特征方面选取与区域中心距离、规划用途、地形地貌作为自变量，衡量地块自身属性与土地增值收益调节金比例的关系。上一部分以 D 试点为例的单中心城市模型分析表明，以土地入市总价为计取基数的调节金占比会随着距县政府距离增加而增大，因此这里引入"与区域中心距离（x_3）"变量。该变量仍然是通过谷歌地图 API 接口获取土地入市交易样点所在村位置到 D 县政府的直线距离。"规划用途（x_4）"变量的选取依据如前所述，在这个模型中有三个虚拟变量：住宅、商业和工业用地（x_{4-1}，x_{4-2}，x_{4-3}）。"地形地貌（x_5）"分类变量是用来表示入市地块进行土地整理、开发的难易程度，取值为1~5，数值越低表示开发的难度越低，相应的土地成本就越低。

最后，地块交易情况可能会影响土地增值收益调节金比例的设定，这里选取"入市途径（x_6）"为虚拟变量（就地入市＝1，调整入市＝0）。考虑入市有利于处理好各利益主体（国家、集体土地所有者、土地用益物权人）的利益分配关系，因此在实践中，一些试点在设定土地增值收益调节金比例时，考虑了入市途径，作为调节金的一个修正因素。

将33个试点地区的交易样点进行汇总后，由于各试点地区对土地增值收益的测算以及土地增值收益调节金比例的设定都有较大的差异，因此这里将二者的测算进行统一。土地增值收益 y_1 按照以下公式进行测算，即：

$$土地增值收益 \; y_1 ＝入市土地总价款－土地成本 \tag{5-5}$$

如前所述，土地增值收益测算的关键在于土地成本的估算。综合研究各试点地区（例如 D 试点）的测算分析成果，以及有关学术研究成果，如对城镇工业用地基准地价评估的研究（郑云，2001），按照商业宗地基准地价的30%、工业宗地基准地价的25%，再加上土地征收价格，作为对土地成本的近似估算，即：

$$土地成本＝宗地面积×（基准地价×25\% \; 或 \; 30\% ＋征收价格）$$

$$\tag{5-6}$$

土地增值收益调节金比例 y_2 的测算如下：由于33个试点地区中，有少部分试点是以土地增值收益作为基数计提调节金，对于这些试点地区的入市交易样点，土地增值收益调节金比例 y_2 为实际征收的比例。大部分试点地区是以土地总价款作为基数计提调节金，则按照以下公式测算土地增值收益调节金比例 y_2，即：

$$\text{土地增值收益调节金比例}(y_2) = \frac{\text{土地总价款} \times \text{调节金征收比例}}{(\text{土地总价款} - \text{土地成本})} \times 100\% \qquad (5-7)$$

表 5-18 列出了各变量名称、定义以主要描述统计分析结果。

表 5-18　变量名称、定义与主要描述统计分析结果

类别	名称		定义	均值	标准差
因变量	土地增值收益（y_1）		土地入市总价款减去入市成本	4.69	2.00
	土地增值收益调节金比例（y_2）		实际征收的土地增值收益调节金占增值收益的比例	−1.56	0.94
自变量	城镇化率（x_1）		地区城镇常住人口占该地区常住总人口的比例	54.15	12.03
	地方公共财政收入（x_2）		地方政府为了满足政府公共活动支出的需要、履行职能而从社会目标群体中获得的一切货币收入的总和（亿元）	43.72	60.30
	地块基本特征	与区域中心距离（x_3）	交易宗地到县政府的直线距离（公里）	42.98	25.83
		规划用途（x_{4-1}，x_{4-2}，x_{4-3}）	住宅用地=1，其他=0	0.04	0.18
			商业用地=1，其他=0	0.45	0.50
			工业用地=1，其他=0	0.52	0.50
		地形地貌（x_5）	平原=1，盆地或盆地、平原=2，丘陵、平原=3，丘陵或丘陵、高原=4，山地、丘陵=5	2.64	1.34
		入市途径（x_6）	就地入市=1，调整入市=0	0.78	0.41

（二）模型设定

分别以土地增值收益和土地增值收益调节金比例为因变量，两个模型设定如下：

217

$$y_1 = \beta_1 x_1 + \beta_2 x_2 + \beta_3 x_3 + \beta_4 x_4 + \beta_5 x_5 + \beta_6 x_6 + \varepsilon_1 \qquad (5-8)$$

$$y_2 = \beta_1 x_1 + \beta_2 x_2 + \beta_3 x_3 + \beta_4 x_4 + \beta_5 x_5 + \beta_6 x_6 + \varepsilon_2 \qquad (5-9)$$

式中，自变量 x_1 至 x_6 描述见表 5-18，β_1 至 β_6 分别代表自变量的回归系数，ε_1 和 ε_2 为随机误差项。

（三）估计和检验结果

估计和检验结果见表 5-19。首先，简单分析以土地增值收益为因变量的模型计量结果。第一，城镇化率系数为正且显著，即城镇人口每增加 1%，入市土地增值收益平均会增加 8.1%。城镇化率越低，地区的经济水平越低，土地入市产生的增值收益越少，因此设定调节金比例时应考虑该地区的经济水平。第二，与区域中心距离系数显著为负，即距离城市中心每增加 1 公里，入市增值收益平均减少 0.9%，因此越偏远的地区入市的增值收益越少，调节金也应考虑地块的位置，根据土地区位的差异而进行合理的调整。第三，入市途径系数显著为负，表明就地入市的土地增值收益比调整入市的土地增值收益平均低 116.7%，因此调节金比例应区分土地入市方式。

表 5-19 模型估计和检验结果

变量		土地增值收益（y_1）		土地增值收益调节金比例（y_2）	
		系数	标准误	系数	标准误
城镇化率（x_1）		0.081***	0.009	−0.033***	0.005
地方公共财政收入（x_2）		0.000 3	0.002	0.002	0.001
与区域中心距离（x_3）		−0.009***	0.003	−0.005***	0.002
规划用途	住宅（x_{4-1}）	−0.119	0.471	0.049	0.245
	商业（x_{4-2}）	0.159	0.192	0.615***	0.102
地形地貌（x_5）		−0.047	0.073	−0.080**	0.039
入市途径（x_6）		−1.167***	0.229	−0.003	0.121
常数项		1.619	0.622	0.321	0.361
R^2		0.361		0.222	
Adjusted R^2		0.348		0.207	

注：*、**、*** 分别表示在 10%、5%、1% 显著性水平上统计显著。

其次，重点分析以土地增值收益调节金比例为因变量的模型计量结果。第一，城镇化率系数为负且显著，即城镇人口每增加 1%，调节金比例会降低 3.3%。综合来看，试点地区并没有根据经济水平的差异设定合理的调节金比例，因为模型结果显示，城镇化率越低、经济水平越低的地区提取的调节金比例越高。这可以解释为在经济水平较低的地区，政府尝试通过集体经营性建设用地入市来提高政府的财政收入，更加关注地方资源使用的效率；而在经济水平较高的地区，政府因有较好的经济基础从而更重视公平考虑，侧重提高农户的生活水平。但是显然，这样的调节金比例设定不利于经济发展水平较低地区的农户。第二，与区域中心距离系数显著为负，即距离城市中心每增加 1 公里，调节金比例会减少 0.5%，因此越偏远的地区入市需缴纳的调节金越少。这说明随着试点改革的进行，土地增值收益调节金比例设定更加合理，土地增值收益分配会根据土地区位的差异而进行调整。第三，土地商业用途系数显著为正，表示商业用途入市的土地比工业和住宅用途土地调节金比例高 61.5%，试点地区对不同入市用途土地入市设定了不同比例的调节金，说明试点对于土地用途的关注度较高，能够合理地对不同用途的土地分类收取调节金。第四，地形地貌系数显著为负，即地形地貌每增加 1 个级别，调节金比例减少 8%，因此地形地貌越不利，农民缴纳的调节金比例越低。这说明试点地区已考虑地形特征对调节金的影响，在不利于耕作和建设活动的地块上，适当降低国家分配的比例，以促进各方面条件较差地块的交易。第五，在入市途径方面，就地入市的土地增值收益较调整入市的土地增值收益减少 116.7%，但是调节金比例并没有显著变化，这表明试点地区没有区分入市途径的差异来设定不同的调节金比例。

总之，试点地区在调节金比例设定上考虑了土地区位、规划用途和地形地貌的差异，距离市中心较远的地区、住宅用途的土地、地势较差的地块交易设定的调节金比例较低，维护了处于较劣势条件的集体和农户的利益。但是试点地区并没有充分考虑经济水平和入市途径的差异而设定不同比例调节金比例，导致经济水平较低或就地入市的地块交易中集体和农户分配到土地增值收益更少。

综上，本节以中国农村土地制度"三项试点"改革为例，对 33 个试点地区的入市交易样点的土地增值收益进行了粗略的测算，对土地增值收益调节金的影响因素进行了初步的探索分析。研究表明，33 个试点的改革探索阶段性成果显著，可以认为这是一个有效的政策试验。在"国家-集体-农户"的土地收益分配方面，我国已进入强调保障农户土地财产权并尝试将土地增值收益分配向农户倾斜的阶段。改革开放以来，我国土地增值收益分配政策经历了偏向国家（1978—2003 年）、开始重视农民增收（2004—2007 年）以及强调保障农民财产权（2008年至今）这样三个阶段。[①] 如果将农地转让权改革与农地使用权改革（家庭联产承包责任制→"15年不变"、"30年不变"以及"不得调地"→"长久不变"）联系起来，则可以看出，整个农村土地制度改革是朝着保障农户完整的土地产权、稳定农户信心、提高农户土地增值收益分配比例的方向前进。如果我国农村土地制度改革的最终目标确实是要给予农户最后环节的转让权（或处置权），允许农村集体建设用地（目前主要是经营性建设用地，未来还应包括宅基地等）直接进入市场，实现与国有土地同等入市、同权同价，那么土地增值收益分配机制的设计和完善就是这一改革的关键和难点。其中，集体经营性建设用地入市改革中的土地增值收益调节金的制度安排又是重中之重。

从33个试点改革的成果来看，入市改革是"三项试点"改革中进展最快，成效最显著的改革。具体就土地增值收益分配的实践探索来看，入市改革的土地增值收益分配的地方制度建设更为完善，绝大多数试点地区都出台了关于调节金测算和征收的相关政策规定，并依照中央设计与地方政策推动入市土地增值收益分配工作，取得较大进展。入市交易活跃，样点丰富，土地增值收益分配比例呈现出向集体和农民倾斜的特征。尽管由于土地增值收益测算的困难，大多数试点地区仍然以土地交易总价作为调节金计取基数，但是各试点都进行了全方位的有益探索，特别是在差异化设定调节金比例方面，政策和实践成果较好，大部分试点地区的政策都区分入市用途、交易方式、土地区位、初次或再次流转等，设定不同的土地增值收益调节金的缴纳办法，旨在保障不同情况下农户与集体公平分享土地增值的权利。这一点也被实证分析所证明[②]，33个试点地区在调节金比例设定上较充分地考虑了土地区位、规划用途和地形地貌的差异，距离城市中心较远的地区、住宅用途的土地、地势较差的地块交易设定的调节金比例较低，维护了处于较劣势条件下的集体和农户的利益。同时，需要进一步改进的是，不同的经济发展水平和不同的入市途径产生的土地增值收益存在差异，若调节金设定为同一比例，则经济水平较低或就地入市的地块

---

① 1978年以后，国家土地增值收益的获取方式以及国家与农民、集体间的分配方式初步建立，一方面，土地有偿使用制度和土地储备制度决定了土地增值收益分配以国家为主；另一方面，国家明确限制农地直接出让并低价征收农地，进一步体现出土地增值收益分配在建立初期明显向国家倾斜的特点。2004年以后，尽管在制度安排上国家仍然获得大部分土地增值收益，对农地直接出让的限制仍未突破，但是中央政策已经开始重视在土地增值收益分配上更多地"满足农民的生活需要"以及"提高农民生活水平"。2008年以来，国家在土地增值收益分配上不仅向农民倾斜，重视农民"增收"问题，而且明确提出"赋予农民更多财产权利"，"增加农民财产性收入"，特别是开始突破农地直接出让的限制，允许集体经营性建设用地直接进入市场。

② 这里需要强调的是，本部分的计量分析只是一个初步的探索性分析，在模型设定、控制变量选择、数据收集整理，以及内生性和稳健性检验等各方面都需要进一步加强。

交易中集体和农户分配到的土地增值收益就更少，无法保证土地增值收益的公平分配。此外，与对调节金制度安排的有效探索相比，各试点地区有关土地增值收益在集体内部分配（即集体与农户之间，以及不同农户之间）的制度建设推进缓慢。

对 33 个试点改革的案例分析，进一步凸显了中国农地转让改革的困难，为转让权改革的相对滞后提供了一个解释。例如入市交易中的土地增值收益测算的困难；又如土地增值收益在集体内部分配的困难。这些都涉及新制度经济学的制度变迁理论中对交易成本（如测量成本和协调成本等）的测度和分析。33 个试点改革的实践进一步凸显了中国农地制度改革的渐进式特征。中央政府在进行顶层设计时，考虑到各地方的资源禀赋差异，制定有弹性、有调整空间的政策目标。例如，"41 号文"规定，土地增值收益调节金应该按照"土地增值收益"的一定比例征收，但是考虑到试点改革起步的困难以及地方的差异，又允许"制定按成交总价款一定比例征收调节金的简易办法"，从而大大提高了改革的进度。类似地，对于土地增值收益在集体内部分配的政策安排也一样，先侧重于国家与集体的分配，取得一定改革进展后，再进一步考虑集体内部的分配。总之，改革仍在路上，改革亟待深化。中国农村土地制度"三项试点"改革是一个成功的中央主导的地方政策试验，而 33 个试点的改革探索是中国农地转让权改革的一个好的突破口。

第六章
结论与展望

第一节　主要结论

本书基于连续性的大规模全国调查，应用行为经济学的前景理论构建了一个统一分析框架，将诱致性变迁与强制性变迁进行综合研究，探讨中国农村土地制度变迁的路径特征和改革成效，重点分析中央、地方、农户三者的有机互动和共生演化。本书的主要结论可以归纳为以下六个方面。

第一，尽管不存在"改革蓝图"，改革路径也并非线性的，但改革开放以来的中国农地制度变迁是朝着一个清晰的市场取向、明晰产权、稳定地权的方向前进，而这一以产权明晰为支撑的市场化改革正是解释"中国奇迹"的关键。

一方面，改革的路径、方向是清晰的。改革伊始确实没有"改革蓝图"，但随着"摸着石头过河"的改革不断进行，市场化改革和产权改革的大方向逐步清晰起来。以农地使用权改革为例，家庭联产承包责任制改革（1978 年）→"15 年不变"（1984 年）→"30 年不变"（1993 年）→严禁大调整和颁发土地承包经营权证书（1997 年）→"长久不变"（2008 年）→新一轮确权登记颁证（2013 年），中国农民的农地承包经营权越来越清晰，也越来越有保障。根据 17 省农地调查数据，持有土地承包经营权证书的农户由 1999 年的 42.9%，逐步上升至 2005 年的 48.2%、2010 年的 64%，再到 2016 年的 65.8%。产权清晰是市场交易的前提，稳定、安全、有保障的农地产权大大促进了农地流转。进行土地调整的村比例由一轮承包至调查年份的约 80% 降至由二轮承包至调查年份的约 40%（17 省农地调查数据）；承包地流转面积占比由 2002 年的 1.4%，逐步上升至 2010 年的 14.7%，再到 2020 年的 36.2%；不仅交易规模逐步扩大，交易质量也逐步提高，零租金的比例由 2001 年的 55.9%，降至 2010 年的

30.8%，再到 2018 年的 15.5%。

可见，并不存在什么"中国之谜"或"中国悖论"（即缺乏对私产保护以及健全的法制等市场支持机制却实现了高速的经济增长）。采用动态演化的视角认真观察中国现实，则会发现改革伊始的产权不清晰确是事实，但是随着渐进式改革的推进，产权逐步清晰，法治逐步完善，市场逐步发育，促进了经济增长和社会发展。并且随着改革的深化、市场的完善，政府绝非单纯退出，与其说是政府"退出"，不如说是政府"归位"，政府更多地去做了自己应该做的事情，例如制定规则、界定产权。作为组织经济的两种基本方式，市场和政府各就其位、各司其职，并且相互配合协调，市场规模的扩大和交易质量的提升，与政府治理方式的转变和治理能力的提高，二者相辅相成，互为促进，共同造就了中国经济增长的奇迹。中国经济改革特别是农地制度变迁的实践和阶段性成功，是对科斯定理的证明而非证伪。

另一方面，改革并非一帆风顺，改革路径也非线性，改革尚未成功。改革开放前的 30 年探索在曲折中前进，当下的农地转让权改革仍存在诸多阻力，未来农地制度变迁方向将会随着时代的发展逐渐清晰。例如始于 2014 年的农村土地制度"三项试点"改革取得了初步成果，其中的入市改革成效相对显著，然而征地制度改革没有实质性的突破，宅基地制度改革更为滞后，总的来说，以"三项试点"改革为标志的农地转让权改革举步维艰。

深化改革不易，但有一点是明确的，那就是"中国奇迹"的取得，既是以"放权让利"为主要特征的市场取向改革的胜利，也是政府"集中力量办大事"（主要表现为启动市场化改革、进行大规模土地确权等）的成果。这种以正式规则和法治建设（即产权界定）为基本支撑的市场经济体制，激励和约束个体进行分散化决策，大大扩展了非人际关系交换的规模和空间，其效率要远超传统命令式计划经济体制。简言之，解释中国经济增长的奇迹，市场的作用与政府的作用缺一不可，二者的相互配合协调是重点和关键。

第二，中国改革和农地制度变迁的实践表明，制度变迁是强制性变迁与诱致性变迁的综合，具有"有意设计"和"自发演进"的双重属性；制度变迁是一个连续的、循环往复的动态过程，上下互动、动态反馈是理解制度变迁过程的关键。

产权明晰是市场交易的前提，市场和政府都是组织经济的基本方式/制度安排，无所谓孰优孰劣，重点是配合协调。已有不少学者指出，中国改革和农地制度变迁具有"草根发起＋政府领导"的二元结构。然而，在这个过程中，对于上下是怎样配合协调、具体如何互动互补，各方角色又是怎样扮演，才能取得改革的成功、获得制度变迁的适应性效率，还需要进一步提炼总结。也就是说，科斯定理尚需发展，需要重点研究在交易费用大于零的现实世界中，有限理性的微观市场主体与不完全信息的政府之间的互动关系，以及有效制度变迁的形成条件。我们应用行为经济学的前景理论构建了一个动态制度变迁模型，该模型将诱致性变迁与强制性变迁融合在一个统一分析框架内，具有以下几个关键特征：

（1）扬弃了"诱致性-强制性"二分法，显示出制度变迁是强制性变迁与诱致性变迁二者的综合，具有"有意设计"和"自发演进"的双重属性。在制度变迁的过程中，二者的关系更多是互补而非替代，强制性变迁中蕴含着诱致性因素，诱致性变迁中蕴含着强制性因素，单纯强调某项制度变迁是强制性的或是诱致性的意义不大。例如，一般被称为诱致性变迁的家庭联产承包责任制改革其实包含了强制性因素。政府在改革初期给予默许支持和探索空间，改革中期主动调适并协调冲突，改革后期上升、固化为正式规则并加速推广。又如，中央强制性的"不得调地"改革及其配套的大规模土地确权，采取渐进的实施方式给地方留出弹性政策空间，在这一过程中，与中央政策目标要求相呼应，地方试点和地方创新不断涌现，非正式约束（农户认知和学习效应等）也逐步演化，反映出显著的诱致性变迁特征。

（2）拓展了制度变迁的比较静态分析传统，凸显了制度变迁的动态性特征，制度变迁是一个连续的、循环往复的动态过程。该模型不仅涵盖了经典的制度定义以及制度变迁的比较静态分析传统，即制度变迁是约束人类互动关系的正式规则、非正式约束及其实施特征三者的边际调整，是从个体潜在博弈的一种结果（博弈均衡）向另一种结果（新的博弈均衡）的转变；而且更加凸显了制度变迁的动态性特征，强调上下互动、动态反馈对制度变迁的重要性。单独观察某项制度变迁，是动态的：中央出台改革政策，地方同时考虑中央目标要求和地方禀赋特点，决定政策执行程度，这样一项制度安排得以形成。如果外生条件（如地方禀赋、中央目标）发生改变，地方实施会发生相应改变，则一项新的制度形成（比较静态分析）。更为重要的是，中央会进一步考虑地方对其政策目标的执行（即地方信息会反馈给中央），调整政策目标（内生的），从而进入一个新的循环……这样的循环往复就构成了动态的制度变迁过程（我们通常观察到的是制度变迁的比较静态结果）。将几项制度变迁联系起来看也是如此：制度变迁 A 是制度变迁 B 的缘起，制度变迁 C 又是制度变迁 B 的延续。例如，"不得调地"改革是家庭联产承包责任制改革的后续，家庭联产承包责任制改革则源起于人民公社制度；将人民公社制度、家庭联产承包责任制改革以及"不得调地"改革联系起来看，则多个单项制度变迁（可视为比较静态结果）联系起来又构成了一个整体的动态变迁过程。

（3）集中体现了研究中国改革所必需的三要素：改革过程的不确定性、地方试验的重要性，以及各参与主体的内生依赖性。该模型保持了新制度经济学一贯强调的"强事实"特征，模型构建基于对中国改革实践的认真观察和辨识。制度变迁各参与主体面临的是一个不确定性的外部世界，有限理性的各方在高度不确定的环境下主要进行满意决策而非最优决策，改革具有强烈的探索、试错的特征，各参与主体之间是相互依存和相互影响、内生互动和共生演化的，其中的一个重点是中央政策目标的内生性。在这个过程中，中央政府的战略决策（以及战略调整）、地方政府的实施特征（政策执行和试错试验）以及农户个体的制度需求（认知变化和学习效应）三者有机互动、共生演化，形塑了中国农村土地制度变迁的方向和路径，制度变迁的"适应性效率"也由此体现。

这一理论模型进一步加深了我们对中国改革和经济奇迹的理解：一方面，从自上而下的中央主导的改革视角来看，在当前政治体制和官员晋升制度下，地方更多地表现出对中央的"言听计从"而非"阳奉阴违"。以"不得调地"改革为例，地方绝非"无视"中央政策要求，而是恰恰相反，是在仔细揣摩和认真领会中央各阶段的政策要求精神实质后，结合地方资源禀赋特点作出相应决策。中央的战略决策以及改革方式的选择对于制度变迁至关重要。另一方面，从自下而上的制度变迁视角来看，改革成功的一个关键是上层（国家/中央）对来自下层（地方/民众）的制度变迁需求作出回应。以家庭联产承包责任制改革为例，政府的作用并不只是"事后追认""不得不承认"，然后推广至全国。家庭联产承包责任制改革成功最关键的一个因素是国家对农户的制度变迁需求作出了积极回应，并在改革初期、中期和后期不断"调适"，与农户形成良好互动。总之，上下互动、动态反馈使改革能够及时适应不断变化的系统和外部环境，是理解制度变迁过程的关键。

这一理论模型初步解释了改革的困难，例如人民公社的退出、包产到户的"三起三落"以及农地转让权改革的滞后。人民公社制度的低效，主要是由于中央政策可行集设定存在偏差，缺乏上下（强制性-诱致性/央-地）互动和信息反馈，导致制度缺乏适应性。包产到户的多次尝试失败，主要是由于政策可行集过小以及赶超战略等诸多因素导致国家/政府未对农户需求作出回应，三次适应现实的调整（"三起"）都成了短暂的"权宜之计"（"三落"）。转让权改革的滞后更是集中体现了制度变迁分析的前沿问题，制度变迁既关乎"效率"（全社会资源配置）问题，也关乎"谁的效率"/"公平"（收益分配、冲突和协调）问题。效率-公平不可分割，效率-公平的权衡特别是土地增值收益分配的难题是导致农地转让权改革滞后的重要原因。以"三项试点"改革为例，即使是成效最显著的入市改革，土地增值收益的测算和分配依然困难重重，而征地和宅基地改革都尚未开始探索收益量化测算和分配问题。

第三，渐进式改革方式的选择是中国改革和农地制度变迁取得阶段性成功的关键，渐进式改革给予了中央正式规则内生调整的可能、地方因地制宜实施的弹性空间，以及民众"干中学"的学习时间和创新潜力，从而有利于形成有效的上下互动和动态反馈。

渐进式改革特征在中国农地制度变迁中体现得尤为显著。例如，在"不得调地"改革过程中，中央政策目标的设定并非一步到位，而是渐进的、逐步加强的，初始目标是"既允许小调整，也允许大调整"（1984—1996年），中期目标为"不允许大调整，但允许小调整"（1997—2007年），后期目标进一步强化为"长久不变，确权颁证"（2008年至今）。中央各阶段目标设定并非凭空的"顶层设计"，而是在改革的实践过程中产生，并根据地方反馈实时动态调整；同时，地方根据各自的资源禀赋特点落实中央政策，进行地方试点和试验，农户积极投身于市场化的实践，并在实践过程中逐步积累经验，培养创新潜力，不断加深对中央政策以及市场和产权作用的认知和理解。又如，"三项试点"改革作为一个典型的"设计试验"，尽管中央直接设计整体试验方案，全面干预地方试验进程，并掌握最终的决策权，但其行为特征表现出显著的"边试点、边研究、边总结、边提炼"的渐进式特征，每一步改革、每一项备选方案，都经过多方激烈辩论，多轮央-地互动。中央的策略行为随着改革推进不断调整变化：前试点阶段侧重"显著性"以识别社会突出矛盾；试点阶段重视"可信性"和"合法性"，为正式规则的制定和调整提供实践经验基础并协调利益冲突；后试点阶段全面考虑上述三项标准以实现渐进理性的决策，并加速地方经验提升为正式规则。再如，入市改革中的土地增值收益测算也体现了渐进式特征。中央政府的顶层设计考虑到各地的资源禀赋差异，制定有弹性的政策目标。"41号文"规定，土地增值收益调节金应按照土地增值收益的一定比例征收，但考虑到试点改革起步的困难以及地方的差异，又允许"制定按成交总价款一定比例征收调节金的简易办法"，提高了改革的进度和效率。

基于上述改革实践，可以将渐进式改革模式的几个主要特征简要归纳如下：首先，中央允许或默许地方进行改革探索（试点试验），对来自地方的制度变迁需求给予回应，适时提供制度供给；其次，中央政策可行集的范围大小适度，中央政策目标设定有弹性，给地方留出足够的政策调整空间，并根据地方反馈及时动态调整；再次，地方领会中央目标要求精神并结合地方禀赋特点，贯彻落实中央政策，进行试点试验和地方创新，并将地方信息和民意及时反馈给中央；最后，民众同意认可中央政策，积极投身市场实践，学习积累经验，提高产权作用认知，培养创新潜力。总之，渐进式改革给予中央正式规则内生调整的可能、地方实施因地制宜的弹性空间，以及民众"干中学"的学习时间和创新潜力，是实现制度变迁的上下互动、动态反馈的关键。

第四，中央"顶层设计"决定了制度变迁的方向和路径，政府基于效率-公平双重考量提供制度供给，制度变迁中的政府行为特征主要表现为给予回应，留出空间以及主导改革。

本书重点研究了中国农地制度变迁中的中央政府行为，特别是正式规则的制定、形成以及调整、演进，系统分析了以集中决策、强制性、有意合作为特征的集体选择过程，并初步探讨了制度变迁的"意向性"（"有意设计"）难题以及制度企业家的作用。

首先，不论是自上而下的改革还是自下而上的变迁，政府的作用都非常重要，中央的"顶层设计"往往决定了制度变迁的方向和路径。家庭联产承包责任制改革自始至终都得到了政府允许、支持，因此才取得了成功，而在这之前的尝试正是由于政府的不允许、不支持，所以才会"三起三落"。市场取向的改革也是政府允许开启，并逐步深化的，那么它既然可以开启、可以深化，也就可以扭转、可以结束，尽管成本高昂，却并非不可能。"三项试点"改革是中央主导的"设计试验"，更是中央启动的，可以继续深化，也可以随时叫停。总之，政府是中国改革和农地制度变迁的主角，中央的"顶层设计"决定了制度变迁的方向和路径，至少短期来看是这样的。

其次，政府基于效率-公平双重考量提供作为公共物品的制度供给。一方面，谋求全社会福利最大化并兼顾自身利益最大化（二者具有互补关系）的政府在其认为制度变迁的预期收益大于预期成本时进行制度变迁。政府（特别是中央政府）提供制度供给具有规模效益优势以及信息效率优势。由于制度变迁（新制度供给）具有公共物品性质，搭便车行为严重，并且受制于现存的制度结构，存在"路径依赖"（"锁定效应"），因此仅采用诱致性变迁会导致制度供给不足，需要政府（以及制度企业家）强制介入，政府在提供制度安排上具有规模经济效益。同时，政府在汇集分散信息以及集中处理方面具有信息效率优势。政府主导的产权正规化改革（如大规模土地确权），采用正式的书面产权证明文件将资产在社会经济中最有价值的信息加以描述和组织，以一种动态可持续的登记制度（如不动产登记系统）将这些信息保存下来并及时更新，这种将分散信息纳入统一系统的制度安排（责任和信用体系的建立），减少了交易成本，扩大了交易网络，提升了资产的可交换性和资产转化为资本的能力。另一方面，政府在制度变迁中协调各方利益冲突的作用不容忽视。重要的制度创新的供给必然涉及制度企业家和创新者对巨大政治资源的调动，制度企业家需要协调解决各利益集团之间的冲突，而且必要时压制反对意见。例如，在家庭联产承包责任制改革中协调地方对"包产到户"的分歧和冲突，中央组织专家团队进行实地调研、综合各地实践经验，中央领导人前往地方进行宣传推广，不断沟通，颁布一系列循序渐进的中央文件，由松到紧逐渐形成统一模式。又如，在"三项试点"改革中，各地方以及社会各界围绕改什么、如何改等问题认识不一致，不同主体的利益、行为和意图有冲突，并非各试点探索的成果都会推广至全国，中央政府在避免出现各方严重分歧导致政策讨论僵局方面具有权威优势，渐进且有选择地将更有共识的地方创新做法上升为全国性的法律法规（如2019年新修订的《土地管理法》破除农村集体建设用地进入市场的法律障碍，打开一个口子，允许集体建设用地入市，但对其土地增值收益分配问题以及宅基地使用流转等则未涉及）。

最后，中央政府在制度变迁中的行为特征可以大致归纳为给予回应、留出空间以及主导改革三个方面。（1）给予回应。以家庭联产承包责任制改革为例，已有研究大都正确地指出家庭联产承包责任制改革中的"农户创造""智慧来自民间"这一诱致性因素，然而只有农户创造是远远不够的，农户之所以能够"创造"，并且这"创造"影响了制度变迁，是由于政府对农户的制度变迁需求作出了回应：在改革初期允许探索，扩大政策可行集；在改革中期与民众互动，积极主动"调适"，并协调冲突，努力形成"改革共识"；在改革后期，从多种可能的制度安排中"择优"，进而"上升""固化"为正式规则并"加速"推广，从而形成一个"有效的制度变迁"。（2）留出空间。以"不得调地"改革为例，中央先制定初步的正式规则，设定一个较低的、有弹性的政策目标（不允许大调整，但允许小调整），给地方留有余地和调整空间，保证大多数地方的服从和"思想统一"，以此降低正式规则的实施成本；进而观察各地方的反馈（包括地方禀赋特点以及政策实施效果等重要信息），再修正调整正式规则，形成更高要求的政策目标，从而进入下一个循环。（3）主导改革。制度企业家对根植于制度框架内的激励作出反应，打破"路径依赖"，适时启动并主导"有意设计"的改革/变迁；基于国家战略制定弹性改革方案，设定阶段性政策目标；鼓励地方试点和试验，激励制度创新源泉，及时发现地方创新，总结地方经验，上升为正式规则。例如，"三项试点"改革。

此外，还有几点需要特别强调说明。一是制度变迁的供给-需求分析本质上与普通商品的供求分析不同，前者则更强调动态性和综合性，后者更侧重静态的、二分的。一方面，制度供给很大程度上是由制度需求转化而来，正所谓法律（正式规则）更多的是"发现"（演化）而非"发明"（设计）的，即"法律扎根于社会契约中"，正式规则很多是由非正式约束（含"法外"规则）上升、固化而来；另一方面，制度供给需要制度需求的补充支持，正式规则（法律）

本身是远远不够的，还需要与其运转的条件（非正式约束）相互协调，这样正式规则才能真正有效（低成本）实施。因此，制度供给与制度需求二者进行动态循环，你中有我、我中有你，相互转化。二是由于受限于统治者的自由裁量权和偏好、认知局限约束，以及利益集团冲突、官僚体制缺陷等因素，政府主导的制度变迁并不必然是"有效"的，政府是否回应以及何时回应自下而上的制度变迁需求等，都需要进一步研究探索。三是对于自下而上的制度变迁需求，政府何时回应、哪些给予回应？对于政府主导的改革，何时启动，怎样判断条件是否具备，既不早也不晚？也就是改革的"最佳时机"问题。中国的经验是，现实中或许并不存在什么"最佳时机"，与其等待或纠结于此，不如先适时启动起来，政府也是"干中学"，在改革实践中逐步调整、逐步改进、逐步优化，这里的重点是"适应性效率"而非静态效率。

第五，具有民意基础、得到民众支持的改革才会取得成功，农户认知变化和集体共识形成是制度变迁的基本面，民众的"底层创新"是改革成功的大盘和基石。

首先，民意基础和民众支持对于改革成功至关重要，现实中不存在一个未得到广大民众支持却取得成功的改革。例如，中央主导的"不得调地"政策及其配套的确权登记颁证工作的有效实施显然离不开农户的支持。"30 年不变"政策得到了大多数农户（66.4％）的支持，明确表示"反对"的仅有 10.6％；尽管农户对"不得调地"政策的态度很复杂，但明确表示支持的比例（42.5％）明显高于反对的比例（28.2％）。同样地，大多数农户（77.09％）表示听说过新一轮土地确权登记颁证政策；明确表示认可土地证书作用的农户占绝大多数（88.32％），表示"没什么作用"的仅有 11.68％；并且大部分农户（59.63％）表示对本次确权登记颁证工作大体满意，不满意的仅为 11.15％。

与相对成功的农地使用权改革相比，农地转让权改革滞后的一个重要原因是农户认知和观念（包括对政策的了解和态度）问题。例如，农户对宅基地使用流转相关政策了解十分有限，表示"不了解"的占大多数（68.20％），表示"了解"的仅为 15.24％；希望未来改造利用或退出宅基地的农户比例很低（13.42％），而"不希望任何方式改造利用"或者"希望政府补贴原址翻新，长期自己居住"的分别为 51.34％和 31.74％。农户对宅基地政策的了解如此有限以及希望改造利用宅基地的比例如此之低，是宅基地制度改革滞后、困难重重的重要原因。

简言之，成功的改革必须得到民众实质性的、真心实意的支持，现实中能够较好运行、实施的"强制性"命令、法律，很大程度上是得到了民众"自愿"服从、"乐意"遵守的命令、法律，否则就会由于交易成本（政策实施成本）太高而沦为"空制度"或"死制度"。

其次，农户认知和观念的变化（包括对中央政策的了解和态度，以及对市场经验和产权作用的学习效应）是制度变迁的基本面；农户认知和观念的统一，缩小差异，逐步达成一致，形成集体共识，就是制度变迁本身。一方面，农地使用权改革的阶段性成功就是农户认知和观念变化和统一，逐步达成改革共识（集体认知共识）的过程。改革伊始，中央"不得调地"的正式规则以及鼓励土地投资和流转的市场化政策目标，与农户"土地均分""人人有份"的传统观念并不一致，不同的农户对于中央政策的态度复杂矛盾，存在巨大分歧。但是随着改革的持续进行，"有限理性"的农户综合考虑效率和公平两方面（既认识到土地调整的地权不稳定所带来的交易成本和效率损失，同时又持有"土地均分"的传统观念并十分看重农地的社保功能），积极投身于农地流转（不转变用途）的市场实践，不断积累经验，并依据资源禀赋、制度约束以及政策冲击等条件变化调整、修正、改进自己的认知、观念和态度，加深对产权和市场功能的认识，表现出明显的"学习效应"（农户受教育程度越高，村庄距离县城越近，农户对中央稳定地权政策的理解越正确，则越支持中央"不得调地"政策），形成新的"主观模型"，达成集体共识（更加支持中央稳定地权的市场化改革政策）。另一方面，与农地使用权改革相比，农地转让权改革中农户认知差异更大，并且缺乏实践和学习机会，远未形成集体共识。例如，"三项试点"改革中的宅基地改革最为滞后，一个重要原因是农户对宅基地使用流转相关政策的了解十分有限，认知程度亟待提升。宅基地流转退出政策落实情况不容乐观，受访村中制定宅基地退出政策的不足4成（36.1%），村内有农户申请退出宅基地的仅有8.3%；村干部对宅基地流转收益分配方式的看法差异较大，约半数（50.9%）认为应该"谁流转，谁收益"，有近1/3（30.6%）的认为应该在国家、集体、个人之间按照一定比例分配。同样地，农户征地满意度的差异也体现了征地制度改革中农户认知和态度的巨大分歧。2018年调查和2021年调查数据均表明，农地对于征地满意、一般、不满意的比例基本上各占1/3。最后，即使是进展最快的入市改革，目前实际的收益分配状况与农户的需要和认知之间仍存在很大差距。从村干部的态度来看，大部分认为应该"谁流转，谁收益"（58.3%），也有部分认为应该在集体和个人之间分配（21.7%），或在国家、集体、个人三者之间分配（17.6%）；对于具体分配比例，农户则表示国家、集体和个人平均来看应该大致为12.69%、7.84%和79.47%，农户个人应占最大份额。此外，由于集体建设用地和宅基地流转长期得不到正式规则（法律）的保护，参与者缺乏实践机会，或者只能在灰色市场（如小产权房）进行探索，不确定性和风险很大（交易成本很高），学习效应难以实现。

这里还需要强调的一点是：程序规范公正不仅直接影响农户的公平感知和满意度，而且决定了诸如征地补偿、入市增值收益等实际分配。以征地制度改革为例，政府提前通知公告、与农户商量补偿安置办法，以及村里公开征收补偿费收入状况的，农户对征地表示满意的比例均远高于未通知、未商量和未公开的比例，表示不满意的比例均远低于未公告、未商量和未公开的比例。征地程序的规范公正进一步影响了农户的参与权和谈判权，决定了征地补偿金额的实际分配结果。政府提前通知公告、与农户商量补偿安置办法，以及村里公开征收补偿费收入状况的，农户实际收到的补偿金额均值分别为每亩 22 076 元、24 184 元和 23 646 元，均远高于未通知、未商量和未公开的补偿金额（分别为16 209 元、16 074 元和 15 174 元）。

最后，民众的创造力是改革创新的源泉，地方和民众的"底层创新"是改革成功的大盘和基石。中国经济已经到了需要创新引领的高质量发展阶段，当前要素市场化改革的深化，不仅要继续强调产权界定和法治建设等支持机制，更为重要的是需要进一步赋予、认可农户更多的参与权和谈判权（更高层次的规则制定权），从而激发民众更广泛的创新潜力，让规则的制定更加符合理性、与实践一致，也更具适应性效率。中国改革的经验告诉我们，来自地方和民众的"底层创新"对于中国农地制度变迁乃至整个经济改革至关重要。正是由于 20 世纪 70 年代末的"松绑""放权"，家庭联产承包责任制改革中几亿农户的创造力才得以"释放"，不仅拉开了农村改革乃至中国改革的序幕，其创新成果也为后续一系列农村和城市改革提供了制度借鉴和进一步创新的模板和基础。反之，改革开放前的惨痛教训是，未得到民众参与制定、真正认可而主观任意更改的正式规则（如"人民公社"制度），即使能作用一时，时间稍久也会显示出无效。

因此，与其单纯强调"集中力量办大事"（主要表现为直接介入生产和交易），不如给予地方/民众更多选择，更大探索空间，更广泛的实践和学习机会，允许讨论甚至争论、辩论，鼓励试错、自由探索。只有在这样的宽松环境和氛围里，才会培养、孕育、涌现出更多的制度企业家，去发现潜在获利机会，进行制度创新探索。创新不易，制度创新更难，它从何而来？有何规律？目前我们知之甚少。我们已知的一点是，创造、创新也许没有那么神秘，无非是在分散的市场化决策环境中，无数的潜在获利机会需要人去发现、去利用、去改变。如果微观主体没有参与权和决策权，就会缺少"发现"的动力和激励，或者即使"发现""发明"了，也由于缺少可能的机制、低成本的路径去转化为正式规则，制度创新最终无法完成。总之，创新的土壤、环境更为重要，如果能够继续"松绑"，摆脱"束缚"，那么中国未来的创新潜力无穷。

第六，行为经济学是构建动态制度变迁模型、描述制度变迁动态过程的有效工具，行为经济学与新制度经济学交叉融合的行为经济制度分析，进一步凸显了新制度经济学"强事实、强理论"特征。

中国农地制度变迁的理论建模和实证分析表明，行为经济学与新制度经济学交叉融合的行为经济制度分析，是破解新制度经济学发展困境有效的方法工具和方向路径，其优势和特点主要体现在以下两个方面。

一方面，行为经济制度分析为"从真实的人（man as he is）开始对人的行为研究"提供了可行工具，在保持理论模型构建严谨性的条件下，大大拓展、丰富了制度变迁分析的现实内容。本书的研究表明，不论是农户还是政府都是有限理性的，面对不确定性的复杂环境常常依据满意原则而非效率原则进行风险决策，表现出参照依赖和损失厌恶；并且，行为人并不是单纯的排他利己，而是复杂的利己利他，不限于狭义的市场交易，而是在更广泛的社会关系网络中进行互动交换，会同时考虑效率和公平，表现出公平关注和利他互惠。

例如，农户在市场化改革以及参与市场实践的过程中，表现出对政府政策的认知差异（如进行过土地投资、家庭人均耕地越多的农户越支持中央"不得调地"政策）以及农地流转的决策偏差（如交易方式的零租金以及平均转出租金显著高于转入租金），并且资源禀赋条件的变化（如经济越发达、市场越成熟）、中央稳定地权政策的逐步实施（如确权登记颁证）、农户受教育程度的提高以及相关经验积累的增加，使农户对产权和市场功能的认识逐步提高，会更加支持中央稳定地权的市场化改革政策，也更有能力采用效率原则进行决策，进而减小决策偏差。又如，政府也是有限理性的，多样化的地方易于形成制度变迁需求，但缺乏制度供给能力，而中央在提供制度供给方面具有规模效益，但没有能力掌握各地的所有情况，二者的互动对于有效制度变迁至关重要。同时，政府在提供作为公共物品的制度供给时基于效率（资源配置）和公平（收益分配）的双重考量，既谋求全社会福利最大化，兼顾自身利益最大化，又特别重视对各方利益冲突的协调，并在必要时压制反对意见。

简言之，制度变迁是由效率特征及分配冲突、构成社会规范基础的信念，以及由自然事件、技术创新等引发的随机冲击等多重因素相互作用共同推动的。行为经济制度分析方法重点研究有限理性的行为人，在高度不确定性的复杂环境中如何进行风险决策，是一个"综合"分析制度变迁多重因素的有力工具。

另一方面，应用前景理论构建农地制度变迁动态模型，改变了制度变迁研究的主要路径和方向，转向更为现实的制度变迁的过程分析以及动态变迁规律的探索。制度变迁本质上是动态的，应用前景理论进行动态制度变迁模型的构建，就不仅局限于预期收益与预期成本相对大小的比较（静态的制度变迁条件分析），而重点转向对制度变迁过程的分析；不再纠结于"鸡生蛋、蛋生鸡"

（制度变迁的"无限后退"）问题，诸如个人影响制度还是制度影响个人，诱致性变迁与强制性变迁谁主谁次，孰先孰后等，而重点考察制度变迁的动态循环过程本身，以及上下互动、动态反馈等关键问题。

其中，中央正式规则的制定及调整（中央政策目标的内生性），是动态制度变迁模型构建的难点，也是体现制度变迁内生性及相互依赖特征的一个典型和绝佳例子。如前所述，渐进式改革以及央-地互动、动态反馈是中国农地使用权改革成功的关键，中央政策目标设定并非一步到位，而是逐步加强的，并且中央的这些阶段性目标是根据地方的信息反馈设定的（即内生的）。关键是如何模型化这些内生的阶段性目标设定呢？理论建模的实践表明，前景理论的参照点是一个好工具。

例如，在中央主导的"不得调地"改革中，中央政府的最终目标"严禁调地"为 R（参照点）。中国的"不得调地"改革采用了渐进的方式，中央政策目标的设定是弹性的、阶段性的和动态的，政府在 t 时期设定的政策目标为 r_t（即内生参照点）。各阶段的参照点 r_t 设定的关键是，使大部分（如果不是全部）地方政府都处于有效区域 $[r_t-B，r_t+A]$（区域 I 和区域 II）内。中央是否能够正确地设定这些参照点很大程度上取决于地方信息的有效反馈。从"不得调地"改革的实践来看，可以这样理解：中央初始设定一个最低要求的参照点 r_1（既允许小调整，也允许大调整），给地方留有余地和调整空间，保证大多数地方的服从和"思想统一"，以此降低正式规则的实施成本；进而观察各地反馈（包含地方禀赋特点以及政策实施效果等重要信息），再修正调整正式规则，形成更高要求的参照点 r_2（不允许大调整，但允许小调整），如此动态循环往复，最后政策目标调整提高为最终目标 $r_n=R$（"严禁调地"）。此外，利用前景理论的内生性参照点来代表中央政策的阶段性目标，还可以这样理解：初始的中央目标（最低要求的参照点）r_1 代表"发证"本身，而进一步提高了要求的参照点 r_2（更高要求的中央目标）代表"证书的规范性"（如证书内容包含"不得调地"的具体条款等）。这里的要点是，前景理论的内生参照点设定可以根据实际研究的需要灵活运用。

总之，中国改革和农地制度变迁的动态建模和实证分析表明，行为经济制度分析方法是破解新制度经济学发展困境，凸显新制度经济学"强事实、强理论"特征的有效工具，具有广阔的发展前景。

 ## 第二节　研究展望

中国改革以及农村土地制度变迁实践丰富，现象众多，案例素材多样，是制度变迁分析的宝库，而行为经济制度分析为中国农地制度变迁研究提供了有效的方法工具，并逐步形成一套自带使用索引的"工具箱"。应用行为经济制度分析方法对中国农地制度变迁的研究刚刚起步，有一些初步成果，未来需要进一步深入探讨研究的问题众多，这里主要讨论拓展制度变迁宏观分析、夯实制度变迁微观基础，以及探索制度变迁研究新方法等三个方面。

第一，继续加强对中国农地制度变迁历史和现实的观察和辨识，将制度变迁的长期-短期分析相融合，拓展制度变迁的宏观分析。

目前的制度变迁研究多侧重于对单一制度变迁的分析，例如对家庭联产承包责任制、土地确权颁证等改革原因及改革历程的探讨，但很少有对中国农地制度长期演化规律的研究。少数对制度长期变迁规律的研究多采用案例分析方法，缺乏严谨的理论框架和数理模型构建。已有文献往往将制度自发演化视为长期变迁，而将设计建构视为短期变迁，主要采用二分的方法而不是融合的方法。

制度变迁本质上是一个长期的、连续的动态过程，在这个过程中，各关键变量相互影响、彼此制约，在不同时期表现出不同的变动速率和路径特征，制度变迁的长期分析不可替代。长期分析的优势和特点是：（1）理解把握制度变迁更深层次的一般化规律。单项制度变迁建模以及案例分析方法难以刻画不同制度间过渡转化的过程，无法完整地诠释制度变迁的内在机理。长期来看，制度的变迁会重塑行为人的偏好，改变甚至颠覆行为人的认知，而可变偏好会影响个体的模仿、学习、竞争和选择，进而影响策略扩散以及制度化进程。（2）深入研究制度变迁中的政府作用。例如政府为什么会选择人民公社制度，又为什么开启家庭联产承包责任制改革，设计主导"三项试点"改革？政府对来自底层的制度变迁需求何时回应，何时不回应？这些都需要系统地解释和回答。认真观察和辨识这些典型的单个制度变迁并将之连贯起来，作为一个动态的时间序列或随机过程展开长期分析，有助于系统解释和回答政府如何提供制度供给的问题，以及制度变迁多重均衡选择和有效制度变迁形成的难题。（3）进一步解答了制度变迁的"意向性"和"有意设计"难题。制度变迁包括短期的、动荡的、有意的制度变革和试验，从短期来看，政府决定了制度变迁的方向和路径，但是在更长的时期内，这些意向性的变革、有意设计的试验有可能通过竞争而被淘汰，那么中央主导的改革、有意的设计，是否还能在长期变迁中体现出来，需要进一步的研究探讨。

尝试构建一个将长期演进与短期变迁融合统一的理论分析框架，例如可以借鉴格雷夫等人提出的"准参数"概念，使行为人的偏好等准参数在短期不变、长期改变，以体现偏好与制度的共生演化。所构建的理论模型既能解释短期变迁也能解释长期演进，二者既包含自发演化（诱致性）也包含理性建构（强制性）。可以应用上述理论模型，将新中国成立以来中国农地制度 70 多年的变迁（土地改革→人民公社→家庭联产承包责任制改革→确权登记颁证改革→"三项试点"改革）作为一个整体进行实证检验。其中，还有不少关键难题需要解决，例如不论是动态模型的构建，还是准参数的设定，都需要对制度变迁周期的起始点和终止点进行界定，明确短周期和长周期的范围；理论上需要更清晰地界定"有效制度变迁""适应性效率"等动态变迁的关键概念，实证上需要统一定义标准或构建评价指标体系以明确界定改革的成功和失败；需要区分环境变量中的外生冲击和内生制度因素，如对影响中国农地制度变迁 70 多年的外生冲击的历史甄别（如政治因素、偶然事件等）；实证分析时确定具体采用何种方法工具探索影响改革成功或失败的关键因素（变量调整）将各典型的制度变迁连贯起来等。

第二，探索动态制度变迁模型的微观机制，构建基于个体内生偏好效用函数的一般化动态制度变迁模型，夯实制度变迁理论的微观基础。

目前对内生制度变迁理论以及动态建模的研究探索（如引入行为经济学的前景理论构建动态制度变迁模型以解释中国农地制度变迁规律和特征）依然主要是"宏观"的，缺乏对制度变迁微观机制的深入探讨。已有包含学习效应的制度变迁模型也缺乏对个体层面学习与社会系统学习的整合，微观认知对非正式约束的作用以及对宏观制度变迁的影响研究仍然是二分的，从微观认知到宏观制度的整合工作仍未完成。已有制度变迁模型中的偏好多为外生给定的，缺乏包含可变偏好的数理模型，未能完整诠释个体的心智模型，更好地解释偏好与认知的关系以及偏好对制度变迁的影响。

以内生制度变迁理论和行为经济学的前景理论为主要工具，辅以学习理论和演化博弈论，基于个体内生偏好效用函数构建中国农地制度变迁动态模型，努力夯实制度变迁理论的微观基础，有助于分析制度变迁边际调整的范围、速度及微观动因，捕捉和刻画动态制度变迁的时间历程和丰富细节，阐明正式规则形塑个体认知的具体路径和机制，描绘偏好与制度的共生演化，从而形成"宏观"制度变迁与"微观"认知特征相互作用的完整"闭环"，可以更加深入地研究探索制度的内生动态演进这一前沿问题，丰富和完善新制度经济学的一般化制度变迁理论。同时，也有助于更好地提炼和解释现实中众多的有趣现象和重要问题，深入理解中国农地制度变迁的历史特征，更加全面地解释中国改革和农地制度改革的成功和难题。

基于个体内生偏好效用函数，探讨个体、群体和组织在制度变迁中进行决策的微观动因及机制，并以之为基础尝试构建完整的、一般化动态制度变迁模型，其包括三个层面：第一个层面是个体效用函数模型，反映个体认知的内生形成过程，个体认知受心智模型的影响，心智模型中包含有限理性、意识形态、可变偏好等；第二个层面是"个体认知→群体认知→非正式约束→正式规则→个体认知"的动态循环反馈过程，侧重解释单个土地制度改革的短期变迁（如家庭联产承包责任制改革、确权登记颁证改革等）；第三个层面是"制度强化与削弱"的内生循环过程，侧重解释制度的连续性的长期变迁（如中国农地制度变迁70年、100年甚至更长时期）。该模型应能达到以下五个方面的要求（目标）：（1）更加准确细致地描述刻画中国农地制度变迁的各阶段及动态过程；（2）更好地解释制度变迁的原因，包括制度变迁的外生冲击和内在机制；（3）涵盖可变偏好和内生制度，反映偏好与制度的互动，体现制度变迁的供给-需求框架；（4）既能解释单个制度变迁，也能解释多个制度变迁的连续过程，实现短期变迁-长期演进的融合；（5）既能解释制度变迁（改革）的成功，也能解释变迁（改革）的失败（如改革开放前的30年和后40多年，使用权与转让权改革，制度变迁的效率和公平权衡等）。

这一微观机制研究中还有一些具体的难题需要解决，例如深入到个体效用函数的内部机制，有限理性如何体现在心智模型、个人决策以及效用函数中，心智模型、可变偏好等影响因素及其对个体决策的影响等需要重点研究。又如多期动态模型具体如何实现并进行实证检验，对于复制动态方程、多期经济模型、马尔科夫链、蒙特卡罗方法等能够实现动态性的工具，具体应该选择哪种工具尚需大量尝试。

第三，继续研究解决制度变迁内生性难题，将抽样问卷调查与行为实验方法相融合，探索行为经济制度分析新方法。

目前行为经济制度分析中应用最多的工具是前景理论，尤其是其中的参照点性质，是量化反映内生性政策目标的好工具。我们可以继续灵活运用前景理论的内生性参照点来扩展研究范围。例如，初始的中央目标（最低要求的参照点）r_1代表"发证"本身，中期目标（提高要求的参照点）r_2代表"证书的规范性"（如证书内容包含"不得调地"的具体条款），后期目标（进一步提高要求的参照点）r_3代表"证书的公平性"（如证书中是否登记配偶/妻子姓名以及证书中是否登记女性姓名等）……这样形成更长时序、更广内容的研究。除了参照点性质，还可以应用前景理论的损失厌恶性质（即损失域的风险偏好、收益域的风险厌恶）研究制度企业家在制度变迁中的重要作用。已有研究表明，当制度企业家认为自己处于损失域时，更倾向于选择进行有风险的改革。可以进一步将制度企业家划分为改革派、保守派和中间派，价值函数既考虑经济收益也考虑政治收益，以探索研究政府为什么主导启动改革以及何时对制度变迁需求给予回应等难题。此外，应用前景理论进行模型构建，是否需要引入决策加权，甚至是应用第三代前景理论（PT³）等问题，都值得进一步探讨。

理论建模与实证检验相辅相成，行为经济制度分析中如何设计可行的实证分析是一个难点，特别是如何将抽样调查方法与行为经济学更擅长的实验方法相融合是一大挑战。这里，可以尝试采用调查-实验法（将实验研究与社会调查相结合，可视为内嵌在抽样调查中并以调查手段为干预的随机对照实验），既能保持连续性大规模问卷调查的优势，获取中国农地制度变迁的真实素材，了解最真实的中国农地制度改革中的问题和困难，又能对各种干扰混淆因素进行很好的控制，避免或减轻内生性问题，将问卷调查"归纳"与实验"因果推断"的优点结合起来。

例如，以"三项试点"改革为例，设计调查-实验法研究中央正式规则及其实施对农户个体认知的影响。首先，"设计实验"（"政策试点"）是一种来自中央的人为干预，可以将这33个试点县（市、区）视为实验组。其次，选取在地理位置、地形特征、土地市场发育程度、经济发展水平以及产业结构等方面与实验组地区相似的另外33个县（市、区）作为对照组。再次，进行抽样设计，以上述66个地区作为抽样框，第一阶段以村为抽样单位，在每个县级单位中通过简单随机抽样抽取5个行政村进行调查；第二阶段以家庭/户为抽样单位，在上述被抽中的330个行政村中，每个行政村通过等距抽样或地图抽样法抽取多个农户家庭进行调查，再通过Kish选择法或生日法在每户家庭中抽取一名成年人，访问农户的基本特征（如性别、年龄、受教育程度、就业情况、生活水平、社会保障等）以及农户对"三项试点"改革的认知情况。严格挑选对照组地区并随机抽选样本有助于剔除地区特征和农户个体特征等干扰因素的影响。最后，使用方差分析、因子水平均值分析、回归分析以及协方差分析等方法进行数据分析，检验"三项试点"改革是否塑造了农户个体认知。

除了上述调查-实验方法外，拓展行为经济制度分析新方法，还可以探索应用如量化文本分析、数据和文本挖掘、文本-情感分析、计算机仿真模拟和机器学习，以及动态跟踪调查等方法。

总之，行为经济制度分析前景广阔，值得深入研究的问题众多，以上只是指出了几个可能的方向。行为经济制度分析的未来要走得长远、走得踏实、走得深入，需要广大同人集思广益、切磋探讨、广泛研究，在这个思想的市场上公平竞争、合作成长，进而产生真正的原创理论。

参考文献

Aaker D. A. , 1996. Measuring Brand Equity Across Products and Markets. California Management Review, 38 (3).

Acemoglu D. , Robinson J. A. , 2006. De Facto Political Power and Institutional Persistence. The American Economic Review, 96 (2).

Acemoglu D. , Robinson J. A. , 2012. Why Nations Fail: The Origins of Power, Prosperity, and Poverty. New York: Crown Business.

Acemoglu D. , Gallego F. A. , Robinson J. A. , 2014. Institutions, Human Capital, and Development. Annual Review of Economics, 6 (1).

Acemoglu D. , Johnson S. , Robinson J. A. , 2001. The Colonial Origins of Comparative Development: An Empirical Investigation. American Economic Review, 91 (5).

Akerlof G. A. , Kranton R. E. , 2005. Identity and the Economics of Organizations. Journal of Economic Perspectives, 19 (1).

Alchian A. A. , Demsetz H. , 1972. Production, Information Costs, and Economic Organization. American Economic Review, 62 (5).

Alchian A. A. , 1950. Uncertainty, Evolution, and Economic Theory. Journal of Political Economy, 58 (3).

Allen D. W. , 2018. A Research Agenda for New Institutional Economics. UK: Edward Elgar Publishing.

Alonso W. , 1964. Location and Land Use. Cambridge: Harvard University Press.

Anderson K. , Rausser G. , Swinnen J. , 2013. Political Economy of Public Policies: Insights from Distortions to Agricultural and Food Markets. Journal of Economic Literature, 51 (2).

Ang Y. Y. , 2016. How China Escaped the Poverty Trap. NY: Cornell University Press.

Ansell C. K. , Bartenberger M. , 2016. Varieties of Experimentalism. Ecological Economics, 130.

Aoki M. , 1994. The Contingent Governance of Teams: Analysis of Institutional Complementarity. International Economic Review, 35 (3).

Aoki M. , 2001. Toward a Comparative Institutional Analysis. MA: MIT Press.

Aoki M. , 2007. Endogenizing Institutions and Institutional Change. Journal of Institutional Economics, 3 (1).

Aoki M. , 2010. Understanding Douglass North in Game-theoretic Language. Structural Change & Economic Dynamics, 21 (2).

Arrow K. J. , 1969. The Organization of Economic Activity: Issues Pertinent to the Choice of Market versus Non-market Allocation. The Analysis and Evaluation of Public Expenditure: the PPB System, 1.

Ash R. F. , 1988. The Evolution of Agricultural Policy. The China Quarterly, 116.

Bao H. X. H. , Robinson G. M. , 2022. Behavioural Land Use Policy Studies: Past, Present, and Future. Land Use Policy, 115.

Bao H. X. H. , Gong C. M. , 2016. Endowment Effect and Housing Decisions. International Journal of Strategic Property Management, 20 (4) .

Barberis N. C. , 2013. Thirty Years of Prospect Theory in Economics: A Review and Assessment. Journal of Economic Perspectives, 27 (1).

Barnard K. E. , Bee H. L. , 1983. The Impact of Temporally Patterned Stimulation on the Development of Preterm Infants. Child Development, 54 (5).

Barrows L. R. , Roth M. J. , 1990. Land Tenure and Investment in African Agriculture: Theory and Evidence. The Journal of Modern African Studies, 28 (2).

Barzel Y. , 1989. Economic Analysis of Property Rights. Cambridge: Cambridge University Press.

Benjaminsen T. A. , Holden S. , Lund C. , et al. , 2009. Formalisation of Land Rights: Some Empirical Evidence from Mali, Niger and South Africa. Land Use Policy, 26 (1).

Besley T. , 1995. Property Rights and Investment Incentives: Theory and

Evidence from Ghana. Journal of Political Economy, 103 (5).

Binswanger H. P., Deininger K., Feder G., 1995. Power, Distortions, Revolt and Reform in Agricultural Land Relations. Handbook of Development Economics, 3 (B): 2659 – 2772.

Blanchard O., Shleifer A., 2001. Federalism with and without Political Centralization: China Versus Russia. IMF Staff Papers, 48 (1).

Boettke P., 2001. Calculation and Coordination: Essays on Socialism and Transitional Political Economy. New York: Routledge.

Bokhari S., Geltner D., 2011. Loss Aversion and Anchoring in Commercial Real Estate Pricing: Empirical Evidence and Price Index Implications. Real Estate Economics, 39 (4).

Bornstein B. H., Emler A. C., 2001. Rationality in Medical Decision Making: A Review of the Literature on Doctors' Decision-Making Biases. Journal of Evaluation in Clinical Practice, 7 (2).

Bowles S., 1998. Endogenous Preferences: The Cultural Consequences of Markets and Other Economic Institutions. Journal of Economic Literature, 36 (1).

Bowles S., 2004. Microeconomics: Behavior, Institutions and Evolution. Princeton: Princeton University Press.

Boyd R., Richerson P. J., 1985. Culture and the Evolutionary Process. Chicago: University of Chicago Press.

Brandt L., Rozelle S., Turner M., 2004. Local Government Behavior and Property Right Formation in Rural China. Journal of Institutional and Theoretical Economics, 160.

Bromley D. W., 1989. Economic Interests and Institutions: The Conceptual Foundations of Public Policy. Hoboken: Blackwell Pub.

Bromley D. W., 2009. Formalising Property Relations in the Developing World: The Wrong Prescription for the Wrong Malady. Land Use Policy, 26 (1).

Brousseau E., Garrouste P., Raynaud E., 2011. Institutional Changes: Alternative Theories and Consequences for Institutional Design. Journal of Economic Behavior & Organization, 79 (1 – 2).

Bush P. D., 1983. An Exploration of the Structural Characteristics of a Veblen-Ayres-Foster Defined Institutional Domain. Journal of Economic Issues, 17 (1).

Caballero G., Soto-Oñate D., 2015. The Diversity and Rapprochement of

Theories of Institutional Change: Original Institutionalism and New Institutional Economics. Journal of Economic Issues, 49 (4).

Calvert R., 2017. Strategic Rationality and Endogenous Institutional Change. Rationality and Society, 29 (1).

Camerer C., Loewenstein G., 2004. Behavioral Economics: Past, Present, and Future. Advances in Behavioral Economics. Princeton: Princeton University Press.

Capozza D. R., Helsley R. W., 1989. The Fundamentals of Land Prices and Urban Growth. Journal of Urban Economics, 26 (3).

Carayannis E. G., Pirzadeh A., Popescu D., 2012. Institutional Learning and Knowledge Transfer Across Epistemic Communities. New York: Springer.

Cash D. W., Clark W. C., Alcock F., et al., 2003. Knowledge Systems for Sustainable Development. Proceedings of the National Academy of Sciences, 100 (14).

Chang H. J., 2011. Institutions and Economic Development: Theory, Policy and History. Journal of Institutional Economics, 7 (4).

Charles J. W., 2022. Institutional Economics: Perspectives and Methods in Pursuit of a Better World. London: Routledge.

Chen Y. S., Zhong F. N., Ji Y. Q., 2017. Why does "Zero Rent" Exist in Farmland Transfer: An Empirical Analysis from the Perspective of Rent Type. China Rural Survey, 4.

Cheung S. N. S., 1969. The Theory of Share Tenancy. London: Univ. Chicago Press.

Cheung S. N. S., 1975. Roofs or Stars: The Stated Intents and Actual Effects of a Rents Ordinance. Economic Inquiry, 13 (1).

Choumert J., Pascale P., 2017. Farmland Rental Prices in GM Soybean Areas of Argentina: Do Contractual Arrangements Matter? The Journal of Development Studies, 53 (8).

Clempner J. B., Poznyak A. S., 2017. Multiobjective Markov Chains Optimization Problem with Strong Pareto Frontier: Principles of Decision Making. Expert Systems with Applications, 68.

Clonts H. A., 1970. Influence of Urbanization on Land Values at the Urban Periphery. Land Economics, 46 (4).

Coase R. H., 1937. The Nature of the Firm. Economica, 4 (16).

Coase R. H. , 1960. The Problem of Social Cost. Journal of Law & Economics, 3 (4).

Coase R. H. , 1984. The New Institutional Economics: A Symposium. Journal of Institutional and Theoretical Economics, 140 (1).

Coase R. H. , 1998. The New Institutional Economics. American Economic Review, 88 (2).

Coase R. H. , 2002. Why Economics Will Change. Newsletter of The International Society for New Institutional Economics, 4 (1).

Commons J. R. , 1934. Institutional Economics: Its Place in Political Economy. New York: Macmillan.

Marcel F. , de Janvry A. , Elisabeth S. , 1991. Peasant Household Behaviour with Missing Markets: Some Paradoxes Explained. Economic Journal, 101 (409).

Emerick K. , de Janvry A. , Gonzalez-Navarro M. , et al. , 2015. Delinking Land Rights from Land Use: Certification and Migration in Mexico. American Economic Review, 105 (10).

de Soto H. , 2000. The Mystery of Capital: Why Capitalism Triumphs in the West and Fails Everywhere Else. New York: Basic Books.

Deininger K. , 2003. Land Policies for Growth and Poverty Reduction. Washington: World Bank and Oxford University Press.

Deininger K. , Feder G. , 2009. Land Registration, Governance, and Development: Evidence and Implications for Policy. The World Bank Research Observer, 24 (2).

Deininger K. , Jin S. , 2003. The Impact of Property Rights on Households' Investment, Risk Coping, and Policy Preferences: Evidence from China. Economic Development and Cultural Change, 51 (4).

Deininger K. , Jin S. Q. , 2005. The Potential of Land Rental Markets in the Process of Economic Development: Evidence from China. Journal of Development Economics, 78 (1).

Deininger K. , Jin S. Q. , Xia F. , et al. , 2014. Moving off the Farm: Land Institutions to Facilitate Structural Transformation and Agricultural Productivity Growth in China. World Development, 59 (c).

DellaPosta D. , Nee V. , Opper S. , 2017. Endogenous Dynamics of Institutional Change. Rationality and Society, 29 (1).

DellaVigna S. , 2009. Psychology and Economics: Evidence from the Field. Journal of Economic Literature, 47 (2).

Demsetz H. , 1967. Toward a Theory of Property Rights. American Economic Review, 57 (2).

Denzau A. T. , North D. , 1994. Shared Mental Models: Ideologies and Institutions. Kyklos, 47 (1).

Di Tella R. , Galiant S. , Schargrodsky E. , 2007. The Formation of Beliefs: Evidence from the Allocation of Land Titles to Squatters. Quarterly Journal of Economics, 122 (1).

DiPasquale D. , Wheaton W. C. , 1996. Urban Economics and Real Estate Markets. NJ: Prentice Hall.

Dixit A. K. , 2004. Lawlessness and Economics: Alternative Modes of Governance. Princeton: Princeton University Press.

Djankov S. , Glaeser E. , Laporta R. , et al. , 2003. The New Comparative Economics. Journal of Comparative Economics, 31 (4).

Eggertsson T. , 1990. Economic Behavior and Institutions. Cambridge: Cambridge University Press.

Eggertsson T. , 2013. Quick Guide to New Institutional Economics. Journal of Comparative Economics, 41 (1).

Elsner W. , 2012. The Theory of Institutional Change Revisited: The Institutional Dichotomy, Its Dynamic, and Its Policy Implications in a More Formal Analysis. Journal of Economic Issues, 46 (1).

Elster J. , 1989. Nuts and Bolts for the Social Sciences. Cambridge: Cambridge University Press.

Epstein R. A. , 2006. Behavioral Economics: Human Errors and Market Corrections. University of Chicago Law Review, 73 (1).

Falk A. , Fischbacher U. , 2006. A Theory of Reciprocity. Games and Economic Behavior, 54 (2).

Feng L. , Bao H. X. H. , Jiang Y. , 2014. Land Reallocation Reform in Rural China: A Behavioral Economics Perspective. Land Use Policy, 41.

Fcng L. , Zhang M. H. , Li Y. X. , et al. , 2020. Satisfaction Principle or Efficiency Principle: Decision-making Behavior of Peasant Households in China's Rural Land Market. Land Use Policy, 99.

Fischer S. , Gelb A. , 1991. The Process of Socialist Economic Transformation. Journal of Economic Perspectives, 5 (4).

Fudenberg D. , 2006. Advancing Beyond Advances in Behavioral Economics. Journal of Economic Literature, 44 (3).

Gaynor M. , Putterman L. , 1993. Productivity Consequences of Alternative Land Division Methods in China Decollectivization: An Econometric-Analysis. Journal of Development Economics, 42 (2).

Genesove D. , Mayer C. , 2001. Loss Aversion and Seller Behavior: Evidence from the Housing Market. Quarterly Journal of Economics, 116 (4).

Gigerenzer G. , Gaissmaier W. , 2011. Heuristic Decision Making. The Annual Review of Psychology, 62.

Goldfarb A. , Ho T. , Amaldoss W. , et al. , 2012. Behavioral Models of Managerial Decision-Making. Marketing Letters, 23.

Greif A. , Laitin D. , 2004. A Theory of Endogenous Institutional Change. American Political Science Review, 98 (4).

Greif A. , 1998. Historical and Comparative Institutional Analysis. American Economic Review, 88 (2).

Greif A. , 2006. Institutions and the Path to the Modern Economy: Lessons from Medieval Trade. Cambridge: Cambridge University Press.

Guo X. L. , 2001. Land Expropriation and Rural Conflicts in China. China Quarterly, 166.

Hamalainen T. J. , Heiskala R. , 2007. Social Innovations, Institutional Change and Economic Performance: Making Sense of Structural Adjustment Processes in Industrial Sectors, Regions and Societies. Regional Studies, 43 (4).

Haunschild P. R. , Chandler D. , 2008. Institutional-level Learning: Learning as a Source of Institutional Change. The Sage Handbook of Organizational Institutionalism. UK: Oxford of University: 624 – 649.

Hayami Y. , Ruttan V. , 1971. Agricultural Development: An International Perspective. Baltimore: The Johns Hopkins Press.

Hayami Y. , Ruttan V. , 1985. Agricultural Development: An International Perspective (2nd ed.). Baltimore: The Johns Hopkins Press.

Hayek F. A. , 1967. The Results of Human Action but not of Human Design. Studies in Philosophy, Politics and Economics. Chicago: University of Chicago Press, 96 – 105.

Hayek F. A. , 1973. Law, Legislation and Liberty. Chicago: The University of Chicago Press.

Hayek F. A. , 1978. The Atavism of Social Justice. New Studies in Philosophy, Politics, Economics and the History of Ideas. London: Routledge & Kegan Paul, 57 - 68.

Heilmann S. , 2008a. Policy Experimentation in China's Economic Rise. Studies in Comparative International Development, 43 (1).

Heilmann S. , 2008b. From Local Experiments to National Policy: The Origins of China's Distinctive Policy Process. The China Journal, 59 (59).

Heybey B. , Murrel P. , 1999. The Relationship between Economic Growth and the Speed of Liberalization During Transition. Journal of Policy Reform, 3 (2).

Ho P. , 2005. Institutions in Transition: Land Ownership, Property Rights and Social Conflict in China. UK: Oxford University Press,

Ho P. , 2014. The "Credibility Thesis" and Its Application to Property Rights: (In) Secure Land Tenure, Conflict and Social Welfare in China. Land Use Policy, 40.

Ho P. , 2015. Myths of Tenure Security and Titling: Endogenous, Institutional Change in China's Development. Land Use Policy, 47.

Hodgson G. M. , 1998. The Approach of Institutional Economics. Journal of Economic Literature, 36 (1).

Hodgson G. M. , 2003. The Hidden Persuaders: Institutions and Individuals in Economic Theory. Cambridge Journal of Economics, 27 (2).

Hodgson G. M. , 2004. The Evolution of Institutional Economics: Agency, Structure and Darwinism in American Institutionalism. London: Routledge.

Hodgson G. M. , 2007. Institutions and Individuals: Interaction and Evolution. Organization Studies, 28 (1).

Hodgson G. M. , 2009. Institutional Economics into the Twenty-First Century. Studi e Note di Economia, 14 (1).

Holden S. , Deininger K. , Ghebru H. , 2007. Impact of Land Certification on Land Rental Market Participation in Tigray Region. Munich: University Library of Munich.

Hong M. Y. , 2009. Analysis of Farmland Transfer in Less Developed Areas: A Survey from 4 Counties in Guizhou Province. Chinese Rural Economy, 8.

Huitema D. , Jordan A. , Munaretto S. , et al. , 2018. Policy Experimentation: Core Concepts, Political Dynamics, Governance and Impacts. Policy Sciences, 51 (2).

Hurwicz L., 1973. The Design of Mechanisms for Resource Allocation. American Economic Review, 63 (2).

Inder B., O'Brien T., 2003. The Endowment Effect and the Role of Uncertainty. Bulletin of Economic Research, 55 (3).

Jacobson R., Obermiller C., 1990. The Formation of Expected Future Price: A Reference Price for Forward-Looking Consumers. Journal of Consumer Research, 16 (4).

James K. K., 1995. Equal Entitlement Versus Tenure Security Under a Regime of Collective Property Rights: Peasants' Preference for Institutions in Post-Reform Chinese Agriculture. Journal of Comparative Economics, 21 (1).

Jia S., Tian C. A., Zhang H., 2003. Leasing Market and the Scale of Farm Land. China Rural Survey, 1.

Jin H., Qian Y., Weingast B. R., 2005. Regional Decentralization and Fiscal Incentives: Federalism, Chinese Style. Journal of Public Economics, 89 (9 - 10).

Jin S. Q., Deininger K., 2009. Land Rental Markets in the Process of Structural Transformation: Productivity and Equity Impacts from China. Journal of Comparative Economics, 37 (4).

Kahneman D., 2003. Maps of Bounded Rationality: Psychology for Behavioral Economics. American Economic Review, 93 (5).

Kahneman D., Tversky A., 1979. On the Interpretation of Intuitive Probability: A Reply to Jonathan Cohen. Cognition, 7 (4).

Kahneman D., Tversky A., 1979. Prospect Theory-Analysis of Decision under Risk. Econometrica, 47 (2).

Kahneman D., Tversky A., 2000. Choices, Values, and Frames. New York: Russell Sage Foundation.

Kahneman D., Knetsch J., Thaler R., 1990. Experimental Tests of the Endowment Effect and the Coase Theorem. Journal of Political Economy, 98 (6).

Kantor S. E., 1998. Politics and Property Rights: The Closing of the Open Range in the Postbellum South. Chicago: University of Chicago Press.

Kassa W., 2014. Land Titling and Investment in Tanzania: An Empirical Investigation. Washington, DC: American University.

Kaustia M. , Alho E. , Puttonen V. , 2008. How Much Does Expertise Reduce Behavioral Biases? The Case of Anchoring Effects in Stock Return Estimates. Financial Management, 37 (3).

Keefer P. , 2018. Collective Action and Government: Still A Mystery. A Research Agenda for New Institutional Economics. UK: Edward Elgar Publishing: 9 – 19.

Khantachavana S. V. , Turvey C. G. , Kong R. , et al. , 2013. On the Transaction Values of Land Use Rights in Rural China. Journal of Comparative Economics, 41 (3).

Kimura S. , Otsuka K. , Sonobe T. , et al. , 2011. Efficiency of Land Allocation through Tenancy Markets: Evidence from China. Economic Development and Cultural Change, 59 (3).

Kingston C. , Caballero G. , 2009. Comparing Theories of Institutional Change. Journal of Institutional Economics, 5 (2).

Knight J. , Li S. , 1996. Educational Attainment and the Rural-Urban Divide. Oxford Bulletin of Economics and Statistics, 58 (1).

Knight J. , 1995. Models, Interpretations and Theories: Constructing Explanations of Institutional Emergence and Change. Explaining Social Institutions. Ann Arbor: University of Michigan Press: 95 – 120.

Knight J. , 1997. Social Institutions and Human Cognition: Thinking About Old Questions in New Ways. Journal of Institutional and Theoretical Economics, 153 (4).

Ko K. , Shin K. , 2017. How Asian Countries Understand Policy Experiment as Policy Pilots? Asian Journal of Political Science, 25 (3).

Kojima R. , 1988. Agricultural Organization-New Forms, New Contradictions. The China Quarterly, 116.

Krueger A. , 1974. The Political Economy of a Rent Seeking Society. American Economic Review, 64 (3).

Kung J. K. S. , 1995. Equal Entitlement Versus Tenure Security Under a Regime of Collective Property Rights: Peasants' Preference for Institutions in Post-Reform Chinese Agriculture. Journal of Comparative Economics, 21 (2) .

Kung J. K. S. , 2000. Common Property Rights and Land Reallocations in Rural China: Evidence from a Village Survey. World Development, 28 (4) .

Kung J. K. S. , 2002. Choice of Land Tenure in China: The Case of a County with Quasi-private Property Rights. Economic Development and Cultural Change,

50 (4).

Kung J. K. S. , Liu S. Y. , 1997. Farmers' Preferences Regarding Ownership and Land Tenure in Post-Mao China: Unexpected Evidence from Eight Counties. The China Journal, 38.

Kung J. K. S. , Bai Y. , 2011. Induced Institutional Change or Transaction Costs? The Economic Logic of Land Reallocations in Chinese Agriculture. Journal of Development Studies, 47 (10).

Kunreuther H. , Meyer R. , Michel-Kerjan E. , 2013. Overcoming Decision Biases to Reduce Losses from Natural Catastrophes. The Behavioral Foundations of Public Policy, (9).

Kyle A. S. , 1985. Continuous Auctions and Insider Trading. Econometrica: Journal of The Econometric Society, 53 (6).

Kyle J. M. , 2018. Cognition and Governance: A Research Agenda for The New Institutional Economics. A Research Agenda for New Institutional Economics. UK: Edward Elgar Publishing: 80 – 87.

Le V. , Lyne M. , Ratna N. , et al. , 2013. The Rental Market for Farmland in Vietnam's Mountainous North Central Coast Region: Outcomes and Constraints. Mountain Research and Development, 33 (4).

Levy J. S. , 1997. Prospect Theory, Rational Choice, and International Relations. International Studies Quarterly, 41 (1).

Li G. , Rozelle S. , Brandt L. , 1998. Tenure, Land Rights, and Farmer Investment Incentives in China. Agricultural Economics, 19 (1 – 2).

Li L. , 2012. Land Titling in China: Chengdu Experiment and Its Consequences. China Economic Journal, 5 (1).

Li W. , 2016. Failure by Design-National Mandates and Agent Control of Local Land Use in China. Land Use Policy, 52.

Libecap G. D. , 1989. Contracting for Property Rights. Cambridge: Cambridge University Press.

Lin J. Y. F. , 1988. The Household Responsibility System in China's Agricultural Reform: A Theoretical and Empirical Study. Economic Development and Cultural Change, 36 (4).

Lin J. Y. F. , 1989. An Economic-theory of Institutional Change: Induced and Imposed Change. Cato Journal, 9 (1).

Lin J. Y. F. , 1992. Rural Reforms and Agricultural Growth in China. American Economic Review, 82 (1).

Lin J. Y. F. , Nugent J. B. , 1995. Institutions and Economic Development. Handbook of Development Economics. Netherland: North Holland: 2301 – 2370.

Lin J. Y. F. , Liu M. , 2004. Development Strategy, Transition and Challenges of Development in Lagging Regions. ABCDE, 197.

Lipset G. D. , Martin S. , 1960. Political Man: The Social Bases of Politics. Baltimore: Johns Hopkins University Press.

Lv B. Y. , 2014. A Market Distortion Angle on Government Expansion: A Finance View. Social Sciences in China, 12.

Ma X. , Heerink N. , Feng S. , et al. , 2015. Farmland Tenure in China: Comparing Legal, Actual and Perceived Security. Land Use Policy, 42.

Madrian B. C. , 2014. Applying Insights from Behavioral Economics to Policy Design. Annual Review of Economics, 6 (1).

Mahon J. F. , Pursey H. , Kai L. , 2004. Social Networks and Non-Market Strategy. Journal of Public Affairs, 4 (2).

Mahoney J. , Thelen K. , 2015. Advances in Comparative-historical Analysis. Cambridge: Cambridge University Press.

Manji A. , 2003. Capital, Labour and Land Relations in Africa: A Gender Analysis of the World Bank's Policy Research Report on Land Institutions and Land Policy. Third World Quarterly, 24 (1).

Mantzavinos C. , North D. C. , Shariq S. , 2004. Learning, Institutions, and Economic Performance. Perspectives on Politics, 2 (1).

March J. G. , Olsen J. P. , 1989. Rediscovering Institutions: The Organizational Basis of Politics. New York: Free Press.

Maskin E. S. , 1977. Nash Equilibrium and Welfare Optimality, Paper Presented at the Summer Workshop of the Econometric Society in Paris. Review of Economic Studies, 66 (1).

Mattos D. , 2012. The Community Loses When It Loses Farmers: Impacts of a Changing Local Farmland Market. Urbana: University of Illinois at Urbana-Champaign.

Mayer K. J. , 2018. Cognition and Governance: A Research Agenda for the New Institutional Economics. A Research Agenda for New Institutional Economics. UK: Edward Elgar Publishing: 80 – 87.

McDermott R. , 2004. Prospect Theory in Political Science: Gains and Losses from the First Decade. Political Psychology, 25 (2).

McFadgen B., Huitema D., 2018. Experimentation at the Interface of Science and Policy: A Multi-Case Analysis of How Policy Experiments Influence Political Decision-Makers. Policy Sciences, 51 (2).

McGuire M. C., Olson M. J., 1996. The Economics of Autocracy and Majority Rule: The Invisible Hand and the Use of Force. Journal of Economic Literature, 34 (1).

McMillan J., Naughton B., 1992. How to Reform a Planned Economy: Lessons from China. Oxford Review of Economic Policy, 8 (1).

Mei C., Liu Z., 2014. Experiment-Based Policy Making or Conscious Policy Design? The Case of Urban Housing Reform in China. Policy Sciences, 47 (3).

Meinzen-Dick R., Mwangi E., Cousins B., et al., 2009. Cutting the Web of Interests: Pitfalls of Formalizing Property Rights. Land Use Policy, 26 (1).

Ménard C., Shirley M. M., 2005. Handbook of New Institutional Economics. Dordrecht: Springer.

Ménard C., Shirley M. M., 2014. The Future of New Institutional Economics: From Early Intuitions to A New Paradigm? Journal Of Institutional Economics, 10 (4).

Ménard C., Shirley M. M., 2022. Advanced Introduction to New Institutional Economics. UK: Edward Elgar Publishing.

Mercer J., 2005. Prospect Theory and Political Science. Annual Review of Political Science, 11 (8).

Millar R., Jian W., Mannion R., et al., 2016. Healthcare Reform in China: Making Sense of a Policy Experiment? Journal of Health Organization and Management, 30 (3).

Mills E. S., 1972. Studies in the Structure of the Urban Economy. Baltimore: The Johns Hopkins University Press.

Mintzberg H., 2015. Rebalancing Society: Radical Renewal Beyond Left, Right, and Center. San Francisco: Berrett-Koehler Publishers.

Montinola G., Qian Y., Weingast B. R., 1995. Federalism, Chinese Style: The Political Basis for Economic Success in China. World Politics, 48 (1).

Mullainathan S., Thaler R. H., 2000. Behavioral Economics. New York: NBER.

Murphy K., Shleifer A., Vishny R., 1992. The Transition to a Market Economy: Pitfalls of Partial Reform. Quarterly Journal of Economics, 107 (3).

Murrell P. , 1992. Evolutionary and Radical Approaches to Economic Reform. Economics of Planning, 25 (1).

Muth R. F. , 1969. Cities and Housing. Chicago: University of Chicago Press.

Myerson R. B. , 1979. Incentive Compatibility and the Bargaining Problem. Econometrica, 47 (1).

Myerson R. B. , 1982. Optimal Coordination Mechanisms in Generalized Principal-Agent Problems. Journal of Mathematical Economics, 10 (1).

Myerson R. B. , 1986. Multistage Games with Communication. Econometrica, 54 (2).

Nadler J. , 2018. The Social Psychology of Property: Looking Beyond Market Exchange. Annual Review of Law and Social Science, 14 (1).

Naughton B. , 2007. The Chinese Economy: Transitions and Growth. Cambridge, MA: MIT Press.

Naughton B. , 2008. A Political Economy of China's Economic Transition. China's Great Economic Transformation. New York: Cambridge University Press: 91 - 135.

Nee V. , Opper S. , 2012. Capitalism from Below: Markets and Institutional Change in China. Cambridge: Harvard University Press.

Nelson R. R. , Sampat B. N. , 2001. Making Sense of Institutions as a Factor Shaping Economic Performance. Journal of Economic Behavior & Organization, 44 (1).

Nelson R. R. , Winter S. G. , 1982. An Evolutionary Theory of Economic Change. Cambridge: Harvard University Press.

Nolan P. , 1983. De-Collectivization of Agriculture in China, 1979—1982: A Long-Term Perspective. Cambridge Journal of Economics, 7 (3 - 4).

North D. C. , Thomas R. P. , 1973. The Rise of the Western World: A New Economic History. London: Cambridge University Press.

North D. C. , 1981. Structure and Change in Economic History. London: Cambridge University Press.

North D. C. , 1990. Institutions, Institutional Change and Economic Performance. London: Cambridge University Press.

North D. C. , 1994. Economic Performance Through Time. American Economic Review，84（3）.

North D. C.，2005. Understanding the Process of Economic Change. Princeton：Princeton University Press.

North D. C.，Thomas R. P.，1973. The Rise of the Western World：A New Economic History. London：Cambridge University Press.

North D. C.，Wallis J. J.，Weingast B. R.，2009. Violence and Social Orders：A Conceptual Framework for Interpreting Recorded Human History. London：Cambridge University Press.

Olson M.，2000. Power and Prosperity：Outgrowing Communist and Capitalist Dictatorships. New York：Basic Books.

Ostrom E.，1990. Governing the Commons：The Evolution of Institutions for Collective Action. London：Cambridge University Press.

Ostrom E.，2005. Understanding Institutional Diversity. Princeton：Princeton University Press.

Ostrom E.，2009. A General Framework for Analyzing Sustainability of Social-Ecological Systems. Science，325（5939）.

Ostrom E.，2010. Polycentric Systems for Coping with Collective Action and Global Environmental Change. Global Environmental Change，20（4）.

Ostrom E.，Basurto X.，2011. Crafting Analytical Tools to Study Institutional Change. Journal of Institutional Economics，7（3）.

Pagano U.，2007. Bounded Rationality and Institutionalism. The Evolution of Economic Institutions：A Critical Reader. UK：Edward Elgar Publishing：19 – 33.

Parris K.，1993. Local Initiative and National Reform：The Wenzhou Model of Development. China Quarterly，134.

Pei M.，2006. China's Trapped Transition：The Limits of Developmental Autocracy. Cambridge：Harvard University Pres.

Pierson P.，1996. The Path to European Integration：A Historical Institutionalist Approach. Comparative Political Studies，29.

Pingle M.，2015. Deliberation Cost as A Foundation for Behavioral Economics. Handbook of Contemporary Behavioral Economics. London：Routledge：362 – 377.

Platteau J. P.，1996. The Evolutionary Theory of Land Rights as Applied to Sub-Saharan Africa：A Critical Assessment. Development and Change，27（1）.

Polanyi K.，1944. The Great Transformation. Boston：Beacon Press.

Pope D. G. , Schweitzer M. E. , 2011. Is Tiger Woods Loss Averse? Persistent Bias in the Face of Experience, Competition, and High Stakes. American Economic Review, 101 (1).

Posner R. A. , 2010. From the New Institutional Economics to Organization Economics: With Applications to Corporate Governance, Government Agencies, and Legal Institutions. Journal of Institutional Economics, 6 (1).

Pressman S. , 2006. Kahneman, Tversky and Institutional Economics. Journal of Economic Issues, 40 (2).

Pritchard M. F. , 2013. Land, Power and Peace: Tenure Formalization, Agricultural Reform, and Livelihood Insecurity in Rural Rwanda. Land Use Policy, 30 (1).

Prüfer J. , Prüfer P. , 2018. Data Science for Institutional and Organizational Economics. A Research Agenda for New Institutional Economics. UK: Edward Elgar Publishing: 248 - 259.

Qiao S. , 2014. Planting Houses in Shenzhen: A Real Estate Market without Legal Titles. Canadian Journal of Law & Society, 29 (2).

Radzicki M. , 2022. System Dynamics, Data Science, and Institutional Analysis. Institutional Economics: Perspectives and Methods in Pursuit of a Better World. London: Routledge: 271 - 292.

Reerink G. , Gelder J. L. V. , 2010. Land Titling, Perceived Tenure Security, and Housing Consolidation in the Kampongs of Bandung, Indonesia. Habitat International, 34 (1).

Reyna V. F. , Chick C. F. , Corbin J. C. , et al. , 2014. Developmental Reversals in Risky Decision Making: Intelligence Agents Show Larger Decision Biases Than College Students. Psychological Science, 25 (1).

Richter R. , 2005. The New Institutional Economics: Its Start, Its Meaning, Its Prospects. European Business Organization Law Review, 6 (2).

Rodrik D. , 2009. One Economics, Many Recipes. Princeton: Princeton University Press.

Roland G. , 2004. Understanding Institutional Change: Fast-Moving and Slow-Moving Institutions. Studies in Comparative International Development, 38 (4).

Roth M. , Barrows R. , Carter M. , et al. , 1989. Land Ownership Security and Farm Investment: Comment. American Journal of Agricultural Economics,

71 (1).

Rozelle S. , Swinnen J. F. , 2004. Success and Failure of Reform: Insights from the Transition of Agriculture. Journal of Economic Literature, 42 (2).

Ruttan V. W. , 2006. Social Science Knowledge and Induced Institutional Innovation: An Institutional Design Perspective. Journal of Institutional Economics, 2 (3).

Ruttan V. W. , Hayami Y. , 1984. Toward a Theory of Induced Institutional Innovation. Journal of Development Studies, 20 (4).

Sachs J. , 1996. The Transition at Mid-Decade. American Economic Review, 86.

Saint-Macary C. , Keil A. , Zeller M. , et al. , 2010. Land Titling Policy and Soil Conservation in the Northern Uplands of Vietnam. Land Use Policy, 27 (2).

Schotter A. , 1981. The Economic Theory of Social Institutions. Cambridge: Cambridge University Press.

Schultz T. W. , 1977. Economics, Agriculture, and the Political Economy. Agricultural and Economic Development of Poor Nations. Nairobi: East African Literature Bureau: 254 – 265.

Schwartz H. , 2002. Herbert Simon and Behavioral Economics. Journal of Socio-Economics, 31 (3).

Scott J. C. , 1976. The Moral Economy of the Peasant: Rebellion and Subsistence in Southeast Asia. Conn: Yale University Press.

Scott J. C. , 1998. Seeing Like a State: How Certain Schemes to Improve the Human Condition Have Failed. Conn: Yale University Press.

Sent E. M. , 2005. Simplifying Herbert Simon. History of Political Economy, 37 (2).

Shambaugh, 2008. China's Communist Party: Atrophy and Adaptation. Washington, DC: Woodrow Wilson Center Press.

Shastitko A. , Ménard C. , 2017. Discrete Institutional Alternatives: Theoretical and Policy Issues (Celebrating The 80th Anniversary of Ronald Coase's "Nature of The Firm"). Russian Journal of Economics, 3 (2).

Shirley M. M. , 2008. Institutions and Development. UK: Edward Elgar Publishing.

Shubic M. , Levitan R. , 1980. Market Structure and Behavior. Cambridge: Harvard University Press.

Siebenhüner B. , Suplie J. , 2005. Implementing the Access and Benefit-Sharing Provisions of the CBD: A Case for Institutional Learning. Ecological Economics, 53 (4).

Simon H. A. , 1955. A Behavioral Model of Rational Choice. The Quarterly Journal of Economics, 69 (1).

Simon H. A. , 1956. Rational Choice and the Structure of the Environment. Psychological Review, 63 (2).

Simon H. A. , 1962. The Architecture of Complexity. Proceedings of the American Philosophical Society, 106 (6).

Simon H. A. , 1972. Theories of Bounded Rationality. Decision and Organization, 1 (1).

Simon H. A. , 1979. Rational Decision Making in Business Organizations. American Economic Review, 69 (4).

Simon H. A. , 1985. Human Nature in Politics: The Dialogue of Psychology with Political Science. American Political Science Review, 79 (2).

Simon H. A. , 1995. Rationality in Political Behavior. Political Psychology, 16.

Simon H. A. , 1997. Administrative Behavior: A Study of Decision-Making Processes in Administrative Organizations. New York: Free Press.

Sjaastad E. , Cousins B. , 2009. Formalisation of Land Rights in the South: An Overview. Land Use Policy, 26 (1).

Smelser N. J. , Swedberg R. , 2005. The Handbook of Economic Sociology (2nd ed.) . Princeton: Princeton University Press.

Smith G. , 2013. Measurement, Promotions and Patterns of Behavior in Chinese Local Government. Journal of Peasant Studies, 40 (6).

Sobel R. S. , 2017. The Rise and Decline of Nations: The Dynamic Properties of Institutional Reform. Journal of Institutional Economics, 13 (3).

Stanfield D. , Nesman E. , Seligson M. , et al. , 1990. Contributions of the PTT to Land Management. The Honduras Land Titling and Registration Experience. Madison: University of Wisconsin-Madison: 11 – 13.

Stiglitz J. E. , 1998. More Instruments and Broader Goals: Moving Toward the Post Washington Consensus. The 1998 WIDER Annual Lecture, 16 – 48.

Stiglitz J. E. , 2006. Moving Toward a Post-Washington Consensus. Washington , DC: The Bank Information Center.

Sugden R. , 1989. Spontaneous Order. Journal of Economic Perspectives, 3

(4).

Sun L., Ho P., 2018. Formalizing Informal Homes, A Bad Idea: The Credibility Thesis Applied to China's "Extra-Legal" Housing. Land Use Policy, 79.

Taioka T., Almeida F. Fernández R. G., 2020. Thorstein Veblen's Institutional Economics and Daniel Kahneman and Amos Tversky's Behavioral Economics: an Analysis of Convergent Points. Brazilian Journal of Political Economy, 40.

Tassey G., 2014. Innovation in Innovation Policy Management: The Experimental Technology Incentives Program and the Policy Experiment. Science and Public Policy, 41 (4).

Taylor R. N., 1975. Age and Experience as Determinants of Managerial Information Processing and Decision-Making Performance. Academy of Management Journal, 18 (1).

Teorell J., 2018. A Research Agenda for New Institutional Economics. UK: Edward Elgar Publishing.

Thaler R. H., 2016. Behavioral Economics: Past, Present, and Future. American Economic Review, 106 (7).

The World Bank and Development Research Center of the State Council of the People's Republic of China, 2013. China 2030: Building a Modern, Harmonious, and Creative Society. Washington, DC: The World Bank.

Thelen K., 1999. Historical Institutionalism in Comparative Politics. Annual Review, 2.

Tollison R. D., 1982. Rent Seeking: A Survey. Kyklos, 35.

Tong L. C., Karen J. Y., Asai K., et al., 2016. Trading Experience Modulates Anterior Insula to Reduce the Endowment Effect. Proceedings of the National Academy of Sciences, 113 (33).

Tullock G., 1967. The Welfare Costs of Tariffs, Monopolies and Theft. Western Economic Journal, 5.

Tversky A., Kahneman D., 1974. Judgment under Uncertainty: Heuristics and Biases. Science, 185 (4157).

Tversky A., Kahneman D., 1981. The Framing of Decisions and the Psychology of Choice. Science, 211 (4481).

Tversky A., Kahneman D., 1986. Multiple Criteria Decision Making and Risk Analysis Using Microcomputers. New York: Springer.

Tversky A., Kahneman D., 1991. Loss Aversion in Riskless Choice: A

Reference-Dependent Model. Quarterly Journal of Economics，106 （4）.

Van de Kaa E. J. ，2010. Prospect Theory and Choice Behaviour Strategies：Review and Synthesis of Concepts from Social and Transport Sciences. European Journal of Transport and Infrastructure Research，10 （4）.

Van Gunsteren H. R. ，1978. The Quest for Control：A Critique of the Rational Central-Rule Approach in Public Affairs. American Political Science Review，72 （4）.

Veblen T. ，1899. The Theory of the Leisure Class：An Economic Study of Institutions. New York：Macmillan.

Verboven K. ，2015. The Knights Who Say NIE：Can Neo-Institutional Economics Live up to Its Expectation in Ancient History Research？. Structure and Performance in the Roman Economy：Models，Methods and Case Studies. Brussels：Latomus：33 - 57.

Vidican G. ，2009. Assessing Land Reallocation Decisions during Transition in Romania. Land Use Policy，26 （4）.

Vis B. ，Van Kersbergen K. ，2007. Why and How Do Political Actors Pursue Risky Reforms？ Journal of Theoretical Politics，19 （2）.

Voigt S. ，2018. Internal Institutions：The Major Unknowns in Institutional Economics. A Research Agenda for New Institutional Economics. UK：Edward Elgar Publishing：145 - 152.

Wang H. ，Tong J. ，Su F. ，et al. ，2011. To Reallocate or Not：Reconsidering the Dilemma in China's Agricultural Land Tenure Policy. Land Use Policy，28 （4）.

Wang X. ，Yamauchi F. ，Otsuka K. ，et al. ，2016. Wage Growth，Landholding，and Mechanization in Chinese Agriculture. World Development，86.

Wang Y. ，Li X. ，Li W. ，et al. ，2018. Land Titling Program and Farmland Rental Market Participation in China：Evidence from Pilot Provinces. Land Use Policy，74.

Weber R. ，Robyn D. ，2005. The Handbook of Economic Sociology （2nd ed. ）. Princeton：Princeton University Press.

Weibull J. ，1997. Evolutionary Game Theory. Cambridge，MA：MIT Press.

Weyland K. ，1996. Risk Seeking in Latin American Economic Restructuring：Lessons from Prospect Theory. International Studies Quarterly，40.

Weyland K. ，1998. The Political Fate of Market Reform in Latin America，

Africa, and Eastern Europe. International Studies Quarterly, 42.

Weyland K. , 2002. The Politics of Market Reform in Fragile Democracies: Argentina, Brazil, Peru, and Venezuela. Princeton: Princeton University Press.

Weyland K. , 2008. Toward a New Theory of Institutional Change. World Politics, 60 (2).

Wheaton W. C. , Lewis M. J. , 2002. Urban Wages and Labor Market Agglomeration. Journal of Urban Economics, 51 (3).

Wheaton W. C. , 1974. A Comparative Static Analysis of Urban Spatial Structure. Journal of Economic Theory, 9 (2).

Wilkinson N. , Klaes M. , 2012. An Introduction to Behavioral Economics (2nd ed.) . New York: Palgrave Macmillan.

Williamson O. E. , 1985. The Economic Institutions of Capitalism: Firms, Markets, Relational Contracting. New York: Free Press.

Williamson O. E. , 1996. The Mechanisms of Governance. UK: Oxford University Press.

Williamson O. E. , 2000. The New Institutional Economics: Taking Stock/ Looking Ahead. Journal of Economic Literature, 37 (3).

Wilson R. , 2011. The Contribution of Behavioral Economics to Political Science. Annual Review of Political Science, 14.

Wooldridge J. M. , 2010. Econometric Analysis of Cross Section and Panel Data (2nd ed.) . Cambridge, MA: MIT Press.

Wu S. , Yang Z. , 2021. Government Behavior on Urban Land Supply: Does it Follow a Prospect Preference? The Journal of Real Estate Finance and Economics, 1 - 23.

Xu C. G. , 2011. The Fundamental Institutions of China's Reforms and Development. Journal of Economic Literature, 49 (4).

Yang D. , 2004. Remaking the Chinese Leviathan: Market Transition and the Politics of Governance in China. Stanford: Stanford University Press.

Young H. P. , 1996. The Economics of Convention. Journal of Economic Perspectives, 10 (2).

Yueh L. , 2013. China's Growth: The Making of an Economic Superpower. Oxford: Oxford University Press.

Zhang Y. , 2012. A View from Behavioral Political Economy on China's Institutional Change. China Economic Review, 23 (4).

Zhang Y., Wang M., 2014. Towards Behavioral Political Economy of Institutional Change: With Field Facts from China. Cesifo Working Paper, 9.

Zhu X., Zhao H., 2018. Experimentalist Governance with Interactive Central-Local Relations: Making New Pension Policies in China. Policy Studies Journal, 49 (3).

Zweynert J., 2009. Interests Versus Culture in the Theory of Institutional Change. Journal of Institutional Economics, 5 (3).

阿伯西内·穆素. 讨价还价理论及其应用. 上海：上海财经大学出版社，2005.

安格斯·麦迪森. 世界经济千年史. 北京：北京大学出版社，2003.

威廉姆森，温特. 企业的性质：起源、演变和发展. 北京：商务印书馆，2007.

萨巴蒂尔. 政策过程理论. 北京：生活·读书·新知三联书店，2004.

薄一波. 若干重大决策与事件的回顾. 北京：中共党史出版社，2008.

Brandt L.，李果，黄季焜，等. 中国的土地使用权和转移权：现状评价. 经济学（季刊），2004 (3).

陈斌开，林毅夫. 发展战略、城市化与中国城乡收入差距. 中国社会科学，2013 (4).

陈大斌. 从合作化到公社化：中国农村的集体化时代. 北京：新华出版社，2011.

陈桂棣，春桃. 小岗村的故事. 北京：华文出版社，2009.

陈剑波. 人民公社的产权制度：对排它性受到严格限制的产权体系所进行的制度分析. 经济研究，1994 (7).

陈江龙，曲福田，陈会广，等. 土地登记与土地可持续利用：以农地为例. 中国人口·资源与环境，2003 (5).

陈明. 农村集体经营性建设用地入市改革的评估与展望. 农业经济问题，2018 (4).

陈明. 农地制度改革 40 年：一个国家治理逻辑转换的视角. 湖北社会科学，2019 (1).

陈胜祥. 农民土地所有权认知与农地制度创新：基于 1995—2008 年实证研究文献的统计分析. 中国土地科学，2009，23 (11).

陈锡文. 中国农村经济改革：回顾和展望. 天津：天津人民出版社，1993.

陈锡文. 读懂中国农业农村农民. 北京：外文出版社，2018.

陈锡文，赵阳，陈建波，等. 中国农村土地制度变迁 60 年. 北京：人民出版社，2009.

陈锡文，赵阳，罗丹．中国农村改革 30 年回顾与展望．北京：人民出版社，2008.

陈志刚，曲福田．农地产权制度变迁的绩效分析：对转型期中国农地制度多样化创新的解释．中国农村观察，2003（2）.

陈茁．行为经济学的方法论困境．学术月刊，2018，50（8）.

程令国，张晔，刘志彪．农地确权促进了中国农村土地的流转吗？．管理世界，2016（1）.

程雪阳．土地发展权与土地增值收益的分配．法学研究，2014，36（5）.

韦默．制度设计．上海：上海财经大学出版社，2004.

迪帕斯奎尔，惠顿．城市经济学与房地产市场．北京：经济科学出版社，2002.

党国英．深化以产权明晰为核心的农村土地制度改革．农村工作通讯，2010（7）.

诺斯．制度、制度变迁与经济绩效．上海：格致出版社，2008.

德布拉吉·瑞．发展经济学．北京：北京大学出版社，2002.

邓大才．通向权利的阶梯：产权过程与国家治理：中西方比较视角下的中国经验．中国社会科学，2018（4）.

邓穗欣．制度分析与公共治理．上海：复旦大学出版社，2019.

丁皓希．浅谈农村集体土地确权登记发证．山西农经，2012（6）.

丁学良．中国模式：赞成与反对．增订版．香港：牛津大学出版社，2014.

董志凯，陈廷煊．土地改革史话．北京：社会科学文献出版社，2011.

董志强．制度及其演化的一般理论．管理世界，2008（5）.

杜润生．杜润生自述：中国农村体制改革重大决策纪实．北京：人民出版社，2005.

段晓锋．家庭承包责任制的成功得益于家族意识的历史沉淀：研究家庭承包责任制的新视角．中国农村观察，1997（1）.

樊纲．两种改革成本与两种改革方式．经济研究，1993（1）.

丰雷．新制度经济学视角下的中国农地制度变迁：回顾与展望．中国土地科学，2018，32（4）.

丰雷，胡依洁．我国政策试点的中央政府行为逻辑探析：基于我国农村土地制度改革"三项试点"的案例研究．中国行政管理，2021b（8）.

丰雷，蒋妍，叶剑平．诱致性制度变迁还是强制性制度变迁?：中国农村土地调整的制度演进及地区差异研究．经济研究，2013a，48（6）.

丰雷，蒋妍，叶剑平，等．中国农村土地调整制度变迁中的农户态度：基于 1999—2010 年 17 省份调查的实证分析．管理世界，2013b（7）．

丰雷，江丽，郑文博．农户认知、农地确权与农地制度变迁：基于中国 5 省 758 农户调查的实证分析．公共管理学报，2019b（1）．

丰雷，江丽，郑文博．认知、非正式约束与制度变迁：基于演化博弈视角．经济社会体制比较，2019c（2）．

丰雷，任芷仪，张清勇．家庭联产承包责任制改革：诱致性变迁还是强制性变迁．农业经济问题，2019e（1）．

丰雷，孙丹，严金海．农民参与、程序公平与征地满意度：基于 2019 年 "千人百村" 调查的实证分析．中国土地科学，2021a，35（3）．

丰雷，张明辉，韩松，等．个体认知、权威决策与中国农地制度变迁：一个动态演化博弈模型的构建及检验．政治经济学评论，2020a，11（2）．

丰雷，张明辉，李怡忻．农地确权中的证书作用：机制、条件及实证检验．中国土地科学，2019d（5）．

丰雷，郑文博，胡依洁．大规模土地确权：非洲的失败与亚洲的成功．农业经济问题，2020b（1）．

丰雷，郑文博，张明辉．中国农地制度变迁 70 年：中央-地方-个体的互动与共演．管理世界，2019a，35（9）．

霍奇逊．演化经济学的诸多含义．政治经济学评论，2004（2）．

高圣平．宅基地制度改革政策的演进与走向．中国人民大学学报，2019，33（1）．

高王凌．人民公社时期中国农民 "反行为" 调查．北京：中共党史出版社，2006．

耿槟，朱道林，梁颖．集体土地价格形态及增值测算方法探讨：以黑龙江省为例．中国农业大学学报，2012，17（5）．

龚启圣，刘守英．农民对土地产权的意愿及其对新政策的反应．中国农村观察，1998（2）．

龚启圣，周飞舟．当前中国农村土地调整制度个案的分析．二十一世纪，1999（10）．

顾自安．制度演化的逻辑：基于认知进化与主体间性的考察．北京：科学出版社，2011，

桂华．集体所有制下的地权配置原则与制度设置：中国农村土地制度改革的反思与展望．学术月刊，2017，49（2）．

桂华．论土地开发模式与 "人的城镇化"：兼评征地制度改革问题．华中农

业大学学报（社会科学版），2019（1）.

郭道晖．毛泽东邓小平治国方略与法制思想比较研究．法学研究，2000（2）.

郭冬艳，岳永兵，黄洁．征地制度改革的路径选择．中国土地，2015（6）.

郭为桂．建国头七年中央与地方关系历史考察．党史研究与教学，1998（1）.

郭哲，曹静．中国农地制度变迁70年：历程与逻辑：基于历史制度主义的分析．湖湘论坛，2020，33（2）.

郭珍．制度变迁、认知偏差与农户耕地利用行为．南通大学学报（社会科学版），2020，36（6）.

韩博天．红天鹅：中国独特的治理和制度创新．北京：中信出版集团，2018.

韩博天，石磊．中国经济腾飞中的分级制政策试验．开放时代，2008（5）.

韩博天．中国异乎常规的政策制定过程：不确定情况下反复试验．开放时代，2009（7）.

韩博天．通过试验制定政策：中国独具特色的经验．当代中国史研究，2010，17（3）.

何芳，龙国举，范华，等．国家集体农民利益均衡分配：集体经营性建设用地入市调节金设定研究．农业经济问题，2019（6）.

皮特．谁是中国土地的拥有者．北京：社会科学文献出版社，2014.

何元斌，侯学英，姜武汉．我国征地过程中主体利益分析以及改革路径的选择．经济问题探索，2014（9）.

河南省农村社会经济调查队课题组．农村土地延包状况问卷调查报告．农业经济问题，1999（2）.

贺雪峰．现行土地制度与中国不同地区土地制度的差异化实践．江苏社会科学，2018（5）.

洪名勇，施国庆．欠发达地区农地重要性与农地产权：农民的认知：基于贵州省的调查分析．农业经济问题，2007（5）.

洪源远．中国如何跳出贫困陷阱．香港：香港中文大学出版社，2018.

胡新艳，罗必良，王晓海．村落地权的实践：公平理念与效率逻辑：以广东省茂名市浪山村为例．中国农村观察，2013（3）.

胡祖光，张铭．何谓"制度企业家"？谁会成为"制度企业家"？：来自组织新制度主义的观点．社会科学战线，2010（10）.

黄季琨．制度变迁和可持续发展：30年中国农业与农村．上海：格致出版社，2008.

黄季焜，郜亮亮，冀县卿，等．中国的农地制度、农地流转和农地投资．上海：上海人民出版社，2012.

黄建华．新疆农业区土地改革顺利完成的原因探析．西北民族研究，2004（2）.

黄凯南．演化博弈与演化经济学．经济研究，2009，44（2）.

黄鹏进．农村土地产权认知的三重维度及其内在冲突：理解当前农村地权冲突的一个中层视角．中国农村观察，2014（6）.

黄少安，刘海英．制度变迁的强制性与诱致性：兼对新制度经济学和林毅夫先生所做区分评析．经济学动态，1996（4）.

季卫东．法律程序的意义：对中国法制建设的另一种思考．中国社会科学，1993（1）.

冀县卿，黄季焜．改革三十年农地使用权演变：国家政策与实际执行的对比分析．农业经济问题，2013，34（5）.

贾根良．理解演化经济学．中国社会科学，2004（2）.

姜海，陈乐宾．土地增值收益分配公平群体共识及其增进路径．中国土地科学，2019，33（2）.

霍奇逊．制度经济学的演化：美国制度主义中的能动性、结构和达尔文主义．北京：北京大学出版社，2012.

晋洪涛，史清华，俞宁．谈判权、程序公平与征地制度改革．中国农村经济，2010（12）.

靳文辉．制度竞争、制度互补和制度学习：地方政府制度创新路径．中国行政管理，2017（5）.

康雄华，张安录，王世新．农地内部流转市场研究进展与展望．国土资源科技管理，2008（1）.

李德溪．也谈建国初期的国内主要矛盾．湖南师院学报（哲学社会科学版），1984（5）.

李东雷，王炳义．农村家庭承包制的产权制度缺陷及改革创新．理论界，2006（10）.

李飞龙．中国农地制度70年变革：以正式制度与非正式制度为分析框架．中国农业大学学报（社会科学版），2019，36（5）.

李君华．学习效应、拥挤性、地区的分工和集聚．经济学（季刊），2009，8（3）.

李良玉．建国初期的土地改革运动．江苏大学学报（社会科学版），2004

（1）.

李宁，何文剑，仇童伟，等．农地产权结构、生产要素效率与农业绩效．管理世界，2017（3）.

李卫红．打造利益共享的"入市"平台：贵州省集体经营性建设用地流转调查．中国土地，2015（6）.

李文钊．党和国家机构改革的新逻辑：从实验主义治理到设计主义治理．教学与研究，2019（2）.

李行，温铁军．中国60年农村土地制度变迁．科学对社会的影响，2009（3）.

李远行．改革开放以来农村合作制的变迁与重构．北京：社会科学文献出版社，2016.

廖洪乐．农户的调地意愿及影响因素分析．农业经济问题，2002（9）.

廖洪乐．农村集体土地征用中的增值收益分配：以浙江省RA市为例．农业经济问题，2007（11）.

林毅夫．制度、技术与中国农业发展．上海：上海人民出版社，1994.

林毅夫．再论制度、技术与中国农业发展．北京：北京大学出版社，2000.

林毅夫．制度、技术与中国农业发展．3版．上海：格致出版社，2008.

林毅夫．解读中国经济．北京：北京大学出版社，2012.

林毅夫，蔡昉，李周．论中国经济改革的渐进式道路．经济研究，1993（9）.

林毅夫，蔡昉，李周．中国的奇迹：发展战略与经济改革．上海：上海三联书店，1994.

林毅夫，刘培林．中国的经济发展战略与地区收入差距．经济研究，2003（3）.

林毅夫．中国家庭承包责任制改革：农民的制度选择．北京大学学报（哲学社会科学版），1988（4）.

刘培伟．基于中央选择性控制的试验：中国改革"实践"机制的一种新解释．开放时代，2010（4）.

刘然．并非只为试验：重新审视试点的功能与价值．中国行政管理，2020（12）.

刘守英．中国城乡二元土地制度的特征、问题与改革．国际经济评论，2014（3）.

刘守英．中国土地制度改革：上半程及下半程．国际经济评论，2017（5）.

刘守英．土地制度变革与经济结构转型：对中国40年发展经验的一个经济

解释 . 中国土地科学，2018a，32（1）.

刘守英 . 改革四十年，成也土地危也土地 .（2018b‐12‐21）. https：// baijiahao. baidu. com/s？ id＝1620417742962048321&amp；wfr＝spider&amp； for＝pc.

刘守英，周飞舟，邵挺 . 土地制度改革与转变发展方式 . 北京：中国发展出版社，2012.

刘伟 . 政策试点：发生机制与内在逻辑：基于我国公共部门绩效管理政策的案例研究 . 中国行政管理，2015（5）.

刘卫军，赵敏娟 . 农地产权制度变迁中的地方政府行为分析：基于"两田制"实践问题的实证分析 . 陕西农业科学，2010，56（2）.

刘文瑞 . 新中国成立初期农村基层政权建设问题研究（1949—1958）. 北京：中国社会科学出版社，2019.

刘祥琪，陈钊，田秀娟，等 . 征地的货币补偿及其影响因素分析：基于 17 个省份的土地权益调查 . 中国农村经济，2012（12）.

刘祥琪，陈钊，赵阳 . 程序公正先于货币补偿：农民征地满意度的决定 . 管理世界，2012（2）.

卢周来 . 新制度经济学，新政治经济学，还是社会经济学？：兼谈中国新制度经济学未来的发展 . 管理世界，2009（3）.

鲁全 . 从地方自行试点到中央主导下的央地分责：改革开放 40 年中国社会保障制度变革的一个解释框架 . 教学与研究，2018（11）.

罗必良 . 从产权界定到产权实施：中国农地经营制度变革的过去与未来. 农业经济问题，2019（1）.

罗丹，徐艳，王跃朋，等 . 基于地块面积的土地整理耕作效率测算方法研究 . 中国土地科学，2013，27（6）.

罗满妹 . 城镇征地中多元主体的利益分配关系及其调整研究 . 长沙：湖南师范大学，2009.

科斯 . 论生产的制度结构 . 上海：三联书店上海分店，1994.

科斯，王宁 . 变革中国：市场经济的中国之路 . 北京：中信出版社，2013.

骆友生，张红宇 . 家庭承包责任制后的农地制度创新 . 经济研究，1995（1）.

马得勇，张志原 . 观念、权力与制度变迁：铁道部体制的社会演化论分析 . 政治学研究，2015（5）.

梅赐琪，汪笑男，廖露，等 . 政策试点的特征：基于《人民日报》1992—2003 年试点报道的研究 . 公共行政评论，2015，8（3）.

孟天广．转型期中国公众的分配公平感：结果公平与机会公平．社会，2012，32（6）．

莫春．被征农用地增值收益测算及分配研究．雅安：四川农业大学，2015.

威尔金森．行为经济学．北京：中国人民大学出版社，2012.

聂俊成．基于 GWR 模型的武汉市住宅地价空间分异及影响因素研究．武汉：华中农业大学，2014.

潘士远．贸易自由化、有偏的学习效应与发展中国家的工资差异．经济研究，2007（6）．

綦好东．新中国农地产权结构的历史变迁．经济学家，1998（1）．

钱忠好，牟燕．中国土地市场化改革：制度变迁及其特征分析．农业经济问题，2013，34（5）．

钱忠好，肖屹，曲福田．农民土地产权认知、土地征用意愿与征地制度改革：基于江西省鹰潭市的实证研究．中国农村经济，2007（1）．

青木昌彦．比较制度分析．上海：上海远东出版社，2001.

曲福田，陈海秋，杨学成．经济发达地区农村土地 30 年使用权政策的调查研究：以江苏省为例．农业经济问题，2001（4）．

鲍尔斯．微观经济学：行为，制度和演化．北京：中国人民大学出版社，2006.

沈飞，朱道林．政府和农村集体土地收益分配关系实证研究：以我国土地征用-出让过程为例．中国国土资源经济，2004（8）．

沈红丽．我国农村二元金融制度变迁及演化路径：基于演化博弈视角．金融与经济，2019（6）．

盛洪．现代制度经济学：下．北京：北京大学出版社，2003.

石晋昕，杨宏山．政策创新的"试验-认可"分析框架：基于央地关系视角的多案例研究．中国行政管理，2019（5）．

世界银行，国务院发展研究中心联合课题组．2030 年的中国：建设现代、和谐、有创造力的社会．北京：中国财政经济出版社，2013.

宋洪远．中国农村改革三十年．北京：中国农业出版社，2008.

宋连生．总路线、大跃进、人民公社化运动始末．昆明：云南人民出版社，2002.

苏力．制度是如何形成的．增订版．北京：北京大学出版社，2007.

孙丹，韩松，江丽．非正式制度的层次和作用：基于农地制度变迁的动态演化博弈模型．北京理工大学学报（社会科学版），2021，23（2）．

孙希芳．一个制度变迁的动态博弈模型．经济学动态，2001（12）．

孙馨. 基于单中心城市模型的中国房地产价格影响因素分析. 长沙：湖南大学，2010.

谭明方. 1949—2020：国家行为与农村土地所有权. 武汉：华中科技大学出版社，2016.

唐健，谭荣. 农村集体建设用地入市路径：基于几个试点地区的观察. 中国人民大学学报，2019，33（1）.

唐寿宁，周业安，蒋东升. 新制度经济学书评系列"编者按". 管理世界，2004（146）.

唐莹，王玉波. 土地财政驱动农村建设用地入市程度及区域调控政策. 经济地理，2016，36（2）.

田国强，陈旭东. 中国改革：历史、逻辑和未来革. 北京：中信出版社，2014.

田国强，陈旭东. 制度的本质、变迁与选择：赫维茨制度经济思想诠释及其现实意义. 学术月刊，2018，50（1）.

王怀超. 中国改革开放的历史进程与基本经验. 科学社会主义，2009（6）.

王景新. 中国农村土地制度变迁 30 年：回眸与瞻望. 现代经济探讨，2008（6）.

王婧，李裕瑞. 中国县域城镇化发展格局及其影响因素：基于 2000 和 2010 年全国人口普查分县数据. 地理学报，2016，71（4）.

王敬尧，魏来. 当代中国农地制度的存续与变迁. 中国社会科学，2016（2）.

王瑞芳. 没收族田与封建宗族制度的解体：以建国初期的苏南土改为中心的考察. 江海学刊，2006（5）.

王小映. 解析农村土地市场. 科学决策，2004（6）.

王小映，贺明玉，高永. 我国农地转用中的土地收益分配实证研究：基于昆山、桐城、新都三地的抽样调查分析. 管理世界，2006（5）.

王亚坤，赵珩，Ho P. 农民权益保障视角下的土地征用程序研究：以河北省 5 个建设项目为例. 中国农业资源与区划，2019，40（4）.

韦森. 社会制序的经济分析导论. 上海：上海三联书店，2001.

韦森. 观念的转变与中国经济改革的历程：从《中国经济改革进程》与《改变中国》两书说起. 文史哲，2020（4）.

温铁军. 八次危机：中国的真实经验 1949—2009. 北京：东方出版社，2013.

文贯中. 市场畸形发育、社会冲突与现行的土地制度. 经济社会体制比较，2008（2）.

吴昊，温天力．中国地方政策试验式改革的优势与局限性．社会科学战线，2012（10）．

吴艳玲．演化经济学视角下的东北老工业基地制度变迁．沈阳：辽宁大学，2008．

吴毅，陈颀．农地制度变革的路径、空间与界限："赋权-限权"下行动互构的视角．社会学研究，2015，30（5）．

武力．中国经济发展60年述论．贵州财经学院学报，2009（5）．

夏慧娟．农地入市对土地财政依赖症的影响机制．中外企业家，2014（19）．

肖冬连．1978—1984年中国经济体制改革思路的演进：决策与实施．当代中国史研究，2004（5）．

肖军，高继宏．我国农地制度发展的制度分析和思考．农业经济问题，2000（7）．

谢冬水．农地转让权、劳动力迁移与城乡收入差距．中国经济问题，2014（1）．

辛逸．农村人民公社分配制度研究．北京：中共党史出版社．2005．

徐博，岳永兵，黄洁．"三块地"改革先理顺利益关系：对部分地区农村土地制度改革实践的调研与分析．中国土地，2015（2）．

徐培玮．小产权房与商品房居民居住满意度差异探究：基于京郊北七家镇的居民调查．北京社会科学，2018（2）．

徐旭，蒋文华，应风其．农地产权：农民的认知与意愿：对浙江农户的调查．中国农村经济，2002（12）．

徐勇．包产到户沉浮录．珠海：珠海出版社．1998．

许成钢．新制度经济学的过去和未来．南昌：百花洲文艺出版社，2017．

闫素娥．意识形态与建国后我党农村土地政策的变迁．生产力研究，2011（5）．

严金海，阮彦钦．参照依赖、现状偏见与拆迁安置满意度：基于福建省厦门市的经验分析．中国土地科学，2016，30（8）．

严金明，陈昊，夏方舟．深化农村"三块地"改革：问题、要义和取向．改革，2018（5）．

杨大利．从大跃进饥荒到农村改革．二十一世纪，1998（48）．

杨德才．我国农地制度变迁的历史考察及绩效分析．南京大学学报（哲学．人文科学．社会科学版），2002（4）．

杨宏山．双轨制政策试验：政策创新的中国经验．中国行政管理，2013

(6).

杨宏山，李娉．政策创新争先模式的府际学习机制．公共管理学报，2019，16（2）.

杨瑞龙．我国制度变迁方式转换的三阶段论：兼论地方政府的制度创新行为．经济研究，1998（1）.

杨学成，赵瑞莹，岳书铭．农村土地关系思考：基于1995～2008年三次山东农户调查．管理世界，2008（7）.

姚洋．农地制度与农业绩效的实证研究．中国农村观察，1998（6）.

姚洋．集体决策下的诱导性制度变迁：中国农村地权稳定性演化的实证分析．中国农村观察，2000a（2）.

姚洋．中国农地制度：一个分析框架．中国社会科学，2000b（2）.

姚洋．效率，抑或政治需要？：评《农村土地承包法》．南风窗，2002（18）.

姚洋．政治过程与有效制度变迁．制度经济学研究，2003a（1）.

姚洋．集体决策中的理性模型和政治模型：关于中国农地制度的案例研究．经济学（季刊），2003b（2）.

姚洋．作为制度创新过程的经济改革．上海：格致出版社，2008.

叶剑平，丰雷，蒋妍，等．2016年中国农村土地使用权调查研究：17省份调查结果及政策建议．管理世界，2018，34（3）.

叶剑平，丰雷，蒋妍，等．2008年中国农村土地使用权调查研究：17省份调查结果及政策建议．管理世界，2010（1）.

叶剑平，蒋妍，丰雷．中国农村土地流转市场的调查研究：基于2005年17省调查的分析和建议．中国农村观察，2006a（4）.

叶剑平，蒋妍，丰雷，等．2005年中国农村土地使用权调查研究：17省调查结果及政策建议．管理世界，2006b（7）.

游和远，吴次芳．农地流转、禀赋依赖与农村劳动力转移．管理世界，2010（3）.

于文文．农村土地承包经营权登记制度的法律探讨．法制与社会，2009（2）.

俞海，黄季焜，张林秀，等．地权稳定性、土地流转与农地资源持续利用．经济研究，2003（9）.

郁建兴，黄飚．当代中国地方政府创新的新进展：兼论纵向政府间关系的重构．政治学研究，2017（5）.

袁超．中国农地制度创新．农业经济问题，2000（11）.

原玉廷，张改枝．新中国土地制度建设 60 年回顾与思考．北京：中国财政经济出版社，2010.

张聪聪，马仁会，苏蒙蒙，等．城镇土地增值收益率与土地等别的相关分析．国土资源科技管理，2013，30（5）.

张广友．改革风云中的万里．北京：人民出版社，1995.

张红宇．新中国农村的土地制度变迁．长沙：湖南人民出版社，2014.

张红宇．中国农村土地产权政策：持续创新：对农地使用制度变革的重新评判．管理世界，1998（6）.

张慧君．经济转型与国家治理模式演进：基于中国经验的研究．经济体制改革，2009（2）.

张娟．农村集体土地承包经营权登记与流转关系的实证分析．生产力研究，2006（7）.

张鹏，彭开丽，王金鸥．中小城市土地出让地块面积与价格关系研究//湖北省地理学会 2006 优秀学术论文集（地理科学类）．［出版地不详］：［出版者不详］，2006.

张平．中国经济效率减速冲击、存量改革和政策激励．经济学动态，2014（10）.

张沁岚，杨炳成，文晓巍，等．土地股份合作制背景下推进承包经营权确权的农户意愿、难点与对策：以广东省为例．农业经济问题，2014，35（10）.

张清勇．中国农地转用开发问题研究．北京：商务印书馆，2013.

张清勇，丰雷．中国征地制度：过程、困境与出路．中国人民大学国家发展与战略研究院专题研究报告（新型城镇化系列报告 NCT201501），2015，4（41）.

张清勇．改革开放四十年征地制度的演进与展望．财经智库，2018，3（6）.

张三峰，杨德才．农民的土地调整意愿及其影响因素分析：基于 2006 年中国综合社会调查数据．中国农村观察，2010（1）.

张曙光．城市化背景下土地产权的实施和保护．管理世界，2007（12）.

张五常．中国的前途．3 版．香港：信报有限公司，1985.

张五常．佃农理论．北京：商务印书馆，2001.

张五常．定义与量度的困难：交易费用的争议之三．IT 经理世界，2003（18）.

张五常．新制度经济学的现状及其发展趋势．当代财经，2008（7）.

张五常．新卖桔者言．北京：中信出版社，2010a.

张五常．经济解释卷一：科学说需求．增订版．北京：中信出版社，2010b.

张五常．新制度经济学的来龙去脉．交大法学，2015（3）．

张旭，隋筱童．我国农村集体经济发展的理论逻辑、历史脉络与改革方向．当代经济研究，2018（2）．

张学福．谈宁夏的土地改革运动．宁夏大学学报（社会科学版），1987（4）．

张卓元．中国经济体制改革的总体回顾与展望．经济研究，1998（3）．

赵德余．主流观念与政策变迁的政治经济学．上海：复旦大学出版社，2008.

赵光南．中国农地制度改革研究．武汉：武汉大学，2011.

赵效民．中国土地改革史 1921—1949．北京：人民出版社，1999.

赵阳．共有与私用：中国农地产权制度的经济学分析．北京：生活·读书·新知三联书店，2007.

折晓叶．合作与非对抗性抵制：弱者的"韧武器"．社会学研究，2008（3）．

郑杭生．改革开放三十年：社会发展理论和社会转型理论．中国社会科学，2009（2）．

郑志浩，高杨．中央"不得调地"政策：农民的态度与村庄的土地调整决策：基于对黑龙江、安徽、山东、四川、陕西5省农户的调查．中国农村观察，2017（4）．

周黎安．中国地方官员的晋升锦标赛模式研究．经济研究，2007（7）．

周其仁．湄潭：一个传统农区的土地制度变迁//文贯中．中国当代土地制度论文集．长沙：湖南科学技术出版社，1994.

周其仁．中国农村改革：国家和所有权关系的变化（上）：一个经济制度变迁史的回顾．管理世界，1995（3）．

周其仁．中国农村改革：国家和所有权关系的变化（下）：一个经济制度变迁史的回顾．管理世界，1995（4）．

周其仁．产权与制度变迁：中国改革的经验研究．增订版．北京：北京大学出版社，2004a.

周其仁．农地产权与征地制度：中国城市化面临的重大选择．经济学（季刊），2004b（4）．

周其仁．土地制度改革有四方面值得关注．理论学习，2014（10）．

周其仁．城乡中国．修订版．北京：中信出版社，2017.

周望．如何"先试先行"？：央地互动视角下的政策试点启动机制．北京行政学院学报，2013（5）．

周雪光．中国国家治理的逻辑：一个组织学研究．北京：生活·读书·新知三联书店，2015.

周业安.90 年代中国的新制度经济学研究评介.教学与研究，2000a（12）.

周业安.中国制度变迁的演进论解释.经济研究，2000b（5）.

周业安.关于当前中国新制度经济学研究的反思.经济研究，2001（7）.

周业安.行为经济学是对西方主流经济学的革命吗.中国人民大学学报，2004a（2）.

周业安.制度演化理论的新发展.教学与研究，2004b（4）.

周业安.新制度经济学的困境和发展.北京：天则经济研究所，2005b.

周业安.人的社会性与偏好的微观结构.学术月刊，2017，49（6）.

周业安.从制度经济学到行为经济学：经济学的交叉学科研究探析.学术研究，2022（3）.

周业安，赖步连.认知、学习和制度研究：新制度经济学的困境和发展.中国人民大学学报，2005a（1）.

周应恒，刘余.集体经营性建设用地入市实态：由农村改革试验区例证.改革，2018（2）.

周振，孔祥智.新中国 70 年农业经营体制的历史变迁与政策启示.管理世界，2019，35（10）.

朱冬亮.土地调整：农村社会保障与农村社会控制.中国农村观察，2002（3）.

朱有志，向国成.中国农地制度变迁的历史启示.中国农村经济，1997（9）.

后　记

　　2022年是不平静的一年，注定要在历史上留下浓重的一笔。随着新冠疫情的持续，没有人能够置身事外。隔离、感染、喧嚣、混乱、惶恐、疲惫……一切都镌刻着时代的印记。在这样的环境下，静心于书桌，系统总结提炼已有的研究成果，对我而言是一件难得的愉悦之事。

　　本书是我20多年来对中国农地制度变迁问题的研究思考所得。我最早接触产权和制度分析是在研究生阶段，大概是在1996年，选修了杨瑞龙等老师的产权和制度相关课程。1998年我开始攻读博士学位，入学后不久，我曾与导师周诚先生讨论过要将农地制度作为博士论文的选题。之后，在1999年参加了叶剑平老师主持的首次17省农地调查，这是我系统研究农地制度的开始。与对新制度经济学的长期关注研究相比，我对行为经济学的接触比较晚，始于2012年与剑桥大学的包晓辉进行有关中国农地调整制度的合作研究，当时她已关注行为经济学多年。融入行为经济学的新制度经济学锦上添花，使行为经济制度分析大有可为。我们的主要目标是将基于抽样问卷调查的计量分析与行为经济制度分析的理论建模连接起来。

　　本书是将行为经济制度分析应用于中国农地制度变迁研究的一个探索，所取得的初步成果也非单人能为，得益于跨学科合作、国内外交流、多个基金项目支持以及多方鼓励帮助。

　　感谢剑桥大学土地经济系的包晓辉、厦门大学公共事务学院的严金海、中国人民大学经济学院的韩松和农业农村发展学院的张清勇，大家不只是亲密的合作伙伴，更是无话不谈的老朋友。感谢我的研究生团队，郑文博、张明辉、胡依洁、李怡忻，他们与我合作的研究成果在本书中均有体现，吴柏霄、刘小奇反复审校了本书第2章至第5章的初稿、修改稿和定稿，在这个艰苦时期他们与我并肩奋战。感谢农业农村部的赵琨、自然资源部的姚丽提供资金支持以及合作研究、实地调研的好机会。感谢中国人民大学公共管理学院的张磊、刘伟、胡宏伟、张楠迪杨，以及统计学院的李扬、环境学院的周景博等几位老师，与他们进行跨学科、多领域的交流合作使我受益良多。

感谢多项课题基金的支持：国家自然科学基金面上项目（71173226；71673286；72174202），教育部人文社科项目（16YJA630009；21YJA630014），国家发改委、自然资源部、农业农村部的合作课题和经费支持，以及中国人民大学明德青年学者基金（2010—2018年）和重大项目（2021—2013年）的长期资助。感谢中国人民大学的出版基金资助［本成果受到中国人民大学"中央高校建设世界一流大学（学科）和特色发展引导专项资金"的支持］，也感谢中国人民大学出版社朱海燕老师对我的耐心和鼓励。

感谢我的家人的陪伴、关爱和包容，感谢我的妻子蒋妍，她是抽样技术、定量分析的行家里手，我俩相识三十载，同行二十年，我的每一份成果都有她的一半。

正是这些支持和帮助，让我更加坚定信心，改革不会停，未来更美好。

丰　雷

图书在版编目（CIP）数据

中国农村土地制度变迁：行为经济制度分析 / 丰雷
著 . -- 北京：中国人民大学出版社，2024.2
　（土地管理与房地产前沿丛书）
　ISBN 978-7-300-31928-5

　Ⅰ.①中… Ⅱ.①丰… Ⅲ.①农村－土地制度－变迁
－研究－中国 Ⅳ.①F321.1

中国国家版本馆 CIP 数据核字（2023）第 125581 号

土地管理与房地产前沿丛书

中国农村土地制度变迁：行为经济制度分析

丰雷　著

Zhongguo Nongcun Tudi Zhidu Bianqian：Xingwei Jingji Zhidu Fenxi

出版发行	中国人民大学出版社	
社　　址	北京中关村大街 31 号	**邮政编码**　100080
电　　话	010 - 62511242（总编室）	010 - 62511770（质管部）
	010 - 82501766（邮购部）	010 - 62514148（门市部）
	010 - 62515195（发行公司）	010 - 62515275（盗版举报）
网　　址	http://www.crup.com.cn	
经　　销	新华书店	
印　　刷	唐山玺诚印务有限公司	
开　　本	720 mm×1000 mm　1/16	**版　　次**　2024 年 2 月第 1 版
印　　张	17.5 插页 1	**印　　次**　2024 年 2 月第 1 次印刷
字　　数	328 000	**定　　价**　79.00 元